Lorenzo Pellizzari

IL MIO ZAVATTINI
Incontri percorsi sopralluoghi

I0479895

art digiland .com

Artdigiland.com Ltd

direttore editoriale: Silvia Tarquini
23, Griffith Downs - The Crescent
Drumcondra
Dublin D9
Rep. of Ireland
www.artdigiland.com
info@artdigiland.com

Lorenzo Pellizzari
IL MIO ZAVATTINI.
Incontri percorsi sopralluoghi

in copertina: Lorenzo Pellizzari e Cesare Zavattini
a Porretta Terme (1961). Foto ©Ezio Stringa

editing e redazione: Francesco Carini, Letizia Rossi
impaginazione: Michela Tranquilli

crediti fotografici: il libro è illustrato prevalentemente con foto
provenienti dall'archivio privato di Lorenzo Pellizzari.
Le foto presenti nel retrocopertina e i due ritratti nella sezione
"Apparati" sono di proprietà dell'Archivio Cesare Zavattini,
Biblioteca Panizzi - Reggio Emilia: ringraziamo, per la gentile
concessione e per la loro generosa collaborazione, Arturo Zavattini
e Giorgio Boccolari.

7 Introduzione

13 Lettera aperta a Za

23 Za e l'amore

29 Conversazione con Za

71 La notte che ho dato la mano a Za

81 Za e la teoria del quotidiano

99 Za voy[ag]eur

117 Za e la realtà della fantasia

155 Za, curioso delle immagini

163 Sopralluogo per *Miracolo a Milano*

180 Apparati
182 Fonti
184 Indice delle persone
196 Indice delle opere

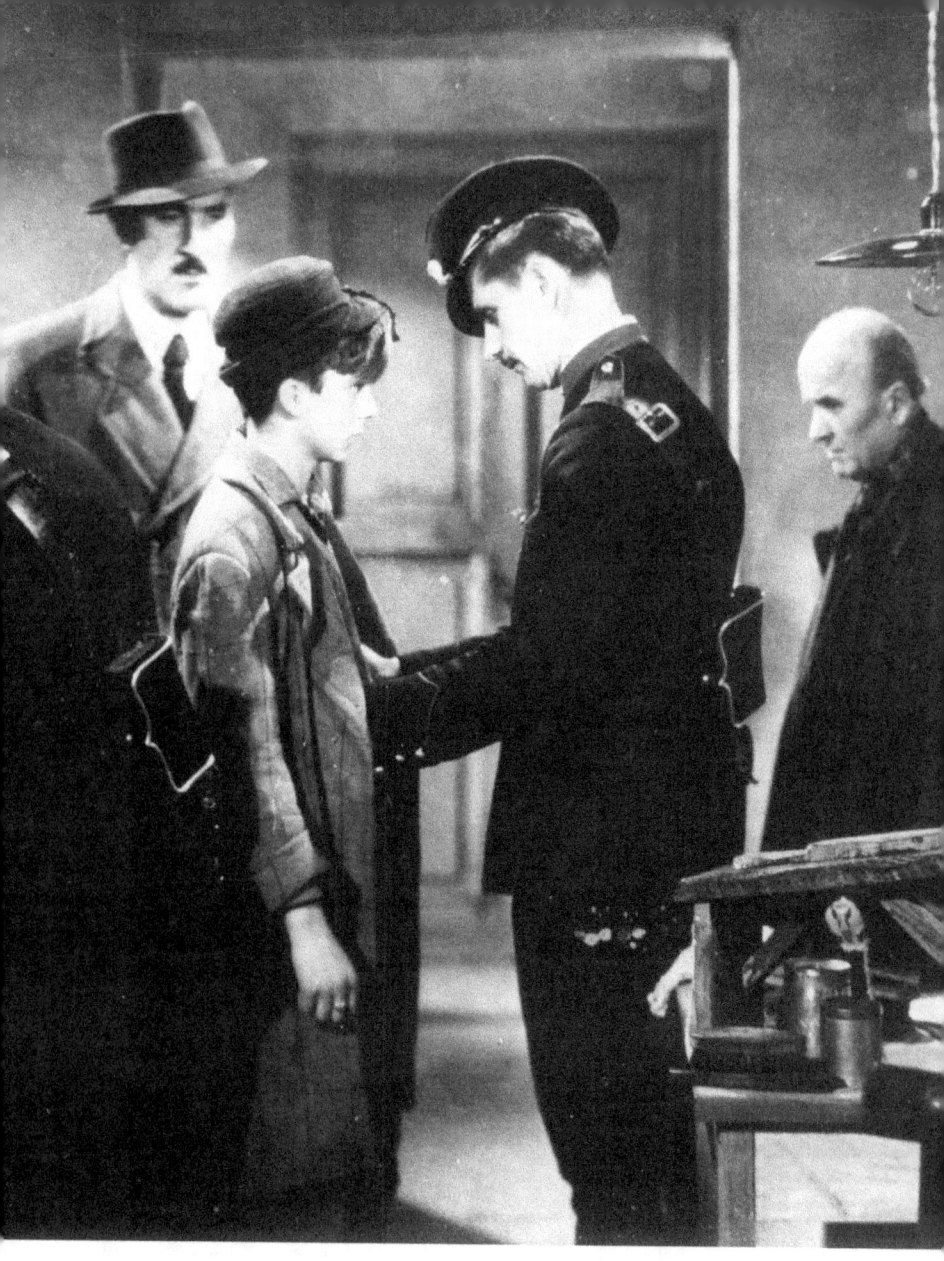

Franco Interlenghi in *Sciuscià* (1946) di Vittorio De Sica

Introduzione

Questo libro vuol essere la testimonianza di un interesse, di un'attrazione, di una passione: quelli nutriti nei confronti di uno scrittore e della sua idea di cinema sin da adolescente, quando film come *Sciuscià* o *Ladri di biciclette*, pescati fortunosamente in qualche cinemino o in qualche circolo pretesco, aprirono al ragazzo orizzonti di prospettiva, di orientamento e di visione sino allora impensabili, che lo spinsero a recuperare forsennatamente tutto quanto di scritto e di filmato il suo eroe avesse prodotto. Poi il ragazzo assunse un certo ruolo in un circolo cinematografico e, dopo la proiezione di un film di cui lo scrittore aveva qualche responsabilità, ebbe l'ardire di indirizzargli, sulla rivistina universitaria che redigeva, una lettera di rimprovero e, insieme, di incitamento verso ben diversi traguardi. Lo sventurato rispose.

In seguito il giovanotto di belle speranze (che tale era naturalmente diventato) nella sua prima missione da inviato di una famosa rivista specializzata, adorata da molti ma detestata o sbeffeggiata da molti di più, ebbe la ventura di conoscere lo scrittore (come certa documentazione fotografica attesta) in occasione di un festival dallo stesso ideato, di annunciargli incautamente che stava preparando una monografia su di lui e di chiedergli una lunga, articolata ed esaustiva intervista. Di nuovo lo sventurato rispose.

La monografia non giunse in porto e la lunga intervista rimase nel cassetto per più di tre lustri (nel frattempo il giovane redattore si era occupato un po' polemicamente di un suo film-manifesto, ma aveva soprattutto fatto ben altre cose, tipo un paio di figli) sin quando, da direttore questa volta di un'altra rivista specializzata, non ebbe l'idea di dedicare al suo obiettivo un numero monografico, non del tutto celebrativo, anzi talora lievemente caustico, e di riprendere integralmente quella vecchia intervista. L'interessato, che non era stato interpellato (in nome di una dichiarata volontà di non farsi coinvolgere dal contatto e di mantenere una distanza critica), se ne risentì nel corso di una lunga telefonata e poi di una veemente epistola in cui lamentava il non rispetto della riservatezza, il valore di confessione privata di quella conversazione, persino la possibilità che certi giudizi espressi potessero riflettersi in negativo sui suoi rapporti di lavoro.

Ma l'ormai maturo critico non abbandonò l'oggetto della sua passione e nel tempo, non appena le occasioni gli si offrirono, non perse occasione di ricerca e di studio, trascorrendo da un apprezzamento circospetto, lui ancora per poco in vita, a una ricerca metodica di conoscenza, persino, negli anni successivi, a una vera e propria celebrazione. Quando si ama veramente, dopo la prima infatuazione si passa a un più profondo innamoramento, ma ben presto ci si volge a un rapporto che si vorrebbe costruttivamente critico, fatto di stimoli e di rimbrotti, quindi – giunta purtroppo l'ultima mèta – a un atteggiamento di rimpianto non privo di rimorsi.

Può sembrare presuntuoso personalizzare così tanto il contesto, soprattutto giungendo buoni ultimi dopo i numerosi volumi dedicati alla disamina della figura e dell'opera di Zavattini attraverso ogni aspetto della sua multiforme e poliedrica, quasi schizofrenica attività. Ma l'occasione di raccogliere quanto, in quasi quarant'anni, ho scritto di, su, attorno Zavattini mi costringe anche a un riesame critico di me stesso. Su quanto si discosti lo scrivere *di* cinema dallo scrivere *il* cinema (e naturalmente dal tradurre lo scritto in immagini); su quanto sia arduo penetrare dall'esterno in un mondo che si conosce solo per frammenti e per piccoli assaggi; su quanto i tentativi di storicizzare una vita, un'attività, una carriera, pur avendo a disposizione centinaia di documenti, decine di testimonianze e persino qualche traccia visiva risultino ben lungi dall'esaurire la complessità del soggetto preso in considerazione. Tuttavia, se questa serie di "incontri percorsi sopraluoghi" può contribuire, sia pur in minima parte – con le sue indeterminatezze, omissioni, contraddizioni, tali anche alla luce di studi più recenti – a indagare certi aspetti del pianeta Zavattini, mi riterrò ugualmente soddisfatto, appagato e persino gratificato.

Di più, poteva essere l'occasione di non limitarsi a queste povere paginette, bensì di affrontare, con il senno di poi, ed *ex-novo*, il discorso. Di chiedersi che cosa rappresenti oggi Zavattini nell'universo del dicibile e del visibile, che cosa effettivamente resti del suo magistero, del coacervo di idee, proposte, attuazioni da lui operato nel corso di un'intera vita. Ma ancora una volta le buone intenzioni sono rimaste nel cassetto, soffocate dall'impotenza di gestire la complessità dell'argomento.

V'è però modo e spazio per un'ultima considerazione. Un paio di volte, in questi scritti, ho accennato un po' ingenuamente ai possibili rapporti di Za con la televisione e alle sue influenze indirette sulla stessa. Nel 1988 scrivevo: «[...] il video, con le sue inchieste tra la gente, con le trasmissioni di cui siamo i protagonisti, con gli spazi deliranti aperti a conduttori e a *opinion-makers*, con il confluire dei più svariati materiali visivi, con le dirette umanissime o sconvolgenti, con la fulmineità dei suoi spot e delle sue clip, è la realizzazione di antichi sogni zavattiniani, di tutti o *quasi* tutti». Nel 1997 specificavo, forse mettendo in opera qualche confusione: «Zavattini era, poteva essere un precursore di quella TV-verità che altri avrebbero più o meno efficacemente gestito dai tardi anni '80 ai primi anni '90. Nella fattispecie certi programmi della Rai Tre di Angelo Guglielmi e Bruno Voglino, di Michele Santoro e Gianni Ippoliti, di Piero Chiambretti e – perché no? – Donatella Raffai. Chi ha portato le telecamere nei luoghi più impensati, chi ha reso protagonista l'uomo della strada, chi ha pedinato la realtà in atto, chi ha raccontato gioie e dolori comuni, chi ha fatto politica dal basso, chi si è inventato *gags* surreali che muovevano dal quotidiano ha indubbiamente qualche debito di riconoscenza nei confronti di Za»[1]. Che cosa aggiungere oggi, 2012? I vari fenomeni sopra citati sopravvivono, anche se si è un po' spenta la loro carica, vuoi per assuefazione nostra vuoi per ripetitività loro. Si potrebbe fare riferimento ai vari *reality shows*, se non suonasse come una bestemmia: alla buona idea, molto di massima (quella di studiare i comportamenti di una comunità occasionale, quella di provocare reazioni, quella di osservare non visti), corrisponde il massimo di contraffazione, simulazione, falsificazione della realtà, ovvero una sorta di volgare commedia dell'arte *de noantri*. Il nuovo giunge piuttosto dai nuovi mezzi o strumenti e dall'uso che ne viene fatto. Za aveva auspicato, in tempi non sospetti e come utopia non facilmente realizzabile, anzi invocato il "diamo a tutti una macchina da presa", perché tutti si trasformassero, non in artisti, salvo poi rivelarsi come tali, ma in testimoni del proprio tempo. Mai avrebbe potuto pensare che, anziché una 16mm o in seguito magari un Super8, la realizzazione si sarebbe risolta attraverso una fotocamera digitale o addirittura un telefonino. E che la relativa diffusione potesse effettuarsi in tempo reale, e senza limiti di spazio o di udienza, grazie a un semplice computer, e magari alla complicità di un *social network*. Chiunque è in grado di realizzare (o di prelevare) un video e di postarlo su You-Tube o meglio ancora, se ha vena giornalistica, su YouReporter, e così si realizza il sogno di una conoscenza senza limiti o di un'informazione diffusa. Chiunque, per dirla alla Zavattini, può porre l'occhio al buco della serratura del proprio coinquilino, può effettuare un pedinamento e lasciarne traccia visiva, può essere sino in fondo l'uomo della strada che assurge al ruolo di protagonista. Tuttavia, in questo sterminato campionario di documenti audiovisivi prevalgono stranezze e bizzarrie, fenomeni e buffonerie, incidenti e calamità, al massimo rivolte di massa ed eventi bellici (di quelle guerre che speravamo appartenessero ormai al passato) a discapito della denuncia sociale o della fatica esistenziale. L'uomo – al centro delle ricerche e delle utopie di Zavattini – è spesso assente e manca soprattutto, insieme all'amore (quello stesso che mi lega alla sua memoria), la poesia. In consonanza con i nostri tempi.

27 maggio 2012

Lorenzo Pellizzari

---

1. Cfr., per uno sviluppo del discorso, anche se non si condividono alcune conclusioni, Anna Chiara Maccari, *Zavattini ha le antenne. Pensieri sulla televisione*, Bulzoni, Roma, 2010.

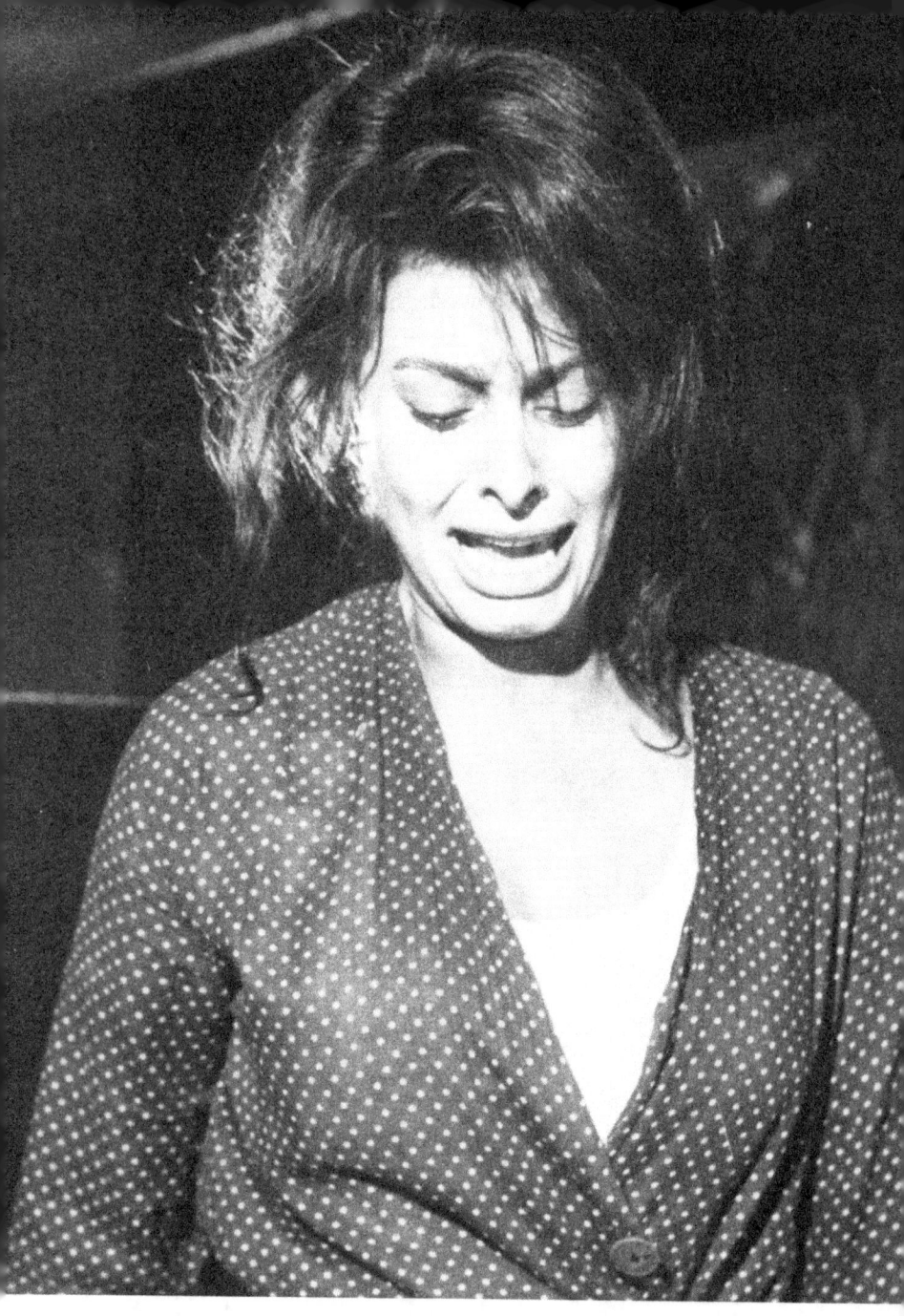

Sophia Loren in *La ciociara* (1960) di Vittorio De Sica (foto Pierluigi)

Lettera aperta a Za

Caro Zavattini, ho visto *La ciociara* e ci ho pensato per un mese, ma forse è meglio non parlarne. Perché ho visto tanti film suoi, forse tutti credo, meno quel famoso *Darò un milione* che adesso non c'è più [*sic*] e parlarne sembra di parlare di un cadavere. Scrivere le cose sulla celluloide per certi versi è brutto, anche se per altri versi no: è come fare i pupazzi di neve l'inverno o pitturare sopra i muri le scritte con il catrame, con il minio, con la calce, come si fa in tempo di elezioni o di scioperi e anch'io qualche volta mi ci sono provato. Ma queste scritte hanno tante volte l'importanza di un manifesto, di un romanzo, di un giornale: muovono la gente, la fanno sentire presente, e non importa se poi il tempo le manda via. Eppure sotto una finestra, vicino a casa mia, c'è ancora il timbro tondo di Garibaldi per il Fronte popolare, e mi ricordo quella poesia di Brecht che parla dell'operaio italiano che aveva scritto sul muro della sua cella in prigione il nome "W Lenin!" e ci provavano con tutti i mezzi, i suoi aguzzini, ma non riuscivano a tirarlo via.

La seguo e la stimo, cerco di capirla e la ammiro. Quando Bompiani si deciderà a pubblicare il suo *Diario cinematografico*, che promette da cinque anni o forse più, per tanta gente sarà un colpo, una sorpresa, uno di quegli avvenimenti che – soppesati attentamente – innalzano o mettono a terra, secondo i casi, il lettore. Ci sono dieci anni d'Italia lì dentro, come sono apparsi, prima ogni quindici giorni, poi ogni due mesi, su *Cinema Nuovo*. Un'Italia che cerca la sua realtà, il suo essere e il suo divenire, e tutto è filtrato dai suoi occhi, dagli occhi di

Cesare Zavattini, che è un uomo come gli altri, non si è mai montato la testa, è il più-uomo-come-gli-altri che uno scrittore sia mai stato. E può parlare con un facchino o con un operaio, con un contadino o con un piccolo redattore quale me, come con un grosso industriale o con un ministro: perché a tutti gli sa scavare di dentro e trovare il verso per cui sono uomini. Sbagliati fin che si vuole, ma sempre uomini. E sa far funzionare la loro coscienza, magari per dire che crede in loro, per stringergli la mano, magari per dirgli liberamente in faccia che sono dei porci, che il loro tempo è finito.

Tante volte un'epoca esce fuori dai diari, dai *journaux*: come dice la parola, giorno dopo giorno. Proprio in questi mesi abbiamo avuto la scoperta del diario di Romain Rolland e sono passati quarant'anni dalla prima guerra: cosa filtrava intorno a quei tempi, quali glorie vere o fasulle, quali compromessi autentici o maligni, tutto questo è scaturito improvvisamente in una parola, in un dialogo, in una lettera. Spero che non passeranno altri quarant'anni (cioè, trenta) prima di avere il suo volume. Anzi, ce n'è bisogno oggi, che il cinema italiano ha trovato di nuovo la sua strada, e Visconti come Antonioni, Pontecorvo come Vancini, Zurlini come Maselli, su piani diversi, con limiti più o meno gravi, con "costruzioni"o con "intuizioni", con "opere" o con "frammenti", stanno dandoci dei risultati da sostenere in una spinta, in un anelito comune. O così almeno pare. E pare inoltre che questi stessi nomi abbiano tutte le intenzioni e tutta la forza per proseguire: scoprire la nostra realtà, storicizzare il nostro passato, comprendere spiegare e diffondere i motivi della polemica che ci anima contro le strutture – vecchie oppure ricostruite sul vecchio – che ci opprimono. Che ci opprimono oggi come ieri, ma ieri forse nostro padre non riusciva ad accorgersene. I giovani di oggi, invece, se ne accorgono. Per il loro presente e per il *loro* passato, ma con l'occhio futuro. Sbaglieranno? Sbaglino o no, nell'anno quattordicesimo della Repubblica i lastricati emiliani e i selciati siciliani e i muri di Roma e le terre battute delle Puglie si bagnano ancora del loro sangue. E il pensiero, la libertà di pensiero e di espressione, viene tagliato, tagliuzzato, taglieggiato. Caro Zavattini, che i poveri siano davvero matti?

C'è bisogno del suo volume. Far vedere (e al prezzo più basso possibile, se Bompiani è d'accordo!) cosa in Italia si è fatto, si è cercato di fare, *non* si è fatto, in dieci anni. C'è dentro tutto, di questo ne sono sicuro. Lei, la sua attività, i suoi progetti, i suoi dialoghi, le cose colte con "un occhio al buco della serratura", la "fame di realtà", il "sangue dei popoli", il nuovo mondo dei paesi che hanno capito e si sono scossi, cento film, mille film, e uomini quanti la terra ne può accogliere. Ma sono questi cento, questi mille film che devono venire fuori, e non *La ciociara*...

C'è stato come un appello delle migliori forze del cinema italiano, giovani e vecchi, maggiori e minori, e il più atteso è mancato. Ha mandato la controfigura di se stesso. È mancato anche Rossellini, ma Rossellini non era atteso (è troppo difficile - e pericoloso - ormai credere in lui). Se è vero quanto affermate - ma c'è da dubitarne - che De Sica e lei siete "latte e caffè", il caffè Zavattini non ha meritato il suo latte De Sica, che lo ha stemperato allo stesso modo che ha condito di abbondante zucchero l'amaro di Moravia.

C'è da chiedersi se eravamo così in Italia nel '43. Se il tedesco dissertava di filosofia, se l'intellettuale (il Belmondo più falso che si sia mai visto, ed è dire tutto!) discuteva sul sesso degli angeli, se il fascista faceva la macchietta in tutta dignità, e se gli altri, il coro, guardavano soltanto al "pane amore e fantasia". C'è la guerra, d'accordo, le violenze e gli stupri, i mitragliamenti e le bombe, ci sono anche i carri armati degli americani e quei marocchini come tante scimmie, ma - caro Zavattini - che cosa ne dobbiamo convenire? Che la guerra distrugge le semplici cose e i semplici affetti che gli individui cercano di costruirsi? Io credo che la guerra, l'odio, le devastazioni investano molto di più: le coscienze, le strutture, le possibilità del futuro collettivo. Qualcosa si spegne e qualcosa - in bene o in male - scaturisce. E qualcosa da allora è scaturito, o almeno doveva essere così, se i tanti tradimenti e compromessi e incertezze non ci avessero riportato allo stato in cui viviamo, nello Stato in cui viviamo. Non crede che occorra dirlo, che occorra abbandonare – mi permetta – le posizioni incerte ed equivoche (quelle che fanno strillare di gioia, ed è il caso di questo film, giornali come *Il Borghese*)? Non crede, soprattutto, che non si possa "fare la cronaca" del passato? I termini si elidono a vicenda, e non si perviene, con il metodo *Ciociara*, né, alla cronaca né al passato; tanto meno si perviene al romanzo cinematografico, romanzo *tout court* (anche se alle spalle c'è un Moravia, e forse proprio per questo), come certe intenzioni vogliono far supporre. Sono giovane, Zavattini, e lei lo sa. E potrei aver sbagliato tutto. Ma dovevo dirle quello che sentivo in me. E dirglielo pubblicamente. Mi creda, in tutta sincerità e stima. Forse sono stato confuso o – forse – un po' duro. Si va sulla spinta del cuore, in questi casi, ma non si perde di vista la ragione che ognuno deve farsi. Il cuore e la mente, no? Nel suo *Diario* ci sono cento film – e vorrei che li potesse fare tutti, anche film di cinque minuti, con uno che si soffia il naso e guarda cosa c'è nel fazzoletto, ed è tanto stupido, come credo dicesse Voltaire, da poter pensare che gli siano piovuti zecchini – ma non c'è *La ciociara*. C'è, se vogliamo restare in ambiente, *Ipocrita '43*, o ci sono "i ragazzi del luglio"[1].

Perché non farne un film, per esempio? Far vedere questi ragazzi con la maglietta a strisce, questi giovani operai o disoccupati o studenti che hanno imparato nello spazio di qualche giorno o di qualche ora ciò che la scuola non ha mai loro insegnato, che hanno capito il perché e il percome della situazione, delle loro miserie, delle possibilità che vengono loro negate. Si potrebbe cominciare con Genova, con uno di quei ragazzi che sono scesi insieme al prete dal paese che i tedeschi avevano distrutto due volte. Lui allora aveva pochi anni ma certo gli è rimasto dentro agli occhi tutto il sangue, l'orrore e le macerie di quei suoi primi giorni. Magari non è mai venuto in città, o vede la città con occhi nuovi, tutta quella gente ve-

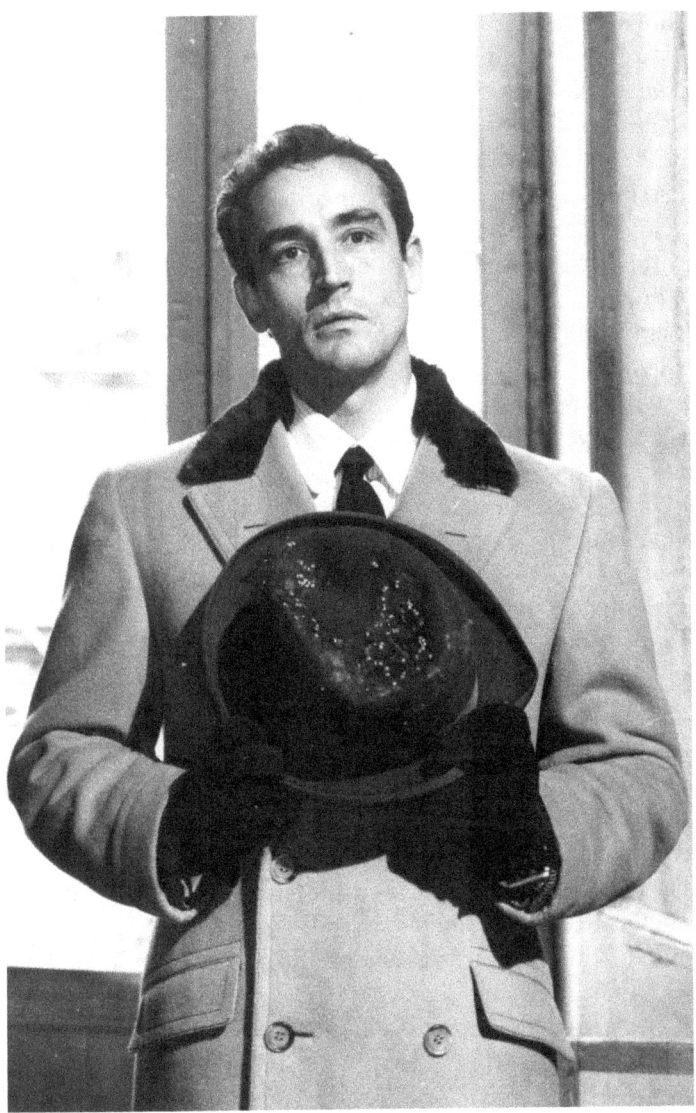

Vittorio Gassman in *Il giudizio universale* (1961) di Vittorio De Sica

stita allo stesso modo, con una camicia bianca aperta sul petto, le strade che sono diventate campi di battaglia, l'albergo dove stanno i delegati del congresso missino che tagliano la corda dalle porte di servizio, il teatro a due passi dal sacrario dei caduti...

Passiamo a porta San Paolo, il corteo che viene avanti verso le lapidi, la carica della cavalleria, i celerini che portano via le corone: ci sono deputati e giornalisti e cercano di individuarli e di malmenarli peggio degli altri. Uno dei tanti ragazzi che c'erano anche qui, un garzone di qualche bottegaio (di quelli che a quindici anni sono pagati tremila lire al mese per un servizio di undici ore) assiste involontariamente a quanto succede. Doveva prendere il treno per Ostia, farsi la sua mezza giornata su quel piccolo tratto che c'è rimasto di spiaggia libera, guardare le ragazze che d'estate si scopre sono già diventate donne, con quelle piccole e sode forme ancora acerbe. Invece non è andato a Ostia, ha dovuto scappare, schivare le sciabolate, rifugiarsi da un portone all'altro con la paura di finire dentro perché non possiede ancora documenti: e in uno di questi portoni trova un giornalista, un povero cronista sbilenco che passa la sua vita da un'anticamera all'altra, da un corridoio a un'infermeria. Ed è lui che racconta al ragazzo le cose come sono e come sono state, e il ragazzo è avido di domande. Quando il cronista torna al suo giornale, ecco che arrivano convulse le prime notizie da Reggio.

Per Reggio Emilia la storia c'è già: il diario di Paolo Pini, un bambino di dodici anni, amico di Ovidio Franchi, una delle cinque vittime. «La mattina del 7 luglio, come tutte le mattine, dopo aver aiutato mia madre nelle faccende di casa, sono uscito a prendere della roba in drogheria in via Roma. Sapevo che nella sede del MSI c'era del movimento...». Gli avvenimenti si succedono in una ridda che assomiglia a quelli di certi western, che piacciono tanto a Paolo, anche se deve accontentarsi di guardare i cartelloni, perché le cento lire per il cinema non è facile trovarle. Ma qui il sangue non è sugo di pomodoro e non c'è bisogno di trattenere il respiro per sem-

brare autentici morti. Qui come a Palermo, come a Licata...
(potrebbe esserci un quarto episodio, altri dieci...).

Tre episodi, tre storie, forse "esemplari". Occorre scavarle, mo-
tivarle, risalire all'origine delle situazioni, del disagio, delle
colpe. Non è così facile ma si può fare, si dovrebbe fare. (Mi
dicono che Ugo Pirro sta pensando a qualcosa del genere, ma
non so nulla di più). E sta proprio in questo esempio, uno dei
tanti, il motivo per cui non riesco ad accettare *La ciociara*,
mentre accetto *Rocco* e *L'avventura* e *La lunga notte del '43* e
Kapò, che "cronaca" non sono ma alla cronaca attingono. Loro
ne fanno materia narrativa, tendono al "romanzo" e lo rag-
giungono. Si può forse farne a meno, restare "cronaca" ma
cronaca vera, come lo Zavattini di sempre. Ma non si può fare
La ciociara.

Vorrei spiegarmi meglio ma forse lei, Zavattini, mi ha già capito. Mi voglia scusare, anzi, la lunga chiacchierata. È inutile?
Al piacere di rivederla, resto il suo devoto, Lorenzo Pellizzari
[*20 gennaio 1961*][2].

---

1. Alludo, un po' presuntuosamente, a un soggetto-trattamento, appunto *I ragazzi del luglio*, con il quale avrei partecipato, nel maggio 1962, al concorso indetto dalla Mostra del cinema libero di Porretta.

2. Zavattini ebbe la cortesia di prendermi in considerazione, sul suo *Diario di Cinema Nuovo*, in data 15 dicembre 1960: «Mi resta mezza pagina per rispondere a Lorenzo Pellizzari, il quale mi ha mandato copia di una lettera aperta a me, che pubblicherà nei *Quaderni del Cucmi*, in cui sostanzialmente mi comunica che non gli è piaciuta *La ciociara*, e giustamente mi attribuisce una parte di responsabilità. Penso, spero che il giudizio di Pellizzari sia troppo severo. Si sarebbe potuto fare un quadro più duro; ma non è che De Sica e io, ciascuno per la propria parte, abbiamo voluto ammorbidire, proprio no. Abbiamo perfino sperato che tra le righe e tra i fotogrammi trapelasse una crudeltà degli eventi come poche volte, e il rapporto della madre e della figlioletta assumesse un significato storico, diciamo così, senza bisogno di sottolinearlo. Perché l'apparente assenza di significati o di ideologie avrebbe dovuto investire ogni punto, ogni personaggio imbevuto di questa assenza come colpa, nel labirinto della quale forse abbiamo messo qua e là dei

lorenzo pellizzari

lumi (alcuni naturalmente prendendoli di peso dal libro di Moravia) per arrivare a intravedere responsabilità più alte. Pellizzari ha fatto bene a scrivere il suo atto d'accusa e può darsi che trovi risposta in qualche critica, uscita non so dove; io non ne ho lette perché da un certo numero d'anni ho paura delle critiche, mi hanno dato troppi dispiaceri e verso i sessanta si comincia a pensare agli infarti. Me ne arrivano degli echi tramite gli amici e ormai mi basta. Ciò non è bello, lo riconosco, ma certi difetti non li cambi più. Forse, caro Pellizzari, un punto di più a questo film potrebbe darlo se lo vedesse ignorando il romanzo. Ma sarebbe giusto?». Ora in *Diario cinematografico*, a cura di Valentina Fortichiari, Mursia, Milano 1991, p. 316. Successivamente, il 30 novembre 1961, rispondendo ad alcune mie osservazioni riguardanti *Il giudizio universale*, mi scriveva: «Caro Pellizzari, [...] La botta del *Giudizio Universale* è stata molto forte. Su un piano umano, mi ha addolorato vedere che, tutte le volte che un film dove c'entro io va male, il mio nome gigianteggia, e quando va bene non mi citano neanche. Su un piano critico è grave che io non abbia capito che avevo imitato un po' troppo lo Zavattini di tanti anni fa, e che, ideologicamente, mi ero mosso con pigrizia. Il che non toglie agli altri la loro parte di responsabilità; quel grossolano e presuntuoso lancio del film, a cominciare dal titolo non mio, quel cast spropositato che obnubila la semplicità della favola, la sua umiltà: perché si tratta di una favoletta, di un balletto, con un'ombra di sapore ottocentesco, e conservato nei suoi limiti, con gente della strada, fatto con poco danaro (due anni fa scrissi una lettera dove mi battevo per mantenere il costo sui cento o centocinquanta milioni), e allora comprende che lo stesso "diluvio universale" si sarebbe potuto fare con un centinaio di ombrelli e alcuni secchi d'acqua, in quanto dal poco costo derivano certe idee, certe soluzioni, e la misura giusta, la proporzione tra le intenzioni e il risultato. La mia amarezza però va oltre questo ultimo episodio e investe tutta la mia vita cinematografica che in questo momento sento come non mai sbagliata. Ho udito gente mettere in dubbio la sincerità di certe mie battaglie. Dicono: predica il neo-realismo e poi fa il *Giudizio*. Infatti si è verificata una cosa per ciò che riguarda la mia stretta biografia personale piuttosto triste e irreversibile: tanti films che avrei voluto fare io o almeno collaborarvi, sono stati fatti in Francia o qui da altri. Così sembra che mi siano estranei quando non solo li ammiro ma li giudico come fatali, cioè storicamente tempestivi, e in coscienza nessuno di questi bei films mi ha colto di sorpresa. Cioè, non sono fuori dalla linea evolutiva del cinema, e sono solo carenza di carattere, o difficoltà pratiche variamente impostemi, che mi hanno impedito di realizzare dei programmi che se non per primi certo non per ultimi avevo sentito maturare nell'aria e dentro di me. Quanto tempo ho perduto dietro dei lavori invisibili, diciamo così, o comunque inutili rispetto a una rigorosa selezionata attività che uno come me dalle idee e dalle passioni chiare doveva perseguire implacabilmente. Era meglio un film ogni tre anni ma culmine di una esperienza; quando invece, senza accorgermene, ho marcato il passo dentro a un ambito professionale credendomi continuamente assolto

20

dalla lotta che mi si faceva. Più d'una volta mi sono trovato completamente solo, tuttavia con una maggiore volontà qualche cosa di coerente, e magari di sbagliato, avrei potuto realizzare. [...]». Ora in *Una, cento, mille lettere*, a cura di Silvana Cirillo, Bompiani, Milano, 1988, pp. 233-234.

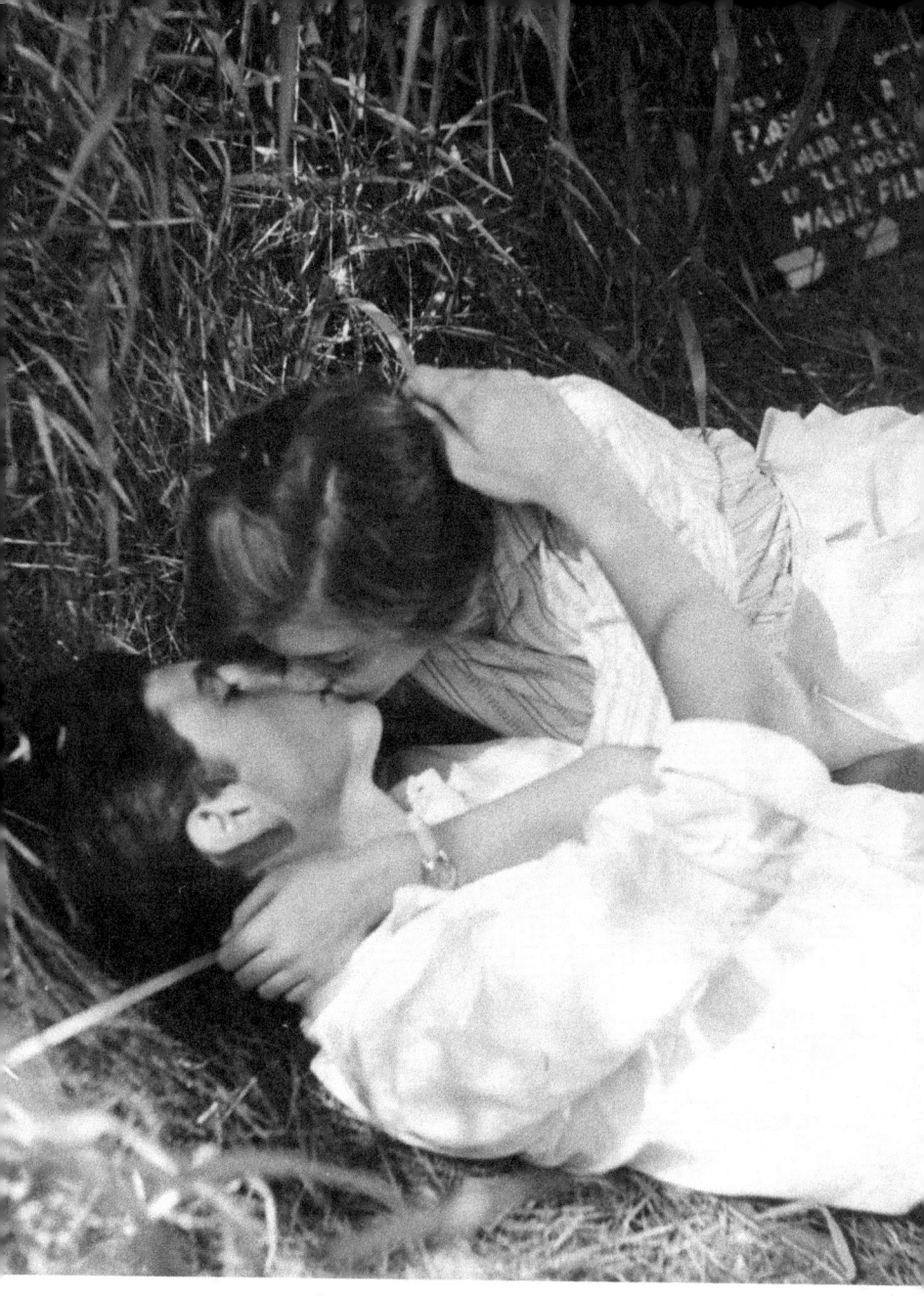

Inger Nystrom e Andrea Giordana in *Le adolescenti*, episodio di Francesco Maselli in *Le italiane e l'amore* (1961)

Za e l'amore

LE ITALIANE E L'AMORE
Soggetto: dal libro *Le italiane si confessano* di Gabriella Parca (ed. Parenti); *inchiesta*: condotta da Cesare Zavattini, con Baccio Bandini, Carlo Musso, Gabriella. Parca e Giulio Questi; *fotografia*: Sandro Deva, Vittorugo Contino, Marcello Gatti, Mauro Piccone, Carlo Nebiolo, Leonida Barboni; *produzione*: Maleno Malenotti per la Magic Film (Italia), 1961; *distribuzione*: Interfilm.
Episodi:
Ragazze madri, di Nelo Risi, da sceneggiatura di Gaio Fratini e Nelo Risi.
I bambini, di Lorenza Mazzetti.
Lo sfregio, di Piero Nelli, da Enzo Muzii.
Le adolescenti, di Francesco Maselli, da Sergio Perucchi e Francesco Maselli.
Viaggio di nozze, di Giulio Questi.
Le tarantate, di Gianfranco Mingozzi, con consulenza di Ernesto de Martino.
Gli adulteri, di Marco Ferreri.
La separazione legale, di Florestano Vancini, da Elio Bartolini e Florestano Vancini.
Un matrimonio, di Carlo Musso, da Alberto Bevilacqua.
Il successo, di Giulio Macchi, da Luigi Cavicchioli e Giulio Macchi.
La prova d'amore, di Gian Vittorio Baldi, da Ottavio Jemma.

La condizione della donna in Italia è ancora quella che tutti sanno; i problemi dell'amore e del sesso non vengono da noi che raramente affrontati con il necessario coraggio e spregiudicatezza, vagliati in modo critico e non scandalistico; la geografia sentimentale del nostro paese sembra unicamente conoscere e comprendere alcuni estremi isolati. In mezzo, per lo schermo, sta un deserto (al quale è interessata però la gran maggioranza dei cittadini) popolato di buone intenzioni ma con scarsissimi risultati degni di nota: rivolgersi a esso, attraverso un esame dello stato femminile, come voleva almeno inizialmente *Le italiane e l'amore*, è prova di sensibilità umana, dote a cui va riconosciuto il merito, indubbiamente, a Cesare Zavattini, ideatore del film, conduttore dell'inchiesta a esso legata e prodigo di consigli, apporti e suggerimenti ai giovani registi interessati (i quali fanno quasi tutti parte di una équipe a lungo "covata" e plasmata da Zavattini stesso). Tuttavia, proprio nelle varie fasi attraverso le quali la complessa materia si è strutturata, si avvertono varie contraddizioni.

Va notata innanzitutto l'indeterminatezza del tema. Dimostrare la disuguaglianza e la discriminazione fra i due sessi? Oppure tracciare un rapporto sulla vita a due, dai primi contatti dell'adolescenza alle conclusioni più o meno felici della maturità? Oppure infine indicare le differenze di concezione e comportamento fra Nord e Sud, fra i vari strati sociali? Il film da questo punto di vista è mancato, avendo voluto accettare tutto e tutti, esperienze e avvenimenti privi di omogeneità e talora persino di nessi, e provocando – proprio a causa di taluni legami fittizi – alcune curiose distorsioni della realtà (pensiamo a *Le tarantate*, dell'abile Mingozzi, dove un fenomeno etnico-religioso che affonda nei secoli viene banalizzato a pura e semplice ricerca di un orgasmo per placare una "delusione amorosa"). D'altra parte il film se non mancato è almeno difettoso per quanto riguarda il tono e l'espressione, il metodo adottato per entrare in contatto con la realtà. Gli episodi hanno infatti in comune l'utilizzazione esclusiva (o quasi) di attori non professionisti e di ambienti autentici ma aldilà di questi elementi

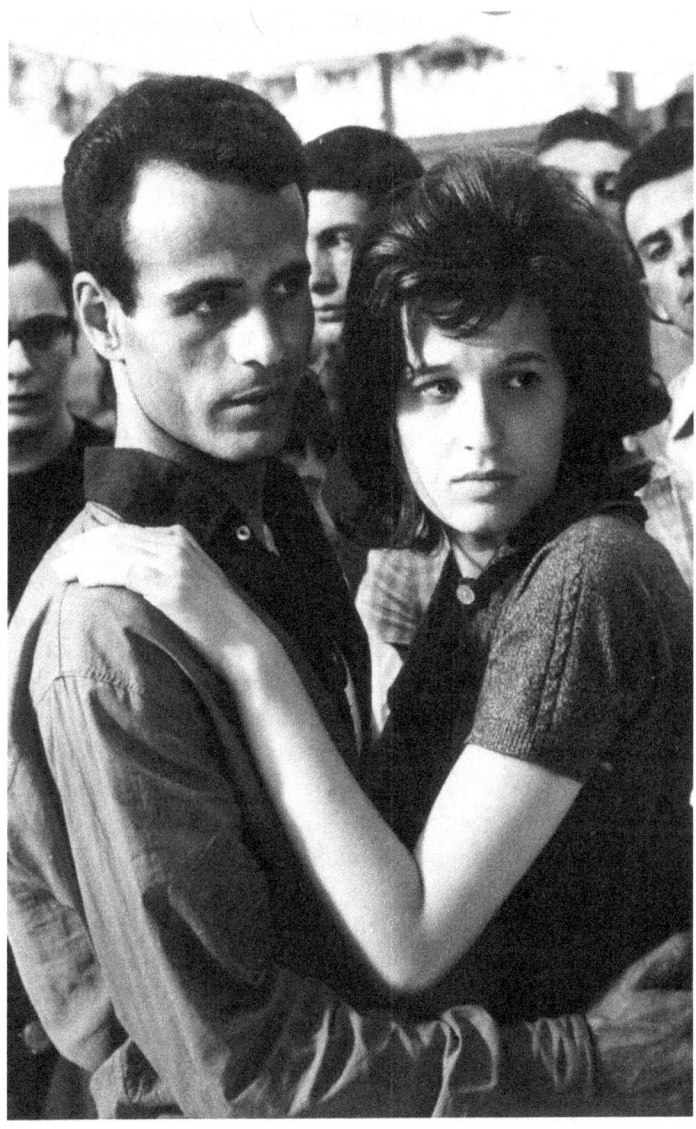

Mariella Zanetti e Michele Francis in *La prova d'amore*, episodio di Gian Vittorio Baldi in *Le italiane e l'amore* (1961)

esterni ripresi dal primo neorealismo si avverte frequentemente il costruito, l'aprioristico, magari la macchietta: presenze che contrastano chiaramente con il presupposto di un'inchiesta, raggiungendo qua e là toni falsi e ovvii (come ne *Gli adulteri*, di Ferreri, che poteva agevolmente rientrare nella corrente produzione di commediole erotiche, sia pure a livello superiore). E pezzi di bravura, dove il presupposto umano si lascia sommergere dall'aspetto tecnico, da un certo miracolismo della macchina da presa, sono *Lo sfregio* di Nelli e *Un matrimonio* di Musso, che pure avrebbero potuto rientrare con maggiore aderenza nella poetica zavattiniana del "pedinamento".

Film a episodi, e non film-inchiesta, ci appare dunque *Le italiane e l'amore,* che è – a suo modo, e come, per altri versi, *Il giudizio universale* – l'antologia di certe intuizioni, di certi spunti raccolti e forzatamente accantonati, nel corso degli ultimi quindici anni, dallo scrittore di Luzzara: elementi validi e stimolanti in sé ma che avrebbero dovuto essere composti, in una costruzione più vigilmente sorvegliata da Zavattini stesso; uno Zavattini, a esempio, che si collocasse finalmente al di qua della macchina da presa. Si sarebbero evitate fra l'altro le sfasature di gusto in cui è incorsa la Mazzetti nel suo *I bambini;* o l'atmosfera magico-patetica in cui si muove la ragazza-madre di Nelo Risi; o il taglio televisivo – pregevole ma troppo a se stante – adottato da Macchi ne *Il successo*. Acquistano così una validità autonoma tre o quattro episodi, proprio quelli che – per ironia della sorte – maggiormente contrastano con il tono dell'inchiesta, esprimendo invece un'esigenza narrativa, di approfondimento socio-psicologico, un'ambizione al personaggio: i "racconti", le "novelle" di Vancini (*La separazione legale*), di Questi (*Viaggio di nozze*) e, con qualche riserva, di Gian Vittorio Baldi (*La prova d'amore*). Sono gli stessi – ed è elemento da meditare – che dimostrano di aver meglio compreso il tema-base, che a esso sono rimasti più fedeli e in modo più pertinente, che hanno saputo raggiungere una civile commozione, un'intima capacità di persuasione e un'assoluta autenticità.

Insieme al delicato ma incisivo *Le adolescenti* di Maselli, questi tre episodi, questi tre "racconti", lontani dalle tinte a effetto, vicini alla nostra problematica quotidiana, sobri ed efficacemente narrati, basterebbero da soli a garantire una validità e importanza al film, che anche altrove ha perlomeno il merito di aver provocato un esame di coscienza: nello spettatore, inducendolo a riflettere su questioni ancora tabù; nel critico, fornendogli le chiavi e gli esempi per un confronto di gusti e tendenze e confermandogli l'esistenza di una nuovissima leva di cineasti degni di considerazione; negli autori, per motivi analoghi. E Cesare Zavattini? Anche per lui il film, crediamo, è stato un esame di coscienza, utilissimo: da un lato la certezza della sua vitalità e della sua forza morale e umana; dall'altro la necessità di vagliare con maggior attenzione gli elementi delle sue opere future, di seguire con maggior vigilanza i *suoi* film specie all'atto della realizzazione, di diffidare sempre più di certi produttori. [*1962*]

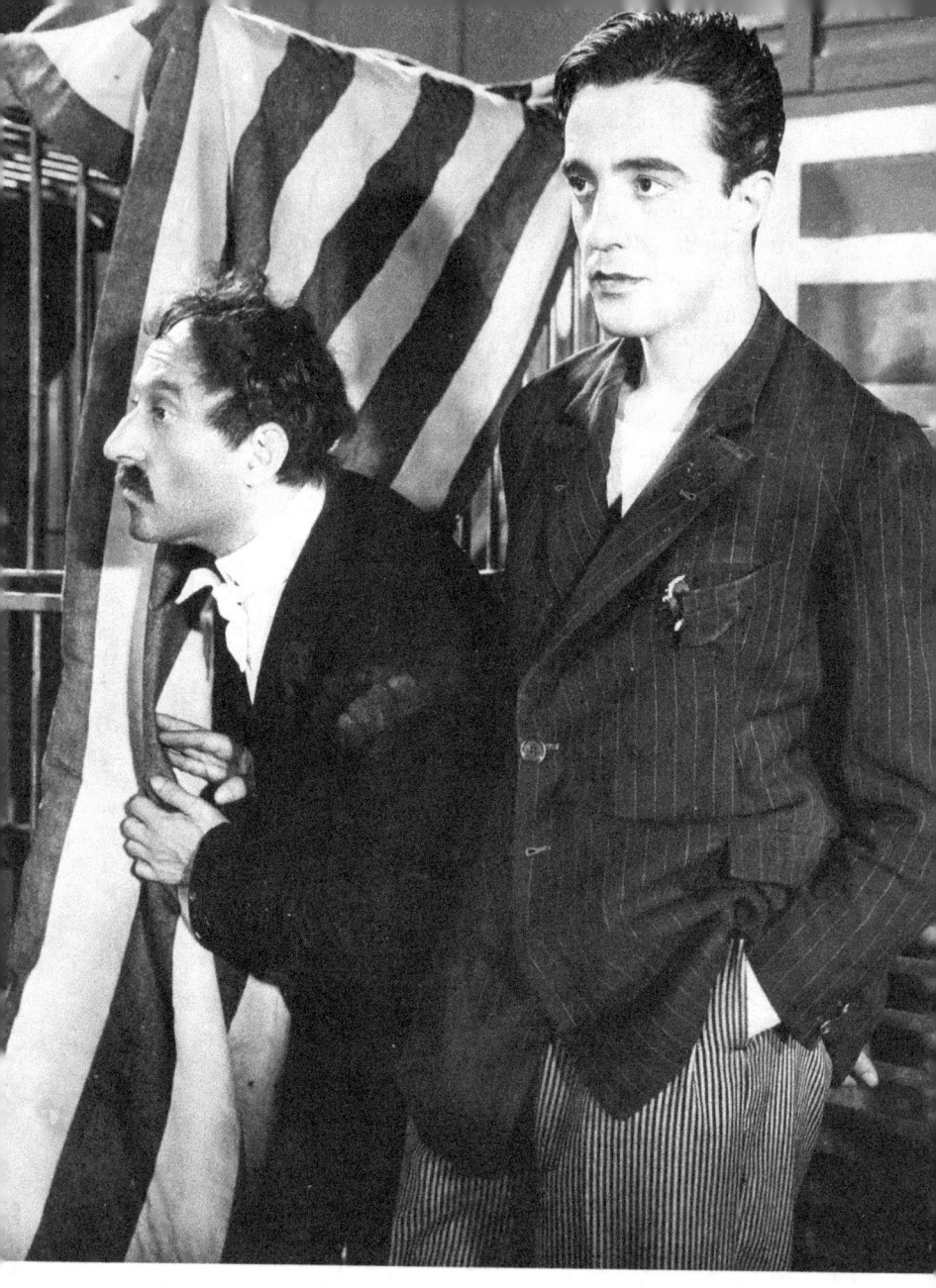

Luigi Almirante e Vittorio De Sica in *Darò un milione...* (1935) di Mario Camerini

Conversazione con Za

Vorrei, iniziando questa intervista che lei mi ha promesso come un vero e proprio esame di coscienza, se così si può dire – e so che lei lo farà –, che lei cominciasse a narrarci dei suoi primi tempi, della sua "nascita". Dei tempi in cui lei insegnava al collegio Maria Luigia di Parma, delle sue prime attività giornalistiche su quotidiani locali, di quando era redattore-capo della Gazzetta di Parma, *e poi del suo trasferimento a Milano presso Rizzoli. Quali potevano essere, insomma, i suoi sogni, le sue idee, le sue aspirazioni di allora ... È una domanda non certo facile.*

Non è facile, sa perché? Sono state cose raccontate molte volte. Avviene allora un setacciamento, anche tecnico, tale per cui quando scatta una di queste domande la risposta è già pronta. Ora, l'ideale sarebbe, in una intervista di questo genere, che mira a una specie di verginità nei confronti delle cose da dire, trovarla questa verginità. Non è facile perché siamo noi stessi dentro la ragnatela di questi luoghi comuni, che qualche volta corrispondono a realtà, a verità anche, ma che sono già talmente scontati che non vale neanche più la pena di raccontarli. Lo so che il mio amico Pietro Bianchi, quando racconta certe cose di me ...

... Racconta, per esempio, che furono Attilio Bertolucci e lui ad attaccarle la "peste pellicolare", a condurla al cinema, e a interessarla a esso per la prima volta...

Sono talmente affezionato, sono sempre stato talmente devoto a questi amici, e grato – direi anche – di quello che questi amici hanno fatto per me ai bei tempi (perché mi hanno dato fiducia, ce la siamo data reciprocamente), che non vado tanto per il sottile. Per temperamento sono grato a questi miei vecchi amici, sono veramente grato. Devo riconoscere che in loro c'era già una coscienza critica che non c'era in me. In me c'era una carica istintiva, intuitiva, molto più violenta e aperta di quello che non apparisse in loro, anche perché si trattava di gente più giovane, gente che covava il proprio avvenire. Io, io giocavo sempre allo scoperto: è stato un poco il carattere di tutta la mia vita. Riconosco che, effettivamente, in quegli anni il comune amore per il cinema aveva in loro una sapienza che non era in me, ma il mio attaccamento non aveva bisogno di sollecitazioni perché nasceva da uno slancio di natura narrativa, che è stato poi quello che mi ha condotto al cinema. Letterariamente io mi ero ristretto in formule umoristiche abbastanza contenute, e anche stilisticamente riservate. Nel cinema, ho sentito un'altra parte di me, la parte dove un po' fluvialmente io potevo entrare. In un modo abbastanza inconscio nei primi tempi, io avvertivo tutta l'immaginazione che mi assaliva: proprio mi assaliva, e delle volte si esprimeva persino in racconti improvvisati con i ragazzi del collegio. Io inventavo dei racconti, delle storie, avevo bisogno di narrare: ma, stranamente, quando arrivavo alla pagina le preoccupazioni sintattiche, grammaticali, formali, già cominciavano a ipnotizzarmi. Nel cinema un soggetto nasceva con una libertà – mescolando il buono al cattivo – che nella letteratura, invece, non mi era più possibile. Ormai nella letteratura, non so come, era nato in me un rigore che non so proprio come avevo ereditato, e da chi. Come mai a un uomo di una notevole ignoranza quale ero io, cioè di una cultura estremamente riassuntiva e popolare, non articolata in cognizioni specifiche, in conoscenza di libri, di nomi, di gente del mio tempo, come mai – questo lo vorrei proprio sapere, è una delle curiosità che vorrei soddisfare il giorno in cui si potesse veramente domandare qualcosa di sé – mi accadeva tutto ciò? Questo mi aiuterebbe anche a capire la vita. Perché io, buttato, come si dice, "all'imbraga", buttato sessualmente e sensualmente nelle cose, cominciando a scrivere avevo una capillare esigenza proprio di natura schiettamente stilistica, schiettamente letteraria, senza avere alle mie spalle letture come avevano i miei cari e oggi illustri amici Attilio Bertolucci e Pietro Bianchi? Per loro il fatto letterario contemporaneo esisteva già nella sua forma più alta. Sapevano, in altre parole, che gli uomini della cultura italiana erano, nel giro di cinquant'anni, questi e non quelli. Io non sapevo niente di tutto questo. Tuttavia, istintivamente, le piccole prove con le quali cominciavo, erano prove in cui il rigore della parola era già molto notevole. Sotto un'apparenza così familiare del discorso, c'era un bisogno di una asciuttezza, di una essenzialità notevole, me lo ricordo: fino a giungere a quella insofferenza quasi fisica per una ripetizione, che hanno tutti gli scrittori. Da che cosa mi veniva questo? Ecco la cosa che vorrei veramente conoscere. Da che cosa comincia in noi – non in Zavattini, non è questa una domanda che riguarda la storia di Zavattini, è la storia di tanti di noi –, da che cosa comincia, improvvisamente, essere, esigere certe cose anzi che certe altre? Questo mi interessa su un piano di conoscenza...

...Cioè sul piano di evoluzione di qualsiasi individuo...

...Di qualsiasi individuo.

Vorrei chiederle una cosa. La sua esperienza giornalistica si è concretata, a parer mio, in una vera e propria innovazione del rotocalco in Italia. Il rotocalco è veramente un modo di prendere contatto con la realtà, con la realtà espressa nei suoi effetti immediati di cronaca, con la necessità di dover buttar giù ogni settimana otto, sedici pagine. Io penso che questo, unito alla sua esperienza di narratore, di scrittore, abbia fornito la base per un suo ingresso nel cinema. E che questa esperienza, contrapposta appunto al "modo" dello scrittore, abbia contri-

buito d'altra parte a creare un certo equilibrio (che è anche commistione): cioè una certa propensione a volte per la fantasia, a volte per la cronaca, e poi per la realtà.

Vede, io direi che questa sera stiamo parlando – ho l'impressione – in una maniera abbastanza confidenziale, cioè abbastanza sincera. Ma non perché io stasera dico: voglio essere sincero. Semplicemente perché, io, questa sera, sono maturo per dire certe cose. Si è sinceri quando si può essere sinceri. Io sono sincero, stasera, perché ho la maturità per essere sincero, semplicemente questo. Io credo di poter dire di me che coesiste una qualità con un'altra qualità, un difetto con un altro difetto: ho una certa versatilità, diciamo così, da cui, nella vita, ho ricavato dei vantaggi e anche degli svantaggi. Cercando di vedermi come se fossi un estraneo – cosa non facile, perché il distacco da noi è qualche cosa di innaturale: ed è vero che l'uomo è uomo in quanto riesce a pensarsi, è la sua caratteristica così sintetica: ma questo è di qualunque uomo –, cercando di vedermi in prospettiva, dicevo, per quel tanto che ci si può riuscire, mi trovo come un uomo che per tutta la sua vita ha tardato tanto, tanto, a giudicarsi. Ho avuto un flotto di natura immaginativa, di ricchezza immaginativa, tale – e non è un elogio, perché è una qualità quasi fisica, direi – che mi ha impedito di stare zitto, di isolarmi, di guardarmi in distanza: per cui sono sempre vissuto un po' dentro alle cose mie, contemporaneo di me stesso, proprio, e non mai un po' prima, un po' dopo. In un certo senso potrei dire che mi è mancata per troppi anni una coscienza storica, per cui ero naturalmente nel mio tempo, ed ero tanto nel mio tempo che una qualità giornalistica lo esprimeva, questo: ma ne esprimeva però anche i limiti, perché tanto più tu sei decisamente contemporaneo con te stesso, tanto più questo ti toglie la possibilità di un passo indietro per esaminarti, per puntualizzarti. In qualche momento degli anni passati, molto passati – arrivo fino al 1940 –, ci sono stati dei vaghi presagi di una coscienza che si muoveva cercando di rendersi responsabile delle sue azioni. Ma erano solo dei momenti, per cui, subito dopo, veniva il rincalzo, quasi gioioso, della cosa in sé, del piacere di immaginare, di sentire, di reagire, di inventare: per esempio, di inventare, per cui qualche volta il piacere dell'invenzione sopraffaceva qualunque altra cosa di ordine morale. Tuttavia non era poi immorale. In fondo, c'era una qualità morale, misteriosa come la qualità per la quale io a un certo punto ero di esigenza letteraria anziché di non esserlo. Perché io ero nativamente moralista e letterario, ha capito? Non lo so, non lo saprò mai se questo dipende da mio nonno, se questo dipende dalla glandola ipofisaria, se questo dipende dalle amicizie che ho avuto nell'infanzia, o se questo dipende dall'aria e dall'acqua che ho bevuto a Bergamo dove ho fatto le elementari. Assolutamente tutto ciò è un grande mistero. Così, intuitivamente, suppongo che noi siamo come possiamo essere – l'ho detto parecchie volte – e cioè avverto molto la determinatezza di tutto ciò. Si tratta di saperne le componenti, ma avverto la determinatezza di tutto ciò e addirittura so che un'indagine, un *iter* potrebbero essere ricostruiti, ripercorsi: arrivando però chissà dove, con questa anagrafe morale, spirituale. Sento enormemente insomma la libertà nella non libertà, queste due cose che si mescolano e di cui dubito spesso, sia dell'una che dell'altra. Dubito se sono libero e dubito se non sono libero; sento in certi momenti che non sono libero e sento in certi altri momenti che sono libero, e oscillo veramente senza tregua – come del resto hanno oscillato milioni di uomini prima di me e oscillano altri uomini oggi, contemporaneamente a me – tra l'immanenza e la trascendenza, tra il relativo e l'assoluto. Parlavamo di una tardiva presa di possesso di una coscienza critica: io suppongo che una maggiore calma, persino fisica, una minore ricchezza di elementi fisici esterni, una minore rigogliosità fisica, mi avrebbero forse permesso – queste sono supposizioni di natura immaginativa, quasi floreale – di esaminarmi più freddamente. Molte volte nella mia vita ho scritto: ho bisogno di buttarmi un secchio d'acqua sulla testa, cioè di calmarmi. Perché il fatto inventivo era estremamente abbondante. Parlo, si intende, del fatto inventivo su un piano esterno, non parlo mica delle invenzioni di Shakespeare, ma proprio dell'invenzione di una rubrica giornalistica, di un soggetto (anche nella sua fase puramente materiale), oppure di invenzioni sempre di natura che stanno fra il pratico e il poetico. Questa mescolanza fra il pubblicitario e l'intimo è un poco una delle caratteristiche di tutta la mia vita, in cui ogni tanto uno vedrà che un'idea che poteva avviarsi verso dei sentieri solitari, inoltrarsi nella foresta, inventare qualche cosa di segreto e di alto, invece improvvisamente pigliava dei viottoli più facili, verso delle piazzuole più rumorose e di consumo immediato. Io ho sciupato, credo, tante e tante cose che erano nate per finire magari in un verso, e invece le ho buttate immediatamente in un consumo di carattere fisico, fisiologico, e pubblicistico. Le ho buttate in quel momento, con una scarsa coscienza critica e con un'avidità, avidità di vita immediata, esteriore, sensuale-sessuale, a scapito di una maturazione e di una utilizzazione da formica spirituale. Quindi, molte volte, sono stato molto cicala, molto cicala, e poco formica. Sto dicendo queste cose stasera, qui con lei, e non so neanche io perché le dico: ma le sento, questo è l'importante, le sento. Ciò non significa che io abbia ragione, perché improvvisamente suonerà un gong, chissà dove, che mi farà voltare e mi vedrò in uno specchio totalmente diverso da quello che mi credevo. È la cosa a cui sono preparatissimo. Suppongo persino che il Giudizio universale, al quale non credo, possa essere solo questo: improvvisamente vedersi – ed è un atto di grazia, un atto di condanna, non lo so –, vedersi totalmente diverso da come faticosamente hai cercato o hai creduto di vederti durante tutti gli anni che hai avuto a tua disposizione.

Dopo questi chiarimenti, dopo questa confessione, che mi ha lasciato veramente molto sorpreso, molto contento, vorrei chiederle qualcosa di più preciso dal punto di vista cinematografico. Lei, nel 1936, su Cinema, *discorrendo con Raffaele Masto, lamentava chiaramente – come diceva lo stesso titolo dell'intervista – i "dolori di un giovane soggettista", cui era stato sottoposto durante la realizzazione del film di Mario Camerini* Darò un milione. *Oggi come oggi può aggiungere qualcosa d'altro a quelle dichiarazioni d'allora? Quel film rappresentò infatti il suo ingresso attivo nel cinema...*

Io non ricordo così minutamente ma ricordo sostanzialmente questo, ancora esaminando me stesso: ricordo che avevo una certa classe, che mi derivava dalla mia origine letteraria. Per quanto sfogassi nel cinema un poco i sottoprodotti, tuttavia ero sempre un uomo che un termine di giudizio l'aveva, e gli dipendeva da un certo suo esercizio letterario. Io letterariamente ero un uomo – faccia conto – classificato sette: quel sette avevo un bel volerlo scordare, ma sette ero anche nel cinema. Avevo sempre questa chiave per aprire certi usci, ma ecco che, rivedendo quel periodo da questo momento, noto una delle ragioni che mi offrono politicamente una grossa arma contro i letterati di oggi, nel famoso rapporto cinema e letteratura. Io non ho portato nel cinema l'estremo di me stesso; io in letteratura avevo raggiunto certe atmosfere. Travasandomi nel cinema, cosa avrei dovuto fare io, se avessi avuto la coscienza del 1962? E adesso le dico forse il mio credo. Avrei dovuto cominciare dal punto in cui la letteratura mi aveva fatto giungere, servirmi di quel mezzo più diffuso per vedere se quella qualità che avevo toccato poteva essere trasferita in campo cinematografico con una maggiorazione relativa al mezzo nuovo, al mezzo più ampio. Invece io, primo letterato forse del cinema italiano, che così in un modo massiccio, totale, entrava nel cinema, io ci entravo non con le mie angosce più segrete ma ci entravo accettando dal cinema dei preconcetti. Essendo uomo ricco di immaginazione, sfogavo pigramente tutto quello che un sottobosco della mia immaginazione mi metteva a disposizione; probabilmente con un successo sicuro perché, se io fossi stato a contatto con l'America, io ero l'uomo – guardi che cosa grossa le dico – in Europa più adatto a lavorare per l'America. Potevo lavorare per dieci registi americani, tanto ero ricco di invenzioni tipiche proprio per il cinema d'allora. Ma, tanto più servivo questo cinema d'allora, tanto più venivo meno a quella rigorosa presa di coscienza della nostra funzione di uomini di cultura: siamo artisti di cinema, siamo artisti di pittura, o di scultura, o di letteratura. Io ero lontano da questi problemi milioni di chilometri. Nel cinema – e le dico un grande segreto – nel cinema io trovavo il modo di sfogarmi più pigramente. Come mai potevo scrivere, nel '37, *I poveri sono matti*? Cioè un certo libretto che arrivava sulla stilistica morale e formale in un ordine di esigenze critiche del tempo. Ebbene, come mai io dopo inventavo per Bragaglia *L'uccellino in famiglia* e tante di queste cose? Io credo – e adesso le dico la cosa più grave, o meno grave, o forse la cosa più vera – perché la sovrabbondanza di carattere immaginativo assecondava una mia natura pigra. E non credo che mi si possa capire, per quel poco che vale la pena di capirmi e di seguirmi, se io non sono capito come uomo pigro. Essendo pigro, il cinema mi ha favorito, ché, con una gamba sul tavolo, io potevo fare un soggetto al giorno. C'è stato un uomo, nel '38, Cesare Civita, col quale – se non era cacciato via dall'Italia, perché ebreo, poveretto – stavamo stipulando un affare di questo genere: un soggetto alla settimana, cinquantadue soggetti all'anno. Io li avrei fatti, ma lei sente che tutto questo mi portava a incamminarmi su una strada equivoca, mi toglieva da quel rapporto cinema-letteratura, consequenziale, rigoroso. Io avrei potuto, senza questa facilità, affrontare veramente il cinema per quello che il cinema permetteva allora, con tutte le remore che una situazione politica obbligava, ma – lei comprende – attraverso quale altro uso di una mia ricchezza immaginativa. Nel corpo di un'esigenza morale più precisa, avrei anche risolto il problema tecnico perché (ne sono convinto oggi più che mai) l'esigenza di certi contenuti mi avrebbe portato a dover risolvere anche in forme tecniche nuove la loro espressione.

Quindi, in questa prospettiva, si collocano molto bene due film come I bambini ci guardano *e* Quattro passi fra le nuvole. *Per quanto riguarda* I bambini ci guardano, *non so esattamente quale sia stato il suo contributo. Secondo me un contributo piuttosto forte...*

Molto forte. Ci ho lavorato tanto, tanto. Adesso lei mi domanda delle notizie... In fondo, noi dobbiamo distinguere il nostro colloquio su due piani: piano di confidenza generale, che è il più importante; e poi piano di confidenze particolari, di notizie, e qui entrano in ballo la suscettibilità, la vanità, l'ambizione, in un ordine molto commestibile, molto quotidiano. Mi dà fastidio, ma lo devo anche dire, se lei mi parla de *I bambini ci guardano,* che è stato il film nel quale io a un certo punto ho cacciato via tutti. De Sica mi ha dato in mano tutto, io sono entrato: *I bambini ci guardano* è stato proprio la stretta di mano fra me e De Sica, il patto. Circondato da gente che mi detestava perché venivo da un altro mondo, io – proprio con una violenza – sono precipitato in mezzo a loro e ho fatto il film. Proprio trovandomi di fronte a una sceneggiatura infame, addirittura infame: ma sono entrato; e devo dire che De Sica, immediatamente, così con le antenne, ha sentito questo, e mi ha protetto, e ha cacciato via gli altri e ha detto: «Va bene, quello che fa questo signore va bene». Questo è stato il primo scossone che ho avuto. Però, vede, era sempre un processo intuitivo. Si ha un bel dire che l'artista è intuitivo, ma io vedo anche oggi tanti miei amici – e del resto grandi uomini del passato – avere una coscienza critica notevole. Io non l'avevo notevole, io tendevo: la mia immaginazione conteneva certi umori critici, tempestivi, ma non era così. Per cui, anche quando ho fatto *Darò un milione,* c'era dentro in questa immaginazione qualche cosa che poteva perfino piacere a un uomo come Charlie Chaplin: poteva venire in mente a Charlie Chaplin quel film lì, e così anche per altri film che facevo. Io, nel '39, avevo pronto il *Diamo a tutti un cavallo a dondolo,* dove c'era dentro una qualità critica: ma c'era dentro incoscientemente, ecco quello che io vorrei chiarire bene. Io mi sono sempre detto che se fossi stato più consapevole della mia inferiorità, se avessi potuto vedere un po' più in prospettiva, li avrei saputi usare meglio. E allora, col mio ingresso nel cinema, – invece di stare per anni, per anni, così, in questa kermesse immaginativa ora felice, ora meno felice, ora tempestiva, ora no, ma con un troppo grosso margine di casualità – io avrei potuto veramente fare un discorso più architettato, più concorde, più conseguente che mi dispiace di non avere fatto. L'ho fatto, invece, con delle grosse intercapedini, con delle sparizioni improvvise, e mi pare che questo sia proprio del mio carattere. In certi momenti ho una visione nitida, proprio da uomo di cultura, e poi improvvisamente me ne scordo, e sono trascinato dentro nei fulgori sessuali-sensuali (sono sempre questi due termini che uso), fisiologici, questo *élan* vitale da cui sento proprio il bisogno di staccarmi perché, probabilmente, questa materia, questa energia la saprei, l'avrei saputa usare più tempestivamente. Pensi che un discorso che riguarda il passato lo faccio oggi perché, quando io le parlerò degli ultimi due anni, le dimostrerò come – avendo raggiunto come ho raggiunto, faticosamente, una procedura critica nei miei modi di vita – ogni tanto me ne scordo, ed entrano in campo delle debolezze di vita che mi fanno commettere certi errori che le elencherò e di cui ho piena coscienza. Oggi mi sento il Kant di me stesso, rispetto a quello che ero allora, di quando le sto parlando. Allora ero allo stato brado: orientato in un senso abbastanza buono perché forse un mio cognato, un mio zio, non lo so, lo era lui. Poi vorrei sapere l'origine, e allora qui arriviamo alla creazione del mondo.

Vorrei, a questo punto, che mi parlasse un poco dell'influenza che gli entusiasmi, gli slanci del primo dopoguerra possono aver avuto su di lei. Cioè se il clima generale degli anni 1945-1946 abbia influito effettivamente su di lei, e quanto possa giustificare in parte una certa sua "evoluzione", un certo suo passaggio...

Credo, Pellizzari, di averne già parlato qualche volta. La guerra ha avuto una forte scossa su di me, ma mi aveva in fondo spinto a una visione interiore, introversa, pensi un poco: e lo posso dire sempre facendo delle confidenze che forse non ho mai fatto. Sì, credo di non averle mai fatte, sino a questo punto. Io credo che se avessi seguito l'impulso di questa vita introversa, di cui avevo cominciato anche a fare alcuni appunti..., se uno fa un poco un esame di quello che io ho scritto, si accorgerà che il baco dell'introversione c'è. C'è il *Parliamo tanto di me*, cioè un'immaginazione ancora estroversa, con una malinconia però che già può far presupporre il pericolo di un'introversione. Poi ci sono *I poveri sono matti*, dove sente questa maggior sofferenza al contatto con la realtà della vita, una realtà che ti stupisce e nello stesso tempo ti tocca; una realtà magica e nello stesso tempo con una sua "fisicità". Poi arriviamo a *Io sono il diavolo*, dove siamo ancora in un ordine metafisico quasi della realtà; metafisico della realtà nel senso che portavo il metafisico ma nelle cose che mi toccavano in fondo realmente. Avviene la guerra e la guerra mi fa dare un grosso restringimento, e ho scritto degli appunti su delle lettere che volevo fare, delle lettere di una introversione che mi portava – pensi – a certi fatti anche di linguaggio, anche nuovi, nuovi nel mio modesto ambito. E delle volte penso: forse quella era la mia strada, io sono stato deviato dalla mia strada da ragioni morali, di natura civica. Forse la mia natura non era civica, non era morale nel senso che si dà a questa parola socialmente parlando, ma era introversa, solitaria, come un'asta proprio. Lei pensi quante domande mi faccio! Uno scrittore, un uomo che non sia grezzo, queste domande – di ciò che avrebbe potuto essere – se le fa continuamente, e io mi sono molte volte pentito della grossa crisi dalla quale poi è nata tutta la mia adesione a un cinema di realtà. Ma in polemica con me stesso: non è stata tanto una polemica con la realtà degli altri, quanto con la mia realtà. Io ero vocato, pareva, a queste elucubrazioni intime. Era, insomma, una lotta contro me stesso. La guerra, dopo un movimento introverso, ha provocato invece un movimento fuori. Debbo dire che ho intuito nella Resistenza – questo l'ho scritto tante volte – il sogno di quello che poteva avvenire per tutti noi e non è avvenuto. Perché la Resistenza era tutto fuorché un fatto riformistico: la Resistenza era un fatto radicale, un fatto rivoluzionario nella vita del nostro paese. Poi è stata coinvolta, consumata, dirottata...

...Se non tradita...

...Se non tradita. Cosa è successo a un certo punto in me? È successo – e ciò è molto chiaro, molto esplicito, molto facile da rintracciare –, è successo questo: la coscienza del contenuto da esprimere attraverso il cinema legando contenuto e cinema; cioè, il contenuto – dal fatto che era espresso attraverso il cinema – doveva acquistare il massimo del suo potenziamento civico, morale. Il cinema diventava quindi un fatto nuovo, totalmente nuovo, un mezzo totalmente nuovo; ed era proprio l'occasione per tentare questa diversione totale dalle vecchie formule. Ecco che per me cinema e Resistenza erano addirittura una vera e propria equazione. Ma che lotta, che lotta! Perché? Perché in me continuava a sussistere una carica immaginativa, una carica sessuale-sensuale diciamo così, molto ricca, molto abbonante: ed era tale che spesso faceva sì che mi scordassi dei principi morali che mi ero proposto, dei principi civici: e lei, con questo, riesce a spiegare come io abbia potuto inventare dei film, lavorare a dei film, non tutti rigorosamente consequenziali come è per lo scrittore. Io, come scrittore, sono stato molto più rigoroso di quello che io non sia stato poi come cineasta. Come scrittore non ho scritto, per esempio; ma come cineasta ho scritto anche quando potevo fare a meno di scrivere! E perché? Perché mi sono lasciato irretire da quel certo professionalismo a cui quasi nessuno riesce a sottrarsi. Può sottrarsi un regista più facilmente di uno scrittore; ma lo scrittore è più a contatto con la paginetta da scrivere in quattro e quattr'otto: il regista, dovendola poi realizzare, ha un'insistenza sulla sua cosa più lunga e più concreta e più massiccia, per cui la coerenza – direi – è più facile. Adesso sto un po' inoltrandomi in una sottilissima ricerca di scuse: però, con una base reale. Io pago giustamente le conseguenze di non aver saputo inizialmente – il 1935, quando sono partito – intuire che dovevo partire dal punto dove ero arrivato; che già un soggetto come *Darò un milione* era già un soggetto alle mie spalle: l'avevo superato, artisticamente. Lo svolgimento di se stesso, questa è la sola ragione di uno scrittore. Lo scrittore non ha nessun'altra ragione al mondo che svolgere se stesso. Se io, come scrittore, ero arrivato al grado sette, perché dovevo – come cineasta – cominciare dal grado sei? E io ne ho fatte molte di queste cose – ma ne ho fatte anche oggi –, perché, quando suggerisco certe idee che mi vengono spontaneamente, indomabilmente, quasi da un sottofondo giornalistico un po' estemporaneo, vuol dire che non seguo un ragionamento rigoroso. Forse, se avessi fatto il regista, avrei avuto maggiori possibilità di questa scelta...

Io penso che in lei una coerenza ci sia stata sempre, indubbiamente, anche a voler essere cattivi fino in fondo. La coerenza c'è stata perché le parentesi, le piccole evasioni, i piccoli sfasamenti sono naturali, sono nella vita di ogni uomo, e quindi anche nella vita di ogni artista.

Guardi, in questo sono molto severo, ma credo di avere ragione: li ho fatti, gli sfasamenti, perché evidentemente non potevo non farli...

...Erano anche legati a certi tempi...

...Ma, se non li avessi fatti, invece di raggiungere il grado otto avrei raggiunto il grado nove; o il grado dieci. È curioso come ci si accorge che si paga tutto, che si paga tutto. Come tutta una costruzione in cui ogni punto corrisponde a un altro punto, non c'è azione anonima. Ogni azione prende forma, prende nome e si inserisce nel tempo: cioè noi siamo, anche se non lo vogliamo essere, storicisti di noi stessi. Non c'è niente da fare.

Siamo arrivati, se si può fissare una data, circa al 1947-1948, e cioè all'anno di Ladri di biciclette. *Vorrei chiederle cosa ne pensa oggi di quel film: se ci sono cose che non farebbe più, cose che sente invecchiate, o altre cose invece che le appaiono attualissime, vivissime.*

Rispondo subito, a bruciapelo, senza riflettere, oppure riflettendo mentre parlo. Mi pare che, a parte la sua resa, *Ladri di biciclette* abbia un certo valore in questa direzione: che in quel momento un tipo di narrazione di quel genere e certi punti del racconto erano giudicati assolutamente impropri allo spettacolo. Quindi, la carica di rottura che il film aveva – che l'idea del film aveva – consisteva all'inizio senza dubbio nell'affrontare un tema, e dei modi di un tema, spettacolarmente giudicati poco vivi e poco sicuri. Io ricordo che ebbi anche delle fiere avversioni a questo film, all'idea di questo film, che trovò invece subito – subito – in De Sica la piena adesione: mentre non la trovò in altri che mi stavano intorno, perché pareva troppo privo di quegli elementi di spettacolo, di tensione...

Cioè, una certa gracilità nel tema...

...Una certa gracilità nel tema. E invece era proprio il contrario di quello che io personalmente supponevo: era la mia tesi, era il mio modo, era la mia idea fissa che non esistesse, né in *Ladri di biciclette*, né in altri progetti, una gracilità. Questa idea della gracilità – che ancora oggi sento dire, delle volte, quando certi critici affrontano certi film: «Malgrado la gracilità...» – cosa vuol dire? Cosa vuol dire questa "gracilità"? Non si accorgono che continuano a presupporre una non gracilità aprioristica, e che è tutta di natura ricevuta e non di natura creata. Tanto è vero che, se oggi esamino *Ladri di biciclette*, lo trovo forse non abbastanza gracile. Posso perfino giungere a questo, che può parere un paradosso dato l'esito totale del film: il cammino dopo *Ladri di biciclette* era di trovare ancora una maggior gracilità, perché in *Ladri di biciclette* ci sono malgrado tutto delle incrostazioni di natura spettacolare (chiamiamola classica, se vogliamo usare una parola grossa), di natura spettacolare un po' convenzionale. Ci sono, ancora, dei patti con il pubblico. Io, poi, svolgendomi, non ho fatto altro che insistere per annullare questi patti con il pubblico, per giungere a una gracilità che per me non è gracilità. Non è gracile – ho dato sempre questo esempio – un uomo che va a comprare un paio di scarpe: il segreto sta nell'aprire questo fatto in tutte le sue componenti che noi non siamo soliti, non siamo capaci di vedere. E quando, anche oggi, il Di Giammatteo attaccandomi – cordialmente, ma sempre attaccandomi – in quell'inchiesta sull'*Avanti!* afferma: «Zavattini ha la mania delle piccole cose», direi che gli è sfuggito proprio totalmente il mio punto di vista. Perché, non sono le "piccole cose": il mio sogno sarebbe caso mai che le piccole cose fossero aperte per vedere che sono grandi. E io posso pensare a un'epica, addirittura, delle piccole cose, che non sono più piccole: sono cose che hanno nella vita un'importanza capitale, come le grandi. Il "grande", poi, cosa significa? Significa anche qui delle gerarchie tutte precostituite: in *Ladri di biciclette*, invece – ed era implicito, anche se dopo ho cercato di combinarlo spettacolarmente in modo che questa gracilità non fosse troppo rischiosa –, lo spirito che moveva il film era proprio il vedere un padre che la mattina si alza, piglia per mano un bambino, lo mette sulla canna e va al lavoro: e questo poteva essere un grosso fatto. Anzi, direi che *Ladri di biciclette* è un romanzo d'appendice, addirittura. Per la mia mentalità, per le mie prospettive, per il mio gomitolo (come si doveva svolgere), lo considero un romanzo d'appendice, come considero un romanzo d'appendice *Sciuscià*. Io, quindi, non sono legato a quei film se non come tappa, per quello che significavano come aspirazione di rottura in quel dato momento: oggi, io, coerentemente – o se fossi coerente –, dovrei cercare una rottura molto ma molto più avanzata. Ed ecco che giungo a delle forme che non ho realizzato – però ho prospettato, ho progettato (e anche ieri sera gliene ho fatto un accenno) – ma che, se riesco a farle, sono – rispetto al 1947 – rotture: rotture di oggi, rispetto al 1962. Anzi, le avrei fatte molto ma molto prima, se fosse dipeso da me, perché il mio gomitolo non si è mica arrestato. E quando ho pensato di fare, nel 1950, *Italia mia* (oppure, prima ancora, ho pensato di fare il "viaggio intorno a Roma" per andare a vedere la realtà del paese confrontandola con la realtà morale che avevamo dentro in quel momento), quelle erano formule addirittura prive di ogni spettacolarità assicurata, di ogni spettacolarità intesa nel senso del produttore, ma per me erano cariche di una spettacolarità, di un'esigenza diciamo così, che il cinema doveva affrontare indipendentemente dalla produzione. Io ignoravo se il cinema era di produzione o non di produzione: io sentivo che il cinema doveva occuparsi di quelle cose. Solo dopo nasceva il problema della produzione, che io potevo anche pensare di annullare: mentre invece spesso si continua a pensare *prima* partendo da una produzione (che significa già partire da una certa struttura che condiziona). Invece, il cinema deve partire dalle sue interne logiche, dalle sue interne esigenze, e determinare la produzione a seconda di queste interne esigenze. Alcuni dei miei progetti sono stati fatti al di fuori della produzione, ma non hanno sempre trovato la mano che si allungava, non l'hanno trovata quasi mai, o addirittura ho trovato degli ostacoli feroci.

A parer mio, con Umberto D. *il processo di rarefazione cui lei accennava, – di rarefazione, naturalmente, in senso positivo –, si porta molto più avanti. Non c'è più "il fatto"....*

Certamente. È proprio la fase successiva. Ma sempre nell'ordine di un racconto. Ciò che dentro di me invece mi spronava, era il tentativo di giungere al racconto attraverso dei modi di non racconto. Quando a un certo punto ho cominciato a parlare dell'inchiesta, non era per limitarla all'inchiesta nel senso che viene dato a questa parola. Era perché sentivo delle "urgenze" che potevano essere espresse, accontentate, solamente per un'altra strada; prendendo la realtà da tutta un'altra strada. La mia ambizione era quella di fare delle inchieste, ma per giungere a un punto in cui arrivo solamente oggi: inchiesta su una città (Roma), inchiesta su un uomo (Maurizio Arena). Ma questo era nei voti di anni e anni e anni fa. Ecco perché mi lamento: perché se io avessi fatto anni e anni e anni e anni fa queste cose, lo sviluppo del mio ragionamento sarebbe stato maggiore, sarebbe stato più ricco. Oggi probabilmente sarei in un altro ordine. Cioè, mi dispiace – proprio – di non aver forse usato la fetta di tempo messa a mia disposizione, con quella insistenza, con quella perentorietà, con quella consequenzialità che era necessaria. Magari sulla carta, anche se non con il film: perché, purtroppo, io spesso ho fatto i film che ho potuto fare, non quelli che avevo nella zucca. Se nel 1950 facevamo *Italia mia...* ma non è stato per colpa mia, è stato per interventi estranei che, come lei sa, mi hanno bloccato sulla banchina del porto, e non ho potuto più farlo. Anzi, era giudicato un esempio tipico di antispettacolo, di antiproduzione, e avanti di questo passo. De Sica, invece, che aveva intuito e che aveva una fiducia quasi pregiudiziale in me, l'avrebbe fatto: se poi non avesse compiuto quel famoso viaggio che segnò un grosso rallentamento nello sgomitolamento del mio discorso.

Cioè, lei si riferisce a Stazione Termini...

Si capisce. Dopo *Umberto D.*, io avrei cominciato l'altra strada, ad assalire la realtà per una strada di "fondo inchiesta" ma con l'ambizione di giungere sempre a cose unitarie e di carattere interpretativo. Mi accusavano di prescindere dall'interpretativo, non comprendendo che erano dei termini polemici, e che l'interpretativo era tanto implicito che non valeva neppure la pena di dirlo: cioè, in quanto lo faccio io, già, sia nella scelta "banale", nella scelta primordiale del tema, sia nella successiva elaborazione, c'è un dato esclusivamente personale.

Questo vuoi dire, quindi, che oggi come oggi film come L'amore in città *o* Siamo donne *non la soddisfano completamente?*

Penso che, sia *L'amore in città* sia *Siamo donne*, siano stati degli esperimenti incompleti, con delle intuizioni reali ma incompleti, nei quali si è mescolato il compromesso, in cui l'organizzazione non è stata tale da poter far sì che tra l'idea e la sua espressione ci fosse minor spazio possibile. Quindi lei vedrà, sia nell'uno che nell'altro, proprio il compromesso, un po' di confusione di lingue o di metodi. Però, alla radice, c'è comunque un impulso di rottura, di uso del cinema per delle qualità che mi sono proprie, specifiche, sempre cercando di non accettare la sola formula del racconto. Del racconto che arriva a forme stupende, magari sublimi, e abbiamo certi film che da questo punto di vista ci hanno appagato pienamente: ma ciò non significa che non si debba anche assalire la realtà da tutti questi altri aspetti che secondo me sono specifici del cinema.

Mi pare però che nell'episodio di Caterina Rigoglioso, in Storia di Caterina, *il compromesso quasi non ci fosse; che il diaframma fra idea e realizzazione fosse minimo, se non inesistente.*

Questa è una cosa molto delicata. Lei tocca un tema di una delicatezza assoluta, e forse non ne ho neanche mai parlato, di questo. L'intuizione era di primissimo ordine, proprio. Da lì sono derivate varie cose, anche dopo, nel tempo. Che cos'era la sua carica enorme? Era una carica di verità, era una carica di quei film-lampo, era un riproporci un certo fatto con la collaborazione di tutti (compresi i protagonisti) per conoscerlo meglio nella sua vera costituzione, nella sua genesi morale e sociale. Però, il fatto di verità era sacro: l'elemento verità in cose di questo genere non deve essere mai, mai menomato. A costo di non fare il film: arrivo a questo assurdo. O comunque, laddove la verità non riuscissi a esprimerla con i mezzi soliti, dovrei dichiararlo: non riesco ad andare oltre, capisce? La spedizione si tronca al Km 24, ma il troncarla, il dichiararlo, diventa elemento fortemente morale, costruttivo. Invece, che cosa è avvenuto con Caterina Rigoglioso? Un giorno scriverò, di questo, a lungo. È avvenuto che con Caterina Rigoglioso ho fiutato una verità diversa da quella che mi diceva Caterina. Non è venuto fuori il perché, poiché io ho accettato un compromesso. La storia ho finito col dirigerla in una direzione in cui c'era, a metà, questa angolazione, questa apertura verso i fatti quasi grezzi (per quanto sia intima, sempre grezzi), e invece c'era poi una composizione ancora legata a una tradizione narrativa, e anche a sentimenti un poco tradizionali, a certe forme patetiche, sentimentali che erano il mio sottofondo e di cui avrei dovuto liberarmi anche prima. In me convivevano due nature: una natura desiderosa di verità sino alla crudeltà e una natura che poi aggiustava la cosa, in fondo spettacolarizzandola, secondo dei criteri per i quali sacrificavo sull'altare della produzione o dell'idea comune qualche cosa. Io avrei dovuto, Caterina Rigoglioso, affrontarla secondo quello che a un certo punto io avevo veramente capito: la menzogna di Caterina – il che non voleva mica dire fare un film contro Caterina, perché Caterina era lo stesso un prodotto di un certo ambiente –; ma ho voluto fare di lei l'eroina a una dimensione, quindi ho tradito qualche cosa. Ecco che io, arrivando da quell'antica plaga sentimentale al 1962, e abbordando un caso come Arena, io lo posso fare il film su Arena soltanto se – avendo digerito, avendo veramente setacciato tutti questi elementi spuri di un antico spettacolo, di un'antica connivenza con un certo pubblico, con una certa produzione, con certi interessi, con certe tradizioni – io invece oggi mi metto *tabula rasa*, *ex novo*, o faccio davvero il cinema della crudeltà, lo faccio consapevolmente. Non ho paura – e l'avevo intuito così bene allora, l'ho scritto così bene allora

– di essere tacciato per crudele: perché sentivo la finalità, sentivo che aprivo in un muro delle crepe attraverso le quali intravedevamo delle cose diverse. E niente come il cinema mi dava questa concretezza di visione, questa plasticità di una intuizione che era tipica del cinema e che solo il cinema mi poteva dare. In *Storia di Caterina*, però, intervenivo, aggiustando: cioè in me funzionavano ancora delle secrezioni di natura, di quella immaginazione così ricca ma così condizionata, non rivissuta secondo un rigore decisamente interiore, letterario. In questo senso posso osare di fare un'equazione, una equazione di rigore e non di metodi; caso mai equazione di metodi morali, ma poi di esigenze di linguaggio (e anche tematiche) completamente diverse.

Giungono a proposito a questo punto – mi scusi se la interrompo – alcune osservazioni su un film che fino adesso abbiamo tralasciato, cioè Miracolo a Milano. *La critica del tempo, buona parte della critica del tempo, nei confronti di quel film o non lo ha capito per eccesso, o non lo ha capito per difetto. Almeno a parer mio...*

Sì, sì...

Vorrei quindi chiederle come intendeva allora la favola nei confronti del neorealismo, e come la intenderebbe oggi. Per esempio, Guido Aristarco ha scritto recentemente che i film-favola non smentiscono, nei loro dati di partenza e di impostazione, lo spirito neorealistico. «La letteratura ha più di una volta dimostrato come siano realistiche le novelle fantastiche di un Balzac o di un Hoffmann». Il problema – aggiungeva – consiste però nel vedere quale fantasia riesca o meno a rispecchiare artisticamente la realtà.

Si capisce, si capisce. Questo è un tema molto preciso, e anche molto allettante, e lo possiamo affrontare in due modi: un modo assoluto e un modo relativo. Modo assoluto significa:

non è Zavattini che parla, è un uomo, per quel poco che io so di materia teorica, molto elementare, ed esprimo un parere; poi, il fatto relativo. Il fatto assoluto circa la favola – cioè la metafora, in sostanza –, è che io non posso altro che aprire le braccia a qualsiasi film che ha come fondo, come impulso, come radice morale, una critica di natura realistica. Ci sono delle favole che non dicono niente; ci sono invece delle favole che ti fanno capire una contemporaneità, sia che tu le faccia svolgere nel 3000, sia che tu le faccia svolgere nel Rinascimento o al tempo degli antichi romani. Su questo io credo di essermi espresso più di una volta, e – credo – con una certa chiarezza. *Miracolo a Milano* identificava in quel momento (pur attraverso delle vie così libere, così favolistiche) certi lati umani in parte eterni. Ma non eterni per altezza di invenzione: eterni perché sono eterni il conflitto fra il bene e il male, il conflitto fra il povero e il ricco, fra il debole e il forte. Però bisognava che questi conflitti si colorassero di una attualità, quindi che ci fosse un impulso critico attuale. In *Miracolo a Milano*, tale impulso c'era abbastanza: e faceva parte di che cosa? Di quella sezione che c'è in me per cui, anche quando faccio *Darò un milione*, pur prescindendo da dei dati realistici storici – diciamo così –, il tipo di favola contiene sempre ugualmente una quantità di attacco storico contemporaneo. Esopo riguardava il suo tempo, riguardava prima e riguardava dopo. Oggi, c'è una predilezione, una spinta verso degli Esopo che abbiano un tempo più circoscritto, più limitato. E questo è naturale, lo desideriamo tutti. Io stesso, quando faccio la critica a *Il giudizio universale*, faccio una critica in quanto esistono certe mie qualità di natura permanente in me, cioè una certa mia favolistica naturale: c'è, in me, una grossa zona capace di inventare delle favole. Mentre *Miracolo a Milano* rispondeva di un 50 per cento a un tempo, *Il giudizio universale* risponde di un 20 per cento a un tempo. Lo considero ideologicamente debole, *Il giudizio universale*. Ideologicamente significa: non perché debba essere marxista o cattolico, ma perché non è sorto da una emozione critica del tempo: è sorto in una zona un po' limbo. Dopo, solo dopo, io ho cercato di appendere a questa favola – qua e là – degli elementi attuali, ma sono comunque appesi, e non sono nati dalla radice.

Ricordo, per esempio, che sia l'episodio di Manfredi (il cameriere che vuole vendicarsi), sia l'episodio di Gassman (il signore col capello nuovo) corrispondono a due soggetti suoi di molti e molti anni fa...

Vecchi, vecchissimi. Ma vorrei continuare a parlare di *Miracolo a Milano* legandomi a *Il giudizio universale*. C'è in me una capacità di invenzione di carattere fantastico, però con sotto una natura morale "costante". Ma, questa moralità ha bisogno di rinfrescarsi, di rinnovarsi, di essere agitata: non dalla problematica dell'ultimo decennio, ma proprio dalla problematica che il tempo assume; per cui, vicino a un dato eterno, chiamiamolo così – faccia conto: o bene, o male –, ci vuole poi quel qualche cosa che ci fa sentire l'attualità. In *Miracolo a Milano* questo momento storico in parte è adombrato: qua, è adombrato meno. Ma perché? Ascolti bene. Io che faccio questa autocritica molto spietatamente, devo anche dirle però che nella mia idea, nella mia prospettiva, *Il giudizio universale* doveva essere un film girato con pochi soldi. Esiste anche un mio progetto in proposito, cioè non un mio progetto: un mio consiglio specifico. Con pochi soldi, perché? Perché la pochezza, l'umiltà della storia diventava materia artistica. Già il titolo esagerato – *Il giudizio universale...* – porta il film su un piano di attese ampie anche decorativamente, mentre invece nella mia intenzione era tutto quasi domestico, quasi familiare. Quindi, niente grandi attori: tutti gli attori che poi De Sica ha così meravigliosamente bene amministrato. Il suo titolo, più che *Il giudizio universale*, avrebbe dovuto essere: «*Un giorno, una voce...*», così, proprio corrente, e avvolto tutto in un'atmosfera leggermente ottocentesca: con uno stile però concorde, e lo stile avrebbe riscattato certe deficienze di natura contenutistica. Perché nel suo limite, essendo tutto composto, aveva il sapore di una favola leggermente ottocentesca: tanto che io ho insistito parecchio perché ci fosse un valzer finale. Era come una conchiglia nell'oggi, che echeggiava di cose. Allora tutti i personaggi, anche la storia del cameriere, non sarebbero stati affrontati dicendo: io affronto la problematica del 1962; bensì dicendo: affronto la problematica di questi anni in un modo più indiretto. Penso che questi difetti, che ci sono, siano resi molto più visibili da un impianto produttivo totalmente sbagliato, radicalmente sbagliato. Colpa di De Sica l'averlo accettato; colpa mia il non aver protestato tempestivamente, e quindi non essermi fatto parte dirigente dicendo: no, non si fa. Ecco uno dei casi in cui in fondo il connubio incauto – in questo caso con la produzione – dà degli svantaggi per cui una tua visione viene manomessa. Se De Sica e io avessimo realizzato il film secondo questo colore, questa trasparenza, questa lievità un po' ottocentesca, le nostre colpe sarebbero il 20 per cento. Invece, con una struttura così violenta – in cui sembra che si dica proprio: affrontiamo il tempo, così, quasi come un articolo di fondo, addirittura –, i difetti acquistano delle proporzioni che sono andate al di là di quella che era in noi l'intenzione.

Questa è una domanda un po' delicata...

Me la faccia; guardi, me la faccia, perché rispondo a tutto, oggi.

Ecco cosa volevo chiederle. Lei non pensa, comunque, che ci sia una certa stanchezza nella sua collaborazione con De Sica, cioè una sua impossibilità – e un'impossibilità di De Sica – a proseguire oltre questi rapporti che hanno dato delle cose ottime, delle cose straordinarie, ma in un tempo che ormai appartiene al passato?

Questo, guardi, è un tema estremamente, estremamente delicato ed estremamente difficile, perché coinvolge una propria autobiografia portata all'estremo limite della franchezza. È chiaro che in tutti questi anni, De Sica e io, ci siamo giovati reciprocamente. Probabilmente ci siamo anche danneggiati reciprocamente, in questo senso: che io non oso pensare che De Sica sia in grado di fare solo le mie cose. Non oso pensarlo, assolutamente. Ci sono in Italia soggettisti, sceneggiatori che, d'accordo con De Sica, avrebbero potuto fare delle ottime storie che De Sica avrebbe realizzato benissimo. Io, a mia volta, avrei potuto tentare altre collaborazioni del tipo dello stesso impegno: non facili, perché – mi dico – non è facile trovare un uomo che ha verso di te la fiducia piena che ha De Sica e che accetta di essere "compromesso" anche in certi pensieri, perfino in certe ideologie qualche volta, in certi stili. Quindi, io debbo a De Sica una gratitudine sconfinata perché quel poco che ho fatto, se non avevo neanche De Sica, probabilmente continuava a restare un fatto di pensiero e non si sarebbe mai realizzato. La mia caratteristica è quella di un certo ingombro: io sono un po' ingombrante, io non posso lavorare con tutti i registi; e, più vado avanti, questo diviene sempre più evidente. Un Antonioni, per esempio, di tutti ha bisogno fuorché di Zavattini; un Visconti, di tutti ha bisogno fuorché di Zavattini. Perché? Perché fra me e loro sarebbe nato un conflitto, sarebbe nata una specie di lotta di personalità nella quale dovevo soccombere io, perché colui che realizza dà il marchio definitivo del momento in cui realizza. Le ho citato due nomi che, a mio modesto avviso, hanno bisogno sì di collaboratori, ma di collaboratori che eseguano, sollecitino casomai, ma in un ambito rigoroso, già precostituito nell'animo del regista. Il mio caso con De Sica è diverso. Io, nei confronti di De Sica, ho una funzione – da lui ovviamente riconosciuta – di precisazione e di continua germinazione di un certo mondo. La domanda da farsi è se io a un certo punto sono condizionato da un'esecuzione di De Sica, o se invece ne traggo degli stimoli. E io debbo dire, ancora una volta, che se non avessi avuto De Sica, se non avessi avuto a mia volta la fede in lui (come lui aveva fede in me, che io facevo le cose che andavano bene – diciamolo in termini grossolani –, e altrettanto io in lui, che poi le cose le faceva che andavano bene), sarebbe stata una collaborazione assurda, e invece non è stata assurda. Ora, per esempio, sto facendo questa storia che lui girerà con Sordi [*Il boom*]: ebbene, io credo che lui farà un magnifico film. Ecco un caso in cui ancora io e De Sica possiamo fare una magnifica cosa insieme, capisce? Avremmo potuto fare una magnifica cosa insieme anche con *Il giudizio universale*: non l'abbiamo fatta, semplicemente perché è intervenuta una forza estranea troppo violenta che ha messo fra me e lui delle intercapedini. Non c'è stata, ne *Il giudizio universale*, quella casta collaborazione fra me e lui che ha dato dei risultati molto buoni; sono intervenuti dei fatti anche psicologici (e un po' mediocri, perfino) e non abbiamo avuto quella solitudine, quella "grazia" appartata, che ci ha permesso di raggiungere certi risultati, di commettere magari – insieme – certi errori, ma errori *nostri*. *Il tetto* può essere considerato un errore, se si vuole: io non ho niente in contrario, ma è un errore *nostro*. Per *Il giudizio universale*, invece, con degli interventi anche in sede di montaggio, non si ragiona più: io ho bisogno, e lui stesso ha bisogno, che fra me e lui ci sia sino alla fine questo affrontamento totale di un film (sovvertendolo anche in sede di montaggio, se magari è necessario) e non che ci siano questi interventi dall'esterno, dall'estraneo, che lui ha cominciato ad accettare facendo un film di sei-settecento milioni quando invece era un film da duecento milioni. *Il giudizio universale* doveva essere fatto con trenta catini e non con il diluvio, e non con una mobilitazione così grossa che in qualche momento diventa perfino grossolana. Era tutto da giocare più intimamente, e lui aveva tutte le qualità per giocarlo così, intimamente.

Sono forse le stesse intercapedini che si sono verificate per La ciociara? *(Parlo da un punto di vista produttivo, naturalmente).*

Guardi, *La ciociara* non l'avrei mai fatto, non mi interessa farlo, come non mi interessa fare *I sequestrati di Altona*.. Sia *La ciociara* che *I sequestrati di Altona* entrano in un'orbita di natura professionale di cui non mi vanto e di cui poi neanche De Sica dovrebbe vantarsi enormemente. Ma anche lui, De Sica, ha commesso degli errori pratici nella sua vita, che poi diventano anche errori di natura artistica, di natura morale. *La ciociara* ci siamo sforzati entrambi di ridurla alle nostre dimensioni (e, da un certo punto di vista, possiamo anche dire di esserci piuttosto riusciti), ma insomma il sogno era – e qui comincio, solo qui comincio a rispondere alla sua grave domanda –, di svolgere un altro discorso, e non per esempio arrivando a fare – e nel 1961! – *La ciociara*. Se *Umberto D.* era giunto, in materia di linguaggio e di contenuti, a cristallizzare una certa formula, bisognava uscirne e tentare con De Sica altre formule, che erano sempre pienamente dentro alle mie poetiche. Con chi dovevo farle, se non con lui? Bisognava che De Sica mi avesse detto: «No, guarda che io qui non capisco, non ce la faccio». Ma quando gli ho detto: «Facciamo *Italia mia*», ha detto di sì, quindi era pronto. Dove ci avrebbe portato *Italia mia*? Chi lo sa dove, dopo: perché avremmo lavorato in sintonia. Effettivamente ci sono state delle fratture, delle rotture, degli episodi che hanno contribuito a confondere un poco le carte: il caso stesso di *Stazione Termini*. Ci sono stati insomma dei compromessi che hanno fatto giustamente dire a una certa critica che noi non avevamo più cose da svolgere e quindi che vagavamo qua e là. Il che era vero, perché i fatti dicevano quello: ma non era vero intimamente, sotterraneamente, perché c'erano tante cose mature, a suo tempo. De Sica, a esempio, ha realizzato *Il giudizio universale* in ritardo...

...*e* Il tetto...

...*Il tetto* lo abbiamo realizzato in ritardo: ma perché lui, a sua volta, è stato preso dentro da fatti pratici, da commistioni pratiche, da mescolanze fra la vita d'attore e la vita di regista. Insomma, la nostra storia, la nostra collaborazione ha dei periodi brutti. Ha dei periodi brutti su un piano pratico, su un piano umano, su un piano tecnico, che hanno compromesso il piano intimo, il piano artistico. Oggi, io mi devo domandare, facendo questa specie di "esame testamentario" della situazione (me lo domando perché me lo domanda lei): con De Sica, nel 1962, giunti ai sessant'anni tutti e due, avete l'obbligo di fare *tabula rasa* di tutto, cioè dovete oggi fare veramente il punto sulla vostra situazione. Allora, lei comprende che, con un discorso rigoroso, né il *Boccaccio*, né il Sartre (*I sequestrati di Altona*) né *La ciociara* ci interesserebbero, perché l'equazione fra letteratura e cinema va intesa solo in questo senso: nel senso di un rigore, di una coerenza. Uno scrittore non si permetterebbe di "sciacquare": segue la sua strada, quanto più è scrittore. Ora, cinematograficamente parlando, un uomo che è autore – e io mi permetto di considerarmi un autore –, io che sono autore, tutte le volte che faccio o il *Boccaccio* o altre cose congeneri, non è altro che un compromesso, di natura professionale, di natura pratica: è una corruzione, che si subisce più o meno consapevolmente, con maggiore o minor dramma, con maggiore o minor sofferenza, ma è una vera corruzione. Perché io debbo essere qui, pronto, a sceneggiare il signor Sartre (grande uomo, del resto)? Tanto più io sono autore, tanto più non devo aver voglia di sceneggiare Sartre. Se lo sceneggi lui, oserei dire, perché la verità è che nessuno meglio di lui dovrebbe riuscire a trasferirsi nel cinema, cioè a dire: questo mio mondo, questa cosa che io voglio dire, la dico a cento milioni di persone e non a un piccolo pubblico teatrale. Ma io, personalmente, se faccio questo, mi sposto da un asse – per modesto che sia, il mio asse, modestissimo, ma mi sposto dal mio asse – ed entro in un asse che chiamerò proprio, addirittura, professionale. Che io sia poi un uomo intelligente, un uomo con delle capacità varie per cui possa domani sceneggiare venti film l'uno diverso dall'altro non basta. C'è la resa dei conti, e si paga anche questa versatilità. Come non ho tradito, nel mio modestissimo limite, me scrittore non dovevo tradire me autore di cinema. Uno vede che ho venti idee, rigorose, conseguenti – è vero che non le ho potute realizzare, non per colpa mia, spesso –, ma non è detto che, perché non riesco a realizzare quelle idee, debba trasferirmi in compromessi di quel genere. Ma perché lo si fa? Lo si fa evidentemente per delle ragioni pratiche, perché si perde di vista questa misura morale rigorosa nel cinema. Nel cinema c'è, in quasi tutti (novantanove per cento), questa posizione: lo sceneggiatore è inteso come l'uomo "che sceneggia", qualunque cosa; e che la migliora. È vero che, se è un uomo di talento, può fare tutto, ma non è questo il problema dell'autore di cinema. Ecco perché io considero un errore fondamentale questo mio modo di vita nel cinema: ingannato spesso dal mio entusiasmo, ingannato spesso dalla mia versatilità, ingannato spesso dall'abbondanza della mia immaginazione e ingannato spesso da un tipo di vita nella quale mi sono incuneato non sapendomi distaccare prospetticamente con abbastanza forza. Vede che sono in una fase di riconoscimento abbastanza esplicito delle mie carenze, delle mie colpe. È chiaro – riallacciandomi al tema così importante, che non è un tema di pettegolezzo ma un tema critico (cioè De Sica-Zavattini) – che oggi ce la dobbiamo porre questa domanda. Lei me l'ha posta, e io le rispondo che ci sono ancora dei settori nei quali De Sica e io siamo in grado di portare un nostro contributo. La storia che faremo con Sordi, probabilmente, è una storia che De Sica farà meravigliosamente bene e che suppongo sia attuale; suppongo che appartenga a quel genere di apologo che colpisce, che "centra" una certa situazione umana attuale facendola echeggiare più in là che sia possibile. Io, però, ho contemporaneamente delle altre idee. Non che De Sica non sia degno di farle: semplicemente, non è della sua struttura il farle. Il che non significa una diminuzione. Le ho accennato ad alcuni tipi di film che...

...Sarebbe impossibile fare con De Sica.

No, non voglio dire la parola "impossibile". Sono tipi di film che, né interessano al cento per cento De Sica, né la sua strutturazione – anche tecnica – è tale da invogliarlo a essi. De Sica ad esempio, per dirla all'ingrosso, è più adatto al film metaforico che al film-inchiesta; è più adatto al film-racconto (dove si possono fare, come lui ha fatto, dei capolavori) che al film-inchiesta. Al film-inchiesta come lo vedo io; così spezzato, in cui è necessaria persino fisicamente una inchiesta in loco, una scomposizione perfino del proprio tempo e della propria geografia: che non ha quell'unità del racconto sceneggiato ma che richiede un margine di improvvisazione, di reattività immediata di fronte alle cose. Anche tecnicamente, come lo faremmo insieme? Comprenderà l'enorme difficoltà anche di natura tecnica. Se io scrivo un testo e poi Vittorio lo realizza, sono due momenti che si completano. Quando penso invece a un certo film-inchiesta, ho bisogno di una sceneggiatura non scritta prima ma di una sceneggiatura che "connasce". Con lui, siamo vicini, gomito a gomito: come lo fa il film? Ecco perché ho una predilezione per i giovani, se non altro per una loro mobilità, per una spregiudicatezza "temporale", geografica, che viene incontro a certe mie esigenze. L'ideale sarebbe che lo facessi io, ma qui riassalgo sempre il mio vecchio dramma, la mia vecchia insufficienza. È evidente in proposito che non ho mai il coraggio di assumermi questa responsabilità, e allora (come le ho già detto) la mia può essere chiamata la storia di un uomo che non fa il regista – non sa fare il regista, probabilmente – e allora si affanna in tutte le maniere a inventare cose che si approssimino al massimo grado al momento della regia. È una piccola storia personale, privata. Però questo mi sprona anche a delle ideazioni che non sono – oso dire – quelle degli altri sceneggiatori, o almeno della loro maggioranza. Gli altri sceneggiatori inventano una storia, oppure la coinventano, oppure fanno qualche cosa nell'ordine di una disposizione generale dell'autore vero e proprio, cioè del regista. Invece io spesso parto dal contrario; parto da un mio mondo, da una mia esigenza, e poi cerco ansiosamente chi la può realizzare: quindi è un processo esattamente agli antipodi di quello della maggior parte degli scrittori di cinema.

A questo punto è quindi comprensibilissimo, fra l'altro – come lei aveva accennato –, il dissidio sorto con Visconti a proposito di Bellissima: *questo conflitto fra due personalità e questo conflitto fra due metodi.*

Guardi, la cosa è più semplice, perché io non ho avuto con Visconti uno scambio approfondito di idee. Lui ha gradito la storiella che era in nove-dieci pagine, gli è piaciuta, se l'è presa, ci siamo scambiati una chiacchierata molto cordiale, molto intelligente anche (la ricordo molto bene, a casa sua), poi io sono scomparso, e non ho più detto niente. Quindi, ho dato semplicemente a Visconti un pretesto nel quale lui è intervenuto. Se io avessi sceneggiato il film, può darsi che strada facendo lui e io avremmo avuto incontri o contrasti, questo senza dubbio, perché anche nel mio tipo di immaginazione ci sono delle forme di immaginazione che accettano una condivisione con altri uomini. Ci sono invece tipi di cose in cui la mia immaginazione è troppo imperativa, e allora mi ci vuole un tipo di regista che veramente la senta e la accetti. La subisca, anche; la subisca in un senso alto. Il subire di De Sica, per esempio, non è in un senso passivo: De Sica subisce *Umberto D.* così come l'ho pensato io dalla prima sillaba all'ultima, ma lo subisce in quanto lo condivide e lo ricrea. C'è una vera e propria "simultaneità", alla fine, di due che hanno veramente sentito, consentito – in un caso così felice, come in altri casi nostri – una cosa. Quindi, non si tratta di subire: sarei felice di trovare altri uomini che subissero in quel modo; che, non essendo io capace di fare il regista o non avendone io il coraggio – non lo so come è –, mi subissero. Significa che hanno, almeno in quella circostanza, tutte le mie qualità.

E la sua collaborazione con Blasetti, da Quattro passi fra le nuvole *e* Prima comunione *fino ad* Amore e chiacchiere?

Con Blasetti ci sono – per *Quattro passi fra le nuvole* e per *Prima comunione* – evidentemente dei punti di coincidenza: ma non direi che è Blasetti l'uomo con il quale io posso esprimermi totalmente. Blasetti mi ha onorato della sua stima come di più io non potevo desiderare: ma Blasetti è molto più imperativo di quello che lui stesso non crede di essere. Blasetti viene da me con un affetto, una sincerità, una apertura, un entusiasmo, una fede che non potrei desiderare maggiori, ma poi lui ha un suo modo. C'è, fra me e Blasetti, minor affinità elettiva di quella che c'è con De Sica, evidentemente.

È stato scritto per esempio che – per quanto riguarda Quattro passi fra le nuvole *– Blasetti non fosse affatto convinto dell'idea, né della realizzazione, e che a un certo punto procedeva quasi macchinalmente...*

Blasetti è un grosso personaggio non facile da definire; un complesso personaggio che ha molti, reali e importanti punti di contatto con il cinema, ma è uomo che nel cinema si dirama poi per varie direzioni, smarrendo forse un poco una sua intima personalità. È un uomo che ha una personalità e che l'ha un po' compromessa, affascinato dal cinema in sé: può fare tutto, e tutto quello che fa lo fa sempre con una legittimità, con una forza; però ha smarrito – corre il rischio di smarrire – il segreto di se stesso. Blasetti ha un suo dramma personale totalmente al di fuori del mio, totalmente al di fuori di chiunque. Il suo dramma personale è il rapporto fra lui e il cinema. È un uomo che si lascia prendere dal cinema in tutte le sue manifestazioni. Volendo mettere il cinema a contatto col successo, col successo quasi garantito, accettando proprio del cinema una figura di *trait-d'union* – senza una drammatica solitudine, in cui si valuti, si studi – anche lui a un certo punto ha preferito dei rapporti più diretti, più immediati, e perfino anche un poco più facili.

*Già che stiamo passando un po' in rassegna i principali regi-
sti coi quali lei ha collaborato (perlomeno, con una certa continuità), che cosa può dirmi dei suoi rapporti con Damiano
Damiani per* Il rossetto *e per* Il sicario?

Damiano Damiani è un ragazzo di valore, un ragazzo che farà
senza dubbio bene nel cinema: e i film che ha fatto fino a oggi
sono la prova di qualità e di difetti. È un uomo che si sta as-
sestando, che sta cercando. Io suppongo di avergli dato una
mano buona, leale e cordiale. Per *Il rossetto*, per esempio, se
fosse dipeso da me, io gli ho dato una mano – faccia conto –
50, mentre gliela avrei data 70. Lui e la produzione hanno rea-
gito un poco, limitandola al 50: se sia bene o sia male, questo
lo giudicheranno gli altri. Per quello che riguarda *Il sicario*, io
gli ho dato una mano proprio appassionatamente: ma per me
è tutto sbagliato l'impianto produttivo del film, l'impianto rea-
lizzativo, gli attori: totalmente sbagliato. Ed è curioso come
questo ragazzo – che ha degli intuiti (anche nel piano realiz-
zativo) di primissimo ordine – abbia potuto non trovare un cast
e un'ambientazione più consoni a quello che abbiamo scritto
insieme. Io non gliel'ho imposto, l'abbiamo proprio scritto insieme: ed è un testo che meritava una realizzazione migliore,
assolutamente migliore. Per me questo testo – che del resto è
suo e mio, non è solo mio – vale otto: mi pare che la realizzazione valga meno. Questa realizzazione, poveretto, fu causata
da una certa rapidità. Alla fine dovettero scegliere chi aveva
alle spalle una produzione non allenatissima a un tipo di film
di questo genere, una produzione – come lei sa – tutta allenata
per dei film più grossolani. Forse, anche lì, Damiani ha subìto
all'ultimo momento, perché nessuno degli interpreti era adatto,
e tutto – dal vestire ai luoghi – è approssimato, non ha quella
densità, quella ricerca per la quale Damiani è capace. Vedrà
che Damiani è uno di quelli che faranno totalmente al di fuori
di me, indipendentemente da me: si è incontrato con me, soltanto perché ci conoscevamo da anni, e lui aveva molta stima
di me come io ce l'ho di lui. Purtroppo si sono subite delle forze

esterne che hanno compromesso il risultato: potevamo dare, in questi due film, 10 e abbiamo dato 7.

Volevo chiederle di un altro film, che abbiamo trascurato fino a questo momento e al quale mi pare lei tenga abbastanza, forse molto: cioè Roma, ore 11 *di Giuseppe De Santis.*

Io vorrei che lei leggesse l'enorme materiale di discussione che è stato fatto per questo film. Io ho lottato, ho lottato molto: Peppe deve ricordare – con i suoi collaboratori – che siamo arrivati quasi alle lacrime, alla lite, ed era proprio il contrasto fra due modi di vedere. Io ero maturo per un certo tipo di film, tanto è vero che la lotta fu tra una preesistente immaginazione del film e un'immaginazione che doveva invece nascere attraverso l'esame, lo studio di quel fatto. Ci furono discussioni enormi, molte delle quali furono anche registrate. Varrebbe la pena di cercarle, di trovarle, perché eravamo in quella fase in cui si scontravano due mondi. Peppe sentiva il fascino di un film con una base estremamente reale: però, la sua natura di narratore popolaresco gli aveva già fatto amare degli episodi ai quali l'inchiesta non poteva che dare un contributo estremamente modesto, tanto tali episodi erano bloccati in avvenimenti di struttura pre-preparata. Io riuscii a ottenere un 50 per cento: quello è un film dove il 50 per cento è pensato da me e il 50 per cento è pensato da Peppe e dai suoi collaboratori. Questa è la verità. Si mescolano le due cose. È ovvio che io avrei voluto il film purissimo, cioè dalla mattina alle otto fino alla sera, e chiudere cercando di ridurre al minimo lo spazio di una immaginazione "pre". Peppe, pur accettando, pur gradendo questo, era ancora turgido di una sua immaginazione, di un suo tipo di immaginazione: essendo, poi, Peppe, un uomo di forte volontà, di preciso carattere. Ecco un caso tipico di un conflitto: Peppe, pur sentendo l'utilità del mio contributo, alla fine cercava di usarlo adattandolo totalmente a questo suo forte carattere, a questa sua forte personalità. Ci furono mesi di conflitto, di un conflitto veramente interessante: è uno dei ricordi più belli, più affascinanti, perché io ero tutto... era il film ideale per me. Credo, in definitiva, che abbiamo raggiunto questo 50 e 50 per cento.

Film ideale era forse per lei anche Le italiane e l'amore, *dove si sono verificate – a quanto mi diceva nel colloquio preliminare – molte controversie. Controversie, magari, di natura diversa, ma che hanno portato a una certa e analoga pregiudiziale nei risultati.*

Io devo, innanzitutto, riconoscere un mio errore. *Le italiane e l'amore* è nato da una buona idea, ma di tutte le mie idee – alcune gliele ho accennate, altre le sa dal passato – era, in un certo senso, la meno precisa. A un certo punto pareva che io lo facessi andare verso una vera e propria inchiesta in Italia, e sarebbe stata la soluzione migliore, assolutamente la soluzione migliore. Poi mi sono limitato, non più – ascolti, è molto importante questo che le dico – a pormi io in una posizione nuova, di radice di fronte al problema, ma ad accettare il libro che era l'occasione del film, il libro della Parca. Mi sono trovato a difendere la tesi di fare proprio il libro della Parca, di sfogliare il libro della Parca rivivendo alcune di quelle questioni, facendole diventare visive. È nato così un *mélange* tra qualche elemento-inchiesta vero e proprio – diretto, anche troppo unidimensionale, da parere quasi solo televisivo – e, d'altra parte, qualche elemento di natura narrativa, ricostruita. Penso che se avessi avuto la libertà richiesta nel fare questo film, giunto a metà mi sarei accorto – come mi sono accorto – di certe cose, e allora avrei lavorato per rimediarle. E invece, che cosa è successo? Che il produttore mi ha "convocato" accettando la sperimentalità del film: accettando il fatto che si trattava di un film che *si faceva facendolo*. (È per questo, anzi, che io ho accettato – come le ho detto – una cifra irrisoria rispetto al tempo che il film poi mi avrebbe preso.) Quando dovevamo cominciare a vedere il materiale che c'era, a ristrutturarlo, a scartarlo, a rigirarlo in base all'esperienza, il produttore si è chiuso secondo la prospettiva delle date e degli impegni di distribuzione: troncandomi così, totalmente, la possibilità di questo lavoro, la possibilità di rifacimenti e anche di facimenti ex-novo. È stata, quindi, una pessima avventura. Mi è anche capitato di essere stato, a un certo punto, "slegato" dal contesto del film, di non averlo avuto nelle mani completamente: e questo perché il produttore ha pensato che gli fosse conveniente che io mi allontanassi. Se fossi stato troppo presente, finivo col portare il film avanti chissà per quanto tempo, e col fargli spendere altri soldi. Siccome lui, in un certo qual modo, il suo utile lo aveva già realizzato, evitò di correre rischi. Però, detto tutto questo, devo anche dire che credo di aver sbagliato all'inizio, di non aver precisato la natura del film: per cui c'è una mescolanza di cose che non era buona, non era buona. Bisognava scegliere, *aut-aut*. Fare, a esempio, un film-inchiesta vero e proprio; e allora bisognava dire: pigliamo dieci registi e li mandiamo in giro per l'Italia a fare veramente un'inchiesta sull'amore. Quella era la strada più nitida, più nuova, e anche più vicina alla mia attualità: invece, ho scelto una strada in cui...

È successo cioè che Le italiane e l'amore *è diventato quasi un film a episodi ...*

È quasi un film a episodi. Quindi, vede che non ha una sua carica di novità e di rottura quanto dovrebbe avere. Riconosco, in altre parole, la mia colpa di non sufficiente nitidezza e novità e profondità, la mia colpa di impostazione. Le inchieste si possono fare in cento modi: io potevo anche prendere dieci donne – una per ogni parte d'Italia, che ci stessero – e fare la storia di dieci donne, con quel sistema con cui le ho accennato intendo fare la storia di un uomo, la storia di Maurizio Arena. Avevo dei modi, anche nel linguaggio, liberissimi. Ne *Le italiane e l'amore*, come è oggi, non c'è altro – in fondo – che una educata profilazione di temi abbastanza importanti per la vita del paese; di temi che di solito non sono affrontati: ma questi temi non hanno né la violenza né la pluridimensionalità che dovrebbero avere. È tutto un po' a una sola dimensione, e il film si accontenta di una specie di "illustrazione" dei casi, e non di una presa all'interno e di un'apertura di questi casi.

Io non voglio chiederle quali sono gli episodi – diciamo episodi, ormai – che le sono piaciuti di più, che le sono parsi più riusciti; però, ho notato questo: che, secondo me, alla base di tutto il film c'è una certa contraddizione, cioè che gli episodi più riusciti – sempre a parer mio – sono quelli che tentano una narrazione vera e propria, che scavano, che approfondiscono. Quello di Vancini, per esempio, o quello di Maselli, quello di Questi, o quello anche di Baldi: gli altri restano impressionistici, come per esempio Lo sfregio...

Lei deve sapere che io ho lavorato molto, moltissimo ai testi: con tutti, e proprio per ore, per giornate... La mescolanza, tuttavia è ingiustificata: non c'è una ragione. Era meglio allora fare otto episodi ancora più approfonditi, e questa era una soluzione. Oppure era meglio l'altra formula: mandare i dodici giovani in giro per l'Italia. Io mi sono barcamenato – adesso è inutile che cerchi le giustificazioni, anche se ne avrei un certo numero – fra le due cose: ho accettato questa soluzione di compromesso e il film ne risente. Non che sia un film totalmente inutile: è un film che degli accenni, delle sollecitazioni tematiche le dà...

...Che tratta – o perlomeno accenna – a temi, a problemi, che sono rimasti tabù fino adesso...

Appunto, questo, lo ho dichiarato prima che il film uscisse – non so se lei ha letto quello che dichiarai per esempio su *Noi donne*, che il film voleva avere almeno delle sollecitazioni verso temi per i quali noi siamo duri, duri a volerli affrontare. Soltanto che siamo talmente abituati, caro Pellizzari, a non affrontarli, che anche coloro che decidono di affrontarli li affrontano sempre un grado più sotto della forza, della decisione, della violenza necessarie.

Una delle ultime cose che volevo chiederle è questa. A quanto lei mi accennava, a quanto credo di aver capito da questo colloquio veramente straordinario, lei è convinto della possibilità che l'inchiesta diventi un vero e proprio "saggio", uno studio sincero, profondo, esatto – e direi scientificamente esatto, a costo di ricorrere ai dati statistici – per arrivare fino in fondo a un problema, definitivamente.

Si capisce, si capisce. Le dirò due cose: la prima è che ho una fiducia illimitata nella varietà di espressione del film-inchiesta. È una strada lunga anni – non un anno: lunga anni – che consente però un rigore scientifico esplicito o un rigore scientifico implicito. I modi sono quelli anche del numero, ma anche della trasposizione, della metafora nel seno stesso dell'inchiesta: purché ci sia una profonda radice di verità, purché – per giungere al film-inchiesta – io percorra certe tappe di verità che non mi sono necessarie, non mi sono sempre necessarie, nel film-metafora. Ecco una delle mie tesi più amate, per cui io rifiuto il libro già fatto ma lo posso accettare solo quando il libro mi fa percorrere un certo tipo di vita, un certo tipo di esperienza: me lo fa vivere direttamente. In questo senso, quando si parla di rapporti letteratura-cinema, io arrivo a dire che il libro che oggi viene considerato cinematograficamente più maturo per essere trasferito nel cinema, è quello di cui bisogna diffidare di più. Io sono per una pompatura, per una travasatura dal libro nel cinema: ma di quale libro? Non me ne importa niente che si faccia *Senilità*, lei lo comprende! Preferisco che si faccia *Senilità* piuttosto che un brutto romanzo, è ovvio: ma, nel campo degli aggiornamenti tematici e di linguaggio, io preferisco che uno prenda in mano *La tortura* di Alleg, o Günther Anders [*Essere e non essere*] e mi dica: io faccio Günther Anders, io faccio le poesie di Ungaretti. Arrivo quindi a dire quello che ho detto – mi pare – in una risposta sul *Radiocorriere*, e che ho anche accennato a Firenze, al congresso della Comunità europea degli scrittori: il libro più avanzato letterariamente, spiritualmente più avanzato, è il libro cinematograficamente più adatto. Lo scrittore più avanzato è lo scrittore cinematograficamente più pronto oggi. Avanzato, naturalmente, sempre con una riserva: avanzato non in un ordine astratto (perché ci sono degli scrittori avanzati ma che non hanno nessun legame con ciò che ci interessa). Joyce, per esempio, io lo considero uno scrittore avanzato nel senso sociale che dico io; e allora – evviva! – si faccia Joyce, si faccia qualunque cosa che il cinema può portare a contatto con un grande pubblico facendolo diventare elemento determinante addirittura di azioni. È un altro mio vecchio sogno, che è relativo alla fede che io ho in una tematica talmente violenta, diretta, attuale, che non lasci un'impressione quasi chiusa in sé, di spettacolo, proprio: diventi vita. E allora qui si innesta quel mio attacco – se vuole un po' ingenuo, ma tanto sentito – contro la cultura per cui considero che la cultura nel suo insieme ha fallito il proprio compito: se è possibile, come è possibile, la guerra indipendentemente dalla cultura; se la non guerra è non guerra indipendentemente dalla cultura. Io, questa sfiducia, la dò su un piano pratico, in quanto cerco di far coincidere la realtà della cultura con la realtà della vita. Siccome questo non si verifica, io non posso che postulare un tipo di cultura diverso, e incomincio a intravederlo nel cinema: nel cinema come occasione per la cultura di travasarsi integralmente assumendo una responsabilità contemporanea. Non dividendo i due momenti, ma facendoli diventare univoci: e cioè diventando essa stessa guida, diventando essa stessa vita, e quindi essa stessa politica. Perché il cinema mi dà questa speranza? Proprio, prima di tutto, per la quantità e l'immediatezza numerica del pubblico al quale si rivolge; e sia perché ha in sé una struttura tecnica che consente delle tematiche che nel libro sono già smorte oppure appartate oppure per un pubblico limitato. È vero che colui il quale fa una poesia vuole comunicare sempre davanti al pubblico, cioè davanti agli altri; ma è anche vero che, attraverso secoli e secoli di commercio interiore letterario, questo altro è un altro che non ha la stessa immediatezza, concretezza, peso, fiato, umore e sangue nelle vene, di quello che va al cinema. Questo è il nuovo pubblico. Si possono compiere meravigliosi capolavori, e si compiono, perché ogni poeta ha sempre davanti "altro", non è mai solitario: ma è un altro che non ha la stessa fisicità realistica di quello che io posso raggiungere attraverso il cinema. In quanto il cinema è alla ricerca di una fisicità realistica non metaforica di cui il libro quasi ha perduto la traccia. Ecco che questo grande connubio al quale stiamo assistendo, tra letteratura e cinema, va inteso solo come utile in quanto si prenda dal libro tutto quello che si incarna nelle esigenze del cinema su questo piano di immediatezza e di convivenza di responsabilità capitali. Quello che dico io, ha un grosso arresto davanti a sé: la censura. Ma allora è proprio nella lotta contro la censura che si identifica la lotta del cinema come espressione dei suoi contenuti. Laddove la censura lo arresta, non arresta un momento: arresta il cinema. Ecco che io allora vedo il cinema politico, con tutte le conseguenze che ne derivano. Uno dice, nell'inchiesta promossa dall'*Avanti!* su cinema e neocapitalismo: ma allora cosa vogliamo fare, la rivoluzione? Ma una rivoluzione si può fare in tanti modi, e allora ci accorgeremmo che – se è vero questo – nell'insieme il cinema è uno che non abbastanza sistematicamente, non abbastanza ferocemente, attacca la realtà. Ci sono invece dei casi sporadici: ecco, la necessità di un movimento – e ritorno alle mie vecchie idee fisse – perché il movimento è anche una quantità di film. Se io faccio in un anno quattro o cinque film, non significa niente; ma se io faccio duecento film, tutti in un ordine di esigenze morali e sociali, in questo ordine di un rinnovamento totale della cultura ottengo qualche cosa: vuol dire che è stato possibile, vuol dire che ho sentito, per esempio, una necessità di certi governi che consentano questa cosa. Allora lei si accorgerebbe che non si potrebbe essere tutti nello stesso ordine di idee; che essere per un cinema di avanguardia non lo si può essere sia essendo democristiani sia essendo uomini di sinistra; si accorgerebbe insomma di una identità fra un tipo di cinema e un tipo di politica. Se no, se non è vero questo, restiamo nelle abitudini letterarie: dove c'è un film, dove c'è un libro, un libro in un modo, un libro in un altro, e dove tutti gli esperimenti sono ugualmente accettati. Si giunge al fatto che perfino Antonioni – uomo di singolare valore, uomo che realizza una sua storia, una sua stilistica – è lodabile al cento per cento, se io uso un'etica-estetica letteraria: ma, se io uso un'etica-estetica cinematografica nella soluzione che dico io, diventa la storia di Antonioni e non la storia del cinema. Diventa un caso a sé che io, Zavattini, posso ammirare più di cento altri uomini che del cinema hanno magari capito la sua funzione di propaganda ma poi non hanno reso artisticamente quanto era necessario. È insomma una grande ammirazione che io ho ancora per un uomo sfuggito dalle maglie della letteratura, portandoci delle esigenze che, pur essendo altissime, non sono quelle – contenutisticamente parlando mentre invece formalmente lui potrebbe aiutare tanto a raggiungere, attraverso quelle forme, dei contenuti ancora più liberi) – che vogliamo. Tuttavia può darsi che Antonioni, con il suo ultimo film [*L'eclisse*], faccia un passo in cui ci sia un avvicinamento più esplicito a quella critica che è già sotto fotogramma nelle sue opere ma che deve diventare di più. L'errore è in questo: se noi ci fermiamo all'Antonioni non risolto, un sacco di gente nel mondo grida "evviva" a quel tipo di cinema, non esigendo da esso nessun altro sviluppo e accontentandosi che quel tipo di cinema sia come nella letteratura un saggio in sé: e quindi fa la storia del cinema come fa la storia della letteratura. Noi invece, con la storia del cinema, abbiamo questa folle illusione di cominciare un tipo di cultura politica. Intendiamoci: se io oggi preferisco ufficialmente *Salvatore Giuliano* a *Marienbad*, è chiaro però che, quando dico *Salvatore Giuliano*, non dico un modulo da ripetere. Dico una delle mille espressioni possibili nel campo di una filmistica che nasce da un affrontamento "politico" della realtà. Ma anche il film su Arena, cui le accennavo, rientra in una politica. Ecco un'ampiezza di possibilità che gli altri hanno sempre voluto negare. Anche oggi, quelli che sparlano di *Giuliano*, o che lo limitano, è perché pensano che in questo film ci sia un limite. Ma non è vero: *Giuliano* ha esaurito una formula, però ci ha dato un'indicazione morale importantissima. Usate quel coraggio morale in cento altre direzioni! [*Roma, via Merici, 24·25 marzo 1962*]

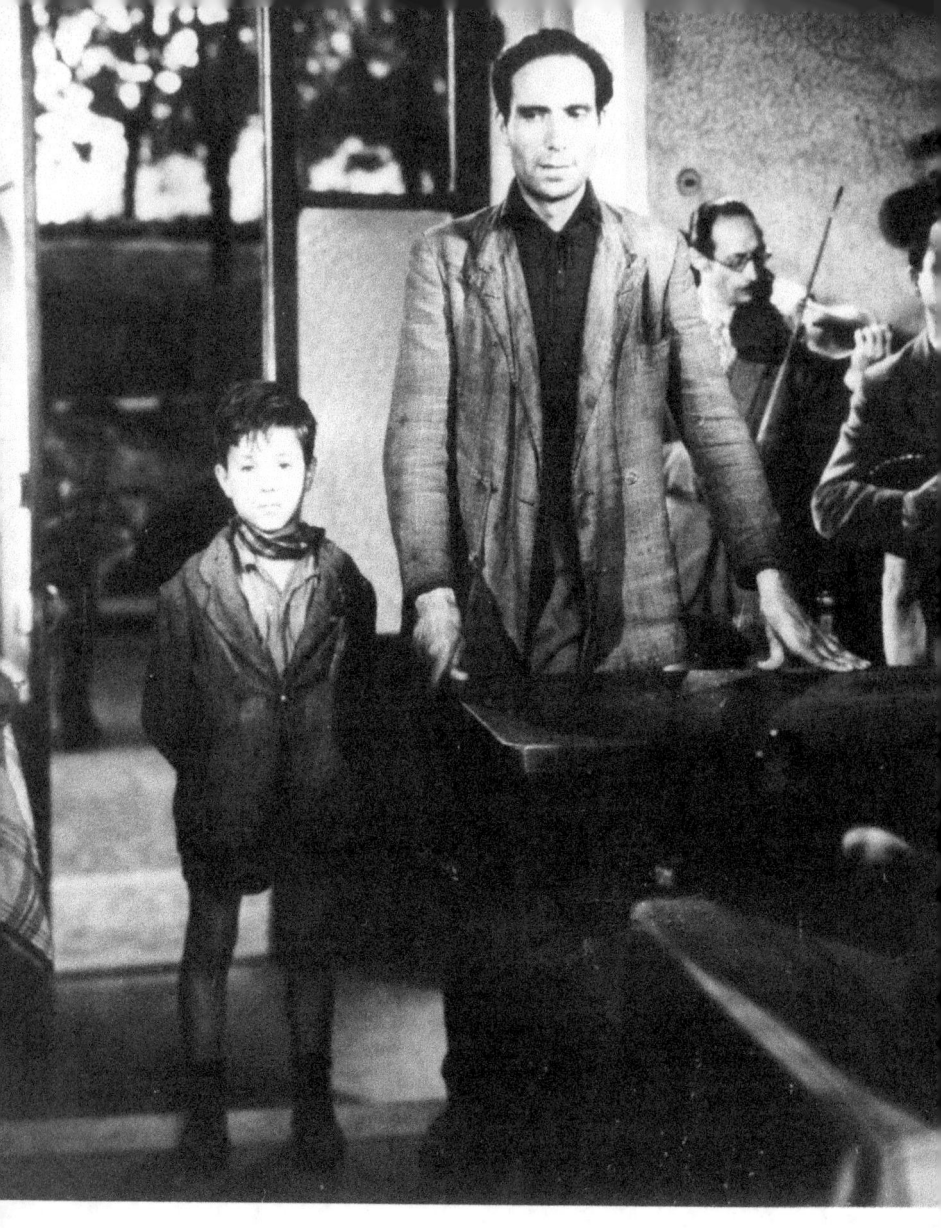

Enzo Stajola e Lamberto Maggiorani in *Ladri di biciclette* (1948) di Vittorio De Sica

La notte che ho dato la mano a Za

Scrivere di una conversazione tenuta e registrata oltre dicias-
sette anni fa appare un'impresa alquanto disperata: occorrerebbe spiegare e spiegarsi troppe cose; fare la cronistoria di
quanto è cambiato – se non in Zavattini, certo nel cinema italiano, e nel cinema *tout court* – in questi due decenni; giustificare e giustificarsi – cioè rendere nuovamente "giusto"– per
quanti e quali atteggiamenti, posizioni, riflessioni e proposi-
zioni emergono da quell'antico colloquio o ne sottendono le
corde.

Dubito che la cosa possa interessare a più di un lettore, e mi
limito pertanto – a livello di cronaca – a ripercorrere il senso
e il segno di quell'intervista. Intanto l'occasione: un primo incontro chiarificatore e la raccolta di materiale informativo per
una monografia (il libro sarebbe dovuto uscire dall'editore
Guanda, che l'aveva accolto) di cui, a distanza di tanto tempo,
restano soltanto una mole immensa di materiale e vari tentativi di schedatura. Poi gli interlocutori: da un lato, lui, Zavattini, del cui ruolo e del cui rilievo alla data in questione si dirà
in seguito; dall'altro, un giovine di begli intenti e qualche pre-
sunzione (ansie di sistematizzazione comprese) che si acco-
stava, curioso e riverente, al "personaggio" nel quale – più di
ogni altro – riponeva speranze per "magnifiche sorti, e pro-
gressive" del cinema italiano (e non solo italiano). Inoltre le
circostanze: una serata, quasi una notte, e poi la mattina successiva, per registrare su un magnetofono di incerto uso, un
pesantissimo e ingombrante Geloso prestatomi dall'amico

Paolo Pillitteri, che sembrava un'intera vita (una vita per il cinema, naturalmente), il tutto intercalato dai rituali di un'ospitalità apparsa particolarmente cordiale al "provinciale" calato dal nord, che scopriva – udire, udite! – la gioia del pinzimonio. Infine il rapido, lentissimo epilogo: una trascrizione fedelissima al registrato persino nell'andamento colloquiale e nei modi del parlato – quella che qui si ripropone, senza mutare una virgola –, una reazione di cauta diffidenza da parte dell'intervistato cui forse pareva di essersi eccessivamente "scoperto" (una copia della trascrizione è conservata nell'archivio Zavattini, come si evince dalle pp. 383-384 del volume *Neorealismo ecc.*, a cura di Mino Argentieri, apparso in questo stesso 1979 da Bompiani), un'esitazione e poi un profondo smarrimento da parte dell'intervistatore nel coltivare ulteriormente la ricerca – lo scopo della ricerca – sia sul versante della sua praticabilità (muoversi nell'universo Zavattini richiede, più che un essere umano, un computer, e allora i computer non erano di uso comune) sia sul versante – è onesto ammetterlo – della sua credibilità: Zavattini teorico e Zavattini sceneggiatore rivelavano di anno in anno i loro falli e le loro falle (o così pareva a un "ortodosso"), Zavattini demiurgo – artefice, *homo faber*, nume ordinatore del mondo – impallidiva con il trascolorare delle stagioni (anche se tutte le stagioni successive, e ce ne siamo accorti dopo o ce ne accorgiamo ora, gli dovevano pur qualcosa), nuovi tempi e nuovi modi (o erano soltanto "mode"?) premevano e Zavattini poteva sembrare irrimediabilmente *out*.

Il ricordo di quell'intervista, della notte in cui "ho dato la mano a Zavattini" – titolo che si rifà metaforicamente e un po' impietosamente a quello di un suo libro apparso nel 1977, *La notte che ho dato uno schiaffo a Mussolini*) –, è rimasto però, in tutti questi anni, indelebile. Da allora non ho più rivisto Zavattini (o, se l'ho rivisto, in occasione di mostre e di convegni, mi sono celato e negato a lui), non ho potuto. Quella notte – mi accorgo che sto romanzando, quasi zavattinianamente, le circostanze – un uomo si era esposto (o aveva gio-

cato a esporsi: non fa molta differenza) al microfono che io reggevo. Qualsiasi mossa avessi potuto compiere avrebbe infranto, e per sempre, il gioco del disvelamento e della finzione. Il gioco della vita di cui Zavattini è maestro, e di cui io mi sentivo – e mi sento maggiormente ora – un maldestro allievo. L'intervista qui di seguito riportata risente chiaramente di un clima e delle sue tensioni. L'inizio degli anni '60, almeno per chi non coltivava ancora le pratiche dell'immaginario – allora ahimé limitate alla cultura del culturismo ammantato di *pepla* e al mito del mitologico inteso come superfetazione muscologhiandolare anche a livello cerebrale –, poneva qualche problema. In altre parole, come uscire dal neorealismo, dai suoi stanchi e ormai patetici epigoni, dal suoi "deviazionisti" di "destra" (il "rosa") e di "sinistra" (un "rosso" cupissimo quanto tedioso, spesso francamente insopportabile)? In qualche caso la nuova scienza della sociologia poteva soccorrere, ma occorreva spesso arrampicarsi sui vetri per rintracciare i risvolti utili al commento in pellicole di astrusa banalità esemplificativa o in reperti di mondi che, ideati dal mestiere del tavolino, sfuggivano a ogni logica di verosimiglianza socio-economica. E poi, per caso, la sociologia non era una scienza borghese? E i socio-economisti che vantavano esperienze di ricerca e di lavoro magari maturate in America e in Germania (federale) non erano anche i fautori della tanto temuta "automazione", la grande minaccia che la classe operaia doveva esorcizzare? E il capitale, in tutte le sue espressioni – cinema "spettacolare" compreso, "prodotto" confezionato, ricette per "intrattenimento" –, non era ancora il grande nemico da battere?
Bando all'americanizzazione, dunque: a quella che da noi poteva rifletversi a partire dal proseguimento e dalla pratica attuazione del "miracolo economico", dall'allentarsi di certe tensioni, dall'impigrimento delle coscienze, come a quella che altrove (più drammaticamente) segnava il passaggio dal tramonto del colonialismo all'alba del neocolonialismo. Sempre di imperialismo si trattava, e imperialismo era non soltanto la gran parte dei colorati ed espansi (in termini di schermo) prodotti di Hollywood,

ma anche buona parte dei meno colorati e meno espansi prodotti delle cinematografie europee, tuttavia previsti e orchestrati per lo sfruttamento del mercato internazionale (quindi soggiacenti all'infame marchio del "cosmopolitismo" di ždanoviana memoria), gli intrighi delle coproduzioni e i meccanismi della distribuzione completando l'opera. L'attenzione era allora rivolta a quanto nel mondo poteva contrastare questo progetto globale, ai cenni di rinnovamento e di indipendenza che sembrava di poter cogliere in varie direzioni, sia all'interno delle strutture sia al loro esterno, sia nei paesi di antica tradizione cinematografica sia in quelli – e non solo cinematograficamente parlando – nuovi o emergenti. Da un lato il cinema che comunque implicasse una ricerca sul territorio, dal vivo, dal "vero", si trattasse di certo "cinéma-vérité", del film-inchiesta oppure di ricognizioni "romanzate" sul tipo di *Banditi a Orgosolo*; dall'altro, l'attrazione che esercitava (magari solo per sentito dire, dato che rara appariva la possibilità di fruizione diretta) il cinema dei paesi del Terzo Mondo e dei paesi "non allineati": in termini diversi, Cuba e la Jugoslavia (come l'Algeria) erano vicine.

A entrambe le suggestioni, non a caso, Zavattini era operativamente interessato. Nonostante la sostanziale delusione de *Le italiane e l'amore* (dichiarata nell'intervista e condivisa dall'autore), ci si attendeva molto da *I misteri di Roma* e da tutta una sistematica esplorazione della realtà italiana che lo strumento "inchiesta ", finalmente liberato da remore intellettuali e politiche e in netta contrapposizione con ciò che la televisione non avrebbe mai potuto fare (per i condizionamenti che allora parevano insuperabili), avrebbe consentito: schiere di giovani erano pronte a impugnare la macchina da presa e a dissodare l'intero territorio del paese. Altrove l'avevano già fatto, proprio con la collaborazione (magari un tantino idealizzata nella sua estensione e consistenza) di Zavattini: e l'altrove non era un altrove qualsiasi, si chiamava Cuba, una rivoluzione che continuava nel cinema, un cinema che nasceva da un progetto organico e onnicomprensivo ed era, muovendo da zero, il mito globale finalmente realizzato.

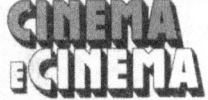

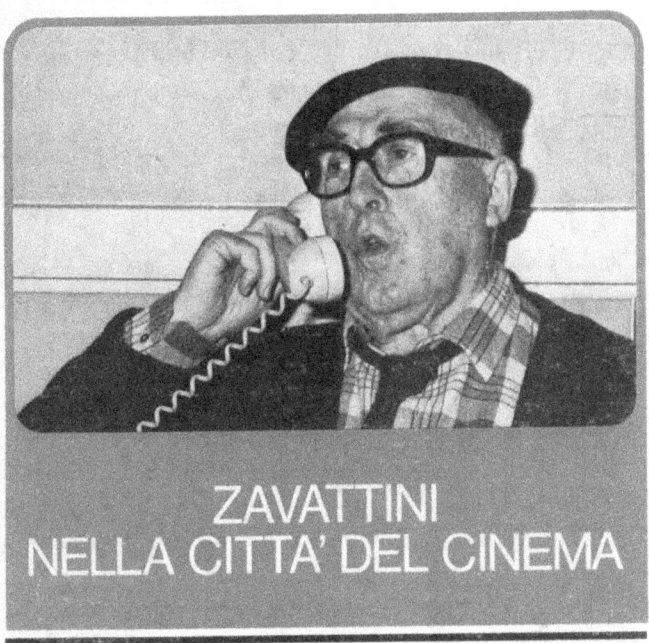

Copertina del numero di *Cinema e cinema*, dedicato a Za (1979)

Forse si favoleggiava. Forse era la favola che, respinta razionalmente da una parte, si prendeva la sua rivincita dall'altra. Forse era tutto vero – almeno negli intenti –, ma non siamo più in grado di capirlo: le incrostazioni e le successive disincrostazioni hanno reso scabra e inerte la superficie dello scafo e nessuna mano di vernice riesce più a ravvivarla. Resta il fatto che Zavattini, in quel preciso momento, costituiva un altrettanto preciso punto di riferimento e l'atteggiamento dell'uomo "pubblico", con tutta la sua irruenza e la sua fertilità riscontrabili anche nel "quasi privato" (un'intervista che pareva non destinata alla pubblicazione), confortava non poco. Non ero certo il solo a crederci: basta rileggersi il credit de *I misteri di Roma*.

Poi le cose sono andate come tutti sanno. *I misteri di Roma* sono risultati un brutto (e ciò conta poco) quanto inutile (e ciò conta di più) film. Per molti anni Zavattini – sul piano del lavoro cinematografico realizzato – si è spento, trascinando per consuetudine di rapporti una sempre più stanca collaborazione con De Sica (e ciò per motivi che sembrano sfuggire alle intenzioni), impegnandosi e intrigandosi proprio in quelle produzioni internazionali o in quei film a episodi di cui già nel '62 negava e rifiutava l'opportunità. Anche le occasioni potenzialmente più stimolanti – *Un mondo nuovo, Lo chiameremo Andrea, Un cuore semplice, Ligabue* – si risolvevano in modo insoddisfacente, vuoi (nei primi due casi) per l'annacquamento sentimentale operato da De Sica sul pre-testo, vuoi (negli altri due casi) per la pochezza dei realizzatori o per l'intervento dei pubblici committenti (l'Italnoleggio, la Rai-Tv...). Invece c'era un mondo che andava avanti: che Zavattini conosceva ma col quale egli aveva perso i contatti; che non conosceva Zavattini ma del quale inconsciamente teneva conto. C'era il cinema "militante", il cinema "alternativo", che nel bene o nel male (non importa stabilire le dosi) realizzava antichi sogni come il film di registrazione o il film di discussione; c'era il cinema "terzomondista", specie latino-americano, che percorreva degnamente la sua strada ma *fuori* delle strutture e del potere centralizzato e non *dentro* (contraddicendo, appunto, l'ipotesi Cuba); c'era il cinema dell'apologo, della favola, dell'immaginario che germinava un po' ovunque, anche nei luoghi più insospettati, ma aveva imparato a non dichiararsi tale e a eludere quindi sia le secche del moralismo sia la noia dell'enunciazione aprioristica. C'era la stessa nozione di cinema, di comunicazione, di spettacolo che cambiava: Zavattini poteva aver previsto tutto, ma a tutto non era stato capace di applicarsi (e l'immagine che si può avere di lui è quella di un profeta, razionalmente in grado di comprendere il "corso del tempo" e poeticamente allenato a curarne le soluzioni, eppure continuamente distratto da sfasamenti pratici e quindi inabilitato a imprimere al presente come al futuro una svolta); Zavattini è l'intuizione fatta persona, ma il mondo gira secondo un ritmo costante, che non consente né anticipi né ritardi (solo rivoluzioni, ma la rivoluzione, come spesso accade, è mancata); Zavattini sarà ancora a lungo un ineguagliabile artefice (stavo per dire giocoliere) della parola, ma tra la parola – che in lui ha la velocità della luce, non del suono – e la sua attuazione corre la storia (per cui allo scrittore, e allo scrittore Zavattini in primo luogo, è concesso un tempo di recupero infinito, basta che la parola sia stata in qualche modo "consegnata", mentre al cineasta, e al cineasta Zavattini in primo luogo, non è concesso il tempo di tergiversare: la parola non tradotta in immagine, il progetto non tradotto in film, risultano irrimediabilmente perduti, irrecuperabili, forse come non mai esistiti).

In quest'intervista avrei dovuto chiedere, forse, altre cose a Zavattini. Non idealizzare il suo "mestiere" e provocare invece delle (difficili) risposte su come funzionava (aveva funzionato) la "macchina cinema". Non dare per scontato un rapporto di collaborazione con il regista (l'autore?) ma tentare di cogliere la casualità (o no) dell'incontro, del lavoro svolto, delle aggregazioni volute o subìte, e i motivi magari banali che stavano dietro a tutto questo, come nella carriera di ogni sceneggiatore che si rispetti (e di tante altre categorie di lavoratori "intellettuali"). Non distinguere io, secondo dicotomie classiche, il valore dell'apporto e del risultato, concedendo quindi all'interlocutore di operare nei termini di una scelta codificata, bensì provocarlo sulla base degli interscambi verificatisi, della continuità operativa, della immutata capacità (o incapacità) di inventare e di proporre e di imporsi.

Non l'ho fatto e l'intervista resta, giustamente, datata. Ma resta anche, a mio immodesto avviso, un non inutile contributo alla storia di certo cinema italiano e, soprattutto, un documento umano che mi ostino a ritenere di grande sincerità. Forse non è la verità, forse la verità è parzialmente diversa, forse – semplicemente – ogni uomo è la sua verità. La verità si può perseguirla, si può pronunciarla sommessamente, si può urlarla – *la veritàaaa* –, ma ciò che conta è cercare ogni tanto di dimostrarsi che esiste. E Zavattini, non ci sono dubbi, ci ha provato. Occorrerebbe ora spiegare – a livello di postfazione, che tanto si usa – come e perché è nato questo numero: *Zavattini nella città del cinema*. Ci si voleva occupare, un po' avventatamente, degli "sceneggiatori del cinema italiano" (sul tema stiamo comunque lavorando) e indagare su una serie di apporti e di rapporti. Ci si è imbattuti, in prima istanza, in Cesare Zavattini: da una parte il "regolamento di conti" (anche provocato dalla coeva pubblicazione presso Bompiani dei tre volumi di *Zavattini/Cinema*) pareva non procrastinabile, dall'altra lo spessore del personaggio esigeva una intermonografia a sé. Tra questo "spessore del personaggio" e un certo imbarazzo dell'approccio si è giostrato a lungo tra i probabili e possibili collaboratori del numero: occorre dirlo, in una sorta di "momento della verità". Chi si è azzardato ad affrontare il tema, l'ha fatto – almeno io credo – sotto la specie di un "gioco della torre" ("chi butteresti giù?"), e alla fine il "progetto Zavattini" è venuto sempre più assomigliando a un "processo Zavattini". Non dico che la cosa fosse inevitabile o persino doverosa: dico che è accaduto. A somiglianza – e qui sta la nemesi della critica – di quanto è sovente avvenuto per Zavattini medesimo: si fa, si deve fare, si farà, e poi ci si ritrova con il pugno delle buone intenzioni (magari travisate e travisabili).

Sono parole, tutte parole, anche queste. Può non capirsi a chi interessino. Non interessano certo a chi presume di trovare soluzioni definitive e definitorie (un po' arduo nel caso del medesimo Zavattini), a chi nega e rimuove certe fasi del discorso cinematografico (che è un *unicum*, seppure sobbalzante) salvo poi ricorrere alle scorciatoie dei "recuperi", a chi teme il "vecchio" e rincorre il "nuovo" o – viceversa – respinge il "nuovo" e rivive il "vecchio". Interessano, forse, a chi si interroga su quanto è accaduto, continuamente accade, potrebbe nuovamente accadere, o a chi, semplicemente, cerca – nel tempo e nello spazio – "tasselli" per la propria e altrui "veritàaaa". Almeno in questo caso, la dilatazione della sillaba non è un gioco grafo-fonetico o l'elemento di uno slogan pubblicitario, bensì l'estensione di un dubbio o l'ulteriore utopia di una certezza. [*1979*]

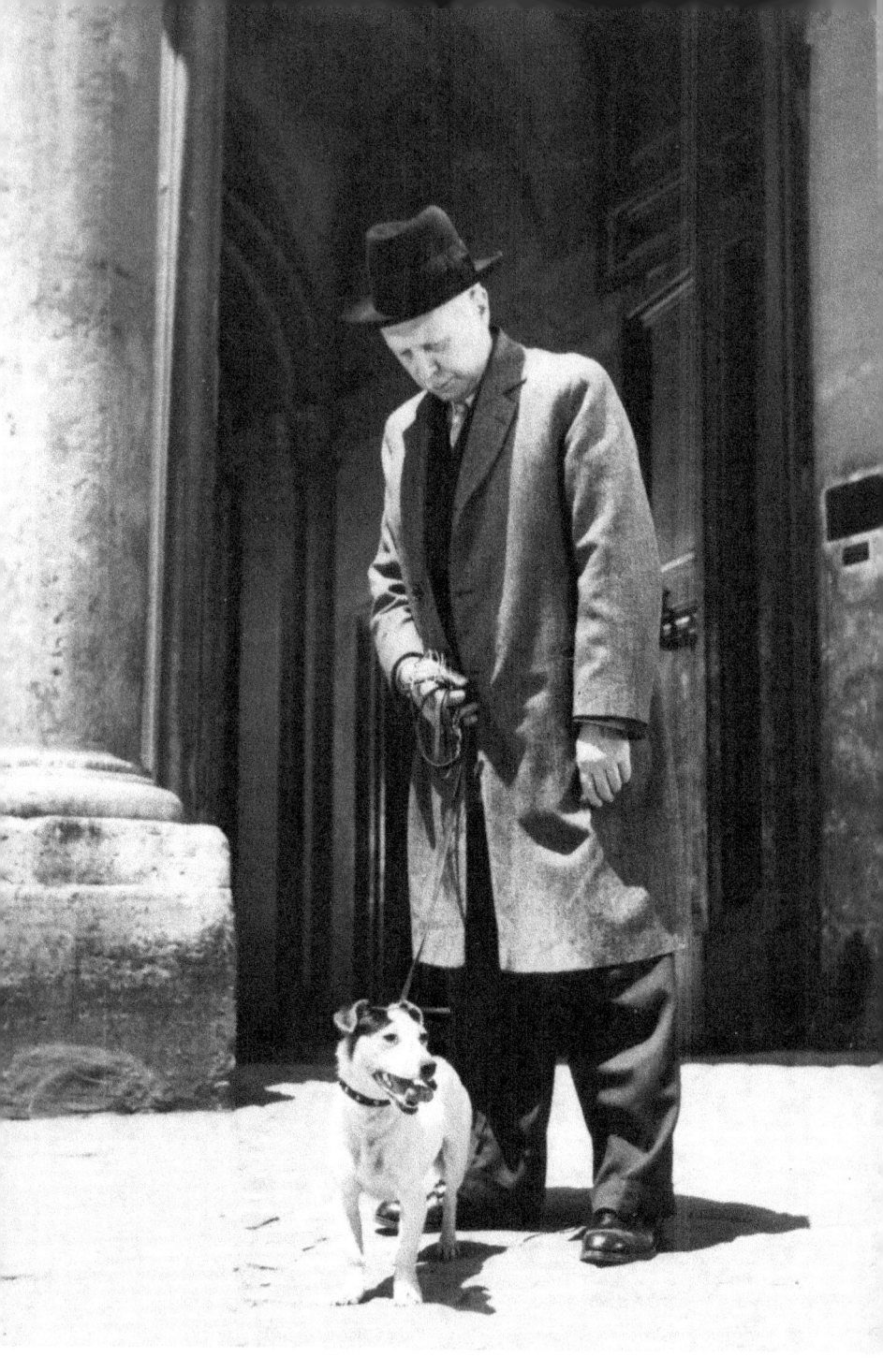

Carlo Battisti in *Umberto D.* (1952) di Vittorio De Sica

Za e la teoria del quotidiano

Si può distinguere la teoria dalla prassi, e il lavoro (la professione) dalla vita?

Qualsiasi soluzione del quesito è inficiata dal dubbio, prevede – se non altro – zone di transizione e di interconnessione, esige comunque la necessità di procedere a una sorta di astrazione per separare nella finzione speculativa aspetti e caratteristiche che si rivelano ambiguamente contigui, quando non contraddittori. Eppure esiste la possibilità di distinguere l'autore (lo scrittore, il cineasta, l'artista) dall'uomo, la riflessione dall'attuazione dei suoi pensieri, i presupposti dal risultato conseguito. Esiste o, con qualche accorgimento, si riesce a farla esistere. Esiste *quasi* per tutti, non certo per lui: Cesare Zavattini. Vedremo di dimostrarlo e di dimostrare – tanto per restare in sintonia con la persona – anche l'esatto contrario.

Per usare un luogo comune, è da sessant'anni che dobbiamo fare i conti con la presenza di Zavattini. Il "noi" che regge la frase precedente sta ovviamente a significare non un gruppo di unici interlocutori (e tantomeno un plurale maiestatico) ma quel che si suole definire la cultura, l'arte, la letteratura, la convinzione sociale e politica, la comunicazione e, soprattutto, il cinema del nostro abbondante mezzo secolo, a partire da quel 1928 in cui Zavattini comincia a esprimere se stesso e a offrirci una sua visione (operativa) del mondo.

Ma vi è anche un "noi" più particolare e più personale. Per chi appartiene alla generazione degli attuali cinquantenni, i conti con Zavattini si sono "chiusi" in più occasioni e, ogni volta che sembrava di averli fatti quadrare, essi si riaprivano inaspettatamente: per un nuovo stimolo o per un nuovo rimorso, per una nuova occasione o per una nuova revisione. In verità sono conti che non si chiuderanno mai, e come potrebbe essere altrimenti di fronte a una figura che permea costantemente di sé l'immaginario filmico nel quale ci imbattiamo (ora che la televisione, specie d'estate, è diventata la nostra cineteca a ciclo continuo); di fronte a una figura della quale ci vengono a dosi sempre più massicce portati o riportati a conoscenza gli innumerevoli fogli degli scritti e degli appunti che compongono un'ancora invalutabile opera omnia?

Zavattini non è certo Ejženstejn (non lo è né per intensità di progetto, né per doti speculative, né per rigore di ricerca), ma è l'unico grande indagatore su cinema-espressione-vita cui è possibile per un attimo confrontarlo. Non foss'altro perché il "sommerso" della sua attività è stato superiore alla parte emergente (e, in buona misura, le si rivela "diverso"); non foss'altro perché, nell'ansia di *trovare*, ci si può *perdere* (anziché *ritrovarsi*); non foss'altro perché la tentazione di considerare ogni tanto "superati" le sue opere e i suoi interventi si scontra costantemente con una verifica che dimostra proprio l'opposto.

Prendiamo Zavattini agli inizi degli anni '60. È appena alle soglie della terza età ma già lo si considera un "Grande Vecchio" e gli si attribuisce la facoltà di essere ascoltato e seguito, senz'ombra di dubbi o di insuccesso. Sostiene di voler mutare le sorti del cinema italiano? Ebbene, lo faccia: chi potrebbe impedirglielo? Al tempo stesso si lamentano nei suoi confronti i cedimenti alla narrazione tradizionale, i compromessi per via d'amicizia o di consuetudine, l'incompletezza (o peggio) degli assunti. Firma e lavora a *La ciociara*, a *Boccaccio '70* (per l'episodio *La riffa*), a *I sequestrati di Altona*. Come può rientrare tutto ciò nella poetica, in quegli anni particolarmente effervescente (basta seguire le ultime puntate del suo *Diario* su *Cinema Nuovo*), di un abile incantatore, di un fervido propositore, di un astuto discettatore cui nessun dominio dell'intelligenza e della sensibilità umana è precluso? Solo l'ingenuità di un giovane interlocutore[1], timido e spavaldo come tutti a quell'età, può impedire di capire il senso di una frase ricorrente allora in Zavattini ("le intenzioni erano meravigliose") e l'ineluttabile divergenza fra il fattibile e il futuribile. Vista la situazione *a posteriori*, si potrebbe affermare che, in gran parte impedito a fare altro, il nostro sta seminando (dubbi quanto certezze) e che il raccolto di certe sue proposte o provocazioni giungerà in seguito, magari dalle parti più inaspettate, come ciò che egli ha disseminato in passato sta, proprio in quegli anni '60, arrivando di ritorno da certe cinematografie emergenti del Terzo Mondo.

Prendiamo Zavattini sul declino degli anni '70. Occuparsi di lui[2], ormai quasi inattivo sul piano cinematografico diretto – gli unici suoi veri soggetti realizzati nel decennio sono stati *Lo chiameremo Andrea* di De Sica e il *Ligabue* televisivo di Salvatore Nocita – sembra quasi voler soltanto rispolverare vecchie carte rimaste nell'armadio. Ci sono state sì delle utopie (concretizzatesi, si fa per dire, nei *Cinegiornali liberi*), ci sono state sì delle nuove provocazioni (attuate curiosamente attraverso il mezzo radiofonico), ci sono stati sì interventi di ogni sorta (anche attraverso una non accomodante presenza fisica nei luoghi della contestazione), ma la sensazione generale è che, di fianco allo spegnersi degli umori e in attesa dell'ultimo guizzo (*La veritàaaa*, quel tanto sognato film come regista che rischia di trasformarsi in un imbarazzante – per gli altri – epitaffio), Zavattini sia un personaggio fuori moda: peggio, un po' troppo sopravvalutato. La sua generosità (che non è solo quella delle parole), il suo esporsi (che non è disgiunto dalla sua capacità di mediare), la sua fragilità (che non significa assenza di peso o di potenza, ma che lo rende sempre e comunque vulnerabile), il suo stesso narcisismo (che sta tra lo slancio e l'esibizione) lo fanno dissimile da nuovi tribuni e nuovi maestri, gli conferiscono un che di provinciale (meglio sarebbe dire di "contadino" confusamente acculturato), con la conseguenza di farlo risultare un retaggio ingombrante (o una cattiva coscienza?) per chi non è più giovane e un mistero impenetrabile per chi da giovane si affaccia alla scoperta del mondo e del cinema. Anche qui *a posteriori*, benché non siano nemmeno passati dieci anni, i perentori giudizi meritano una revisione. Se non altro perché, nel frattempo, si è avuta la possibilità di leggersi *davvero* i ponderosi tomi che vanno, più o meno metodicamente, raccogliendo le sue opere, i suoi scritti dispersi, i suoi minimi interventi e, lungi dal classificarli come contributi a un giubileo celebrativo senza fine (o la cui fine è ancora lontana), essi appaiono finalmente come il tentativo di rendere giustizia a un'attività di scrittura tanto più articolata quanto più fondamentalmente unitaria. E poi perché – di fronte all'evolversi e al diffondersi a macchia d'olio della comunicazione per immagini, dai massimi livelli a quelli infimi – si avverte sempre più la grande funzione di filtro che Zavattini ha svolto per oltre mezzo secolo: un filtro che si imbeve di tutto quanto un capace imbuto è in grado di convogliargli, che depura e insieme arricchisce l'immensa mole ingordamente accumulata e che la disperde per mille rivoli attraverso un complicatissimo e personalissimo sistema di canalizzazione.

Siamo quasi sul declino degli anni '80 e Zavattini – pur avendo molto allentato i ritmi della sua presenza fisica e spirituale (non turbino né la parola né il concetto) – è ancora tra noi. Si attende il suo epistolario non solo come un evento culturale, ma come un intervento da *agit-prop* della cultura (e d'altro); si attende la disponibilità del suo archivio come l'accesso a una testimonianza forse unica, certamente irripetibile; si attende – questo è un discorso forse impossibile – una retrospettiva dei *suoi* film che gli renda ragione o torto, non importa, ma che isoli dal magma di una filmografia convenzionale (circa 130 titoli) e dalle eccessive dilatazioni narrative dei veri soggetti il suo autentico apporto di *gagman* straordinario e di promotore entusiasta. Al di là di queste attese, alcune verificabili sull'immediato, altre zavattinianamente più utopiche, conta una constatazione: i pensieri e le teorie (che non osiamo chiamare *il*

pensiero o tantomeno *la* teorica) di Za fanno talmente parte di
un percorso comune (nel quale però assumono un ruolo anti-
cipatorio e precorritore), rientrano così suggestivamente in un
vissuto *quasi* normale (nel quale però si connotano per qualità e anche per quantità) che possiamo finalmente – superati
risentimenti e illusioni – appropriarcene come patrimonio di
tutti. Non per imbalsamarli nel bagaglio culturale di un'epoca,
ma per trasformarli, con i correttivi del caso, in proposte ancora valide e vitali.

Per procedere con una "verità" imparata da Zavattini, proviamoci a forzare un po' il discorso. A immaginare, per esempio,
che in un unico piccolo testo del 1928, *Holliwood* [sic], sia
compreso, un po' borgesianamente, tutto il percorso e tutto il
vissuto di Za. Che questo "corsivo", apparso il 4 marzo di quel-
l'anno sulla *Gazzetta di Parma*, identificato come uno dei suoi
primi scritti e appartenente ancora a una stagione in cui il
venticinquenne giornalista di provincia era *quasi* "nessuno",
racchiuda in sé una vocazione (critica) per il cinema, un ab-
bozzo di soggetto (i primi soggetti ufficiali sono accreditati da
Roberta Mazzoni[3] a non prima del 1934), un esempio di teoria filmica applicato alla prassi e, insieme, una piccola metafora di quella che sarebbe stata la sua esistenza successiva,
quasi una profezia.

Leggiamo insieme il testo, riesumato soltanto nel 1973, grazie
a un'iniziativa che, naturalmente, più zavattiniana di così non
sarebbe potuta essere[4].

Arrivai a Cinelandia un mattino rigido di dicembre. Avevo freddo, come si
conviene in inverno, e fame e sonno per il lunghissimo viaggio. L'albergo
nel quale avevo prenotata la camera si trovava a 500 passi dalla stazione.
Mi ero appena incamminato verso l'albergo che due policeman [sic] mi
si precipitarono addosso: «Alt, signore».
E mi spiegarono che dovevo sostare un paio d'ore, poiché stavano ultimando il film *La città deserta* dove si sarebbe veduta una città senza
abitanti. «Se lei capita sotto l'obiettivo, la pellicola è sciupata. Pensi che
durante tutto il film non si vede una sola persona. In Hollywood non c'è

che l'operatore. La gente, artisti o no, è tappata in casa e guai a chi ne esce prima del segnale convenuto.

Trascorse le due ore regolamentari, un colpo di cannone fece affollare la strada come per incanto.

Ero intirizzito dal freddo e male mi reggevo in piedi. «Può andare» fece un policeman.

Mi avviai.

Avevo fatti appena dieci passi che una turba di gente sbucata da una via laterale mi sorpassò di corsa. Erano 100, 200 uomini con il viso stravolto, seminudi, coperti di pelli, armati di lance e di faretra.

«Corra, perdinci, corra ... lei mi rovina il film. Corra o mi pagherà i danni...». Un signore alto, vestito da generale o anche più, affannato e sudato, mi passò vicino urlandomi quell'incitamento.

Ne arrivò un altro addirittura furibondo. «Un milione di danni, se non corre ... Stiamo girando il supercolosso *La fuga dei barbari*. Fugga...».

Spaventato dalla minaccia di dover pagare una così ingente somma, mi diedi a correre dietro alla turba sino a che giunsi davanti all'albergo che è in una piazza di stile settecentesco. La turba continuò la fuga inseguita dall'operatore.

Seppi poi, che il cineasta, per giustificare l'inaspettata inclusione ne l'orda fuggente di un uomo del 20° secolo, aveva introdotto la didascalia, là dove io apparivo: «Un precursore».

Finalmente pochi metri mi separavano dall'albergo. Vi ero arrivato con la lingua fuori dalla bocca. Ma proprio nella piazza settecentesca, stavano girando il film *Una rivoluzione*.

«Non si può attraversare la piazza» m'intimò il policeman.

Io ero estenuato: dovevo muovere a grande pietà se il policeman s'ingegnò a trovar un mezzo perché io giungessi ugualmente all'albergo e in fretta.

Mi fece caricare sopra una barella, chiamò due portatori e diede l'ordine di attraversare la piazza di corsa. D'accordo con il direttore fece inscrivere la didascalia: «Un morto».

Ma, a metà strada, i miei portatori maldestri scivolarono e caddero. Io con essi. Scompigliavamo, così, questa parte del film. Allora l'operatore salvò ogni cosa con la seguente didascalia: «Un morto?».

E quando mi rialzavo da terra con i miei portatori, una seconda dicitura: «No!».

Entrato, dopo tante vicissitudini nell'atrio dell'albergo, chiamai il maitre che si precipitò ai miei ordini.

«Signore, per l'amore di dio, esca, esca. Tornerà più tardi. Non vede? Qui stanno girando il film *Donne sole*».

C'erano infatti molte signore belle ed eleganti. La mia presenza fece modificare il titolo del dramma in: *Signore quasi sole*.

Mi parve d'impazzire. Con le energie superstiti giunsi in stazione di corsa, senza fermarmi alle frequenti ingiunzioni dei policemans [sic].

C'era un direttissimo in partenza. Salitovi sopra mi affacciai subito al finestrino e mentre il treno si allontanava, agitai il braccio in segno di esasperazione.

Poiché, proprio in stazione, stavano girando la pellicola *L'emigrante arriva*, non riuscì difficile inquadrare la mia partenza nel tema generale, facendola precedere dalla dicitura: «Doloroso distacco».

Letto superficialmente, il testo potrebbe sembrare un semplice racconto umoristico nello stile del tempo (o, più ancora, in quello dei successivi anni '30, nei dintorni o sulla scia di un Achille Campanile o di un Anton Germano Rossi): l'attrazione per Hollywood che, tanto per cambiare, dominava il mercato italiano e, insieme, il rifiuto un po' moralistico di quella "Cinelandia" che, con le sue "pratiche produttive" e con la sua "esibizione del privato", menava scandali anche clamorosi e turbava un'incerta "nozione di realtà" del cinema europeo. Ancor più superficialmente, nel raccontino si potrebbe avvertire un certo qual gusto per l'assurdo – un personaggio che continua a invadere inavvertitamente dei *set* cinematografici e persevera nel proprio errore – dilatato con una formula un po' ripetitiva, sino a colmare la colonna tipografica di rito.

Ecco invece che trapelano, e talora si evidenziano in modo molto netto, ben altre caratteristiche. Intanto il "soggetto", se così vogliamo provare a definirlo, ha un suo ritmo perfettamente scandito, una secchezza esemplare, una puntualità di dettagli descrittivi che lo rendono sicuramente cinematografabile. Perfino i dialoghi, essenziali come si conviene a una serie di *gags* fondamentalmente visive, sono a posto: semplice linguaggio quotidiano ma funzionale. La licenza che il "soggettista" si prende è piuttosto un'altra, ed è già una felice invenzione: l'immaginare che le didascalie correttive, determinate dagli inconvenienti che la presenza estranea provoca sull'azione, vengano inserite magicamente all'atto stesso delle riprese, da parte di un operatore o di un direttore di scena assai avveduti, *quasi* un gioco alla Buster Keaton (ma tenendo presente che *The Cameraman* non era ancora giunto in Italia). La vocazione per il cinema è altrettanto chiara. Non si sa per quali vie, ma la Hollywood di Zavattini è *quasi* credibile e insieme alquanto detestabile: vi dominano la falsità, la correzione della realtà, l'impossibilità di entrarvi con la propria sprovveduta schiettezza. Ma è proprio quest'ultima, cioè la vita, a guastare il falso incanto della finzione, a compiere un'azione di disturbo, a far sì che quel prodotto non sia più identico a come il committente l'aveva voluto. Di qui scatta un discorso *quasi* teorico: è possibile un'intrusione nei modi da sempre tradizionali di fare cinema, l'uomo della strada può diventare volontario (o involontario) protagonista, ma altresì l'irruzione della fantasia può modificare la banalità del quotidiano.

Più arduo, ma non impossibile, cogliere gli aspetti metaforici o autobiograficamente profetici del racconto. Uno squallido arrivo nella sognata "città del cinema". Un blocco iniziale. I disagi di una città deserta per volontà superiore. Un'improvvisa frenesia con conseguente fuga. Un precursore e una rivoluzione, alla quale peraltro non è consentito accedere. E poi un morto che non lo è, o una compagnia esclusiva che lo è soltanto *quasi*. Una situazione nella quale sembra di impazzire, ma nella quale si sfoderano le energie superstiti. E infine una partenza che sembra un arrivo e sulla quale si equivoca, come se si trattasse di un doloroso distacco... Non solo i poveri sono matti: lo sono anche gli estensori di saggi critici. Matti sono spesso anche gli esegeti di Zavattini. I più recenti contributi (che sono inoltre i più massicci) alla bibliografia del nostro, appartengano essi a estimatori di antica data, a devoti

seguaci o a generosi ricercatori, sono accomunati dall'inarre-
stabile dedizione all'accumulo, dalla vocazione a replicare la
logorrea zavattiniana, dalla negazione più calorosa del primo
principio di consultabilità (che consiste nella pratica del rimando esplicativo) e persino del secondo principio (che consiste nella compilazione di un indice analitico). Sin quando gli
studi su Zavattini dovevano essere condotti ricorrendo direttamente alle dispersissime e talora soltanto private fonti, l'impresa sembrava *disperata* (e molti vi rinunciavano, risolvendo
tutt'al più la questione con una serie di semplificazioni di seconda mano). Oggi che molti materiali sono a disposizione
sul nostro scaffale in qualche decimetro lineare di libri (rigorosamente composti in corpo minutissimo) l'impresa è soltanto *disperante*, come in questa stessa occasione non si tarda
a scoprire. Anche per tale motivo le "voci" enciclopediche de-
dicate a Zavattini non fanno che ripercorrere forzatamente il
passato, con gli inevitabili riferimenti al "pedinamento", al
"buco nel muro", al "coinquilino", all'"uomo della strada" e,
se un po' meno grezze, al fatto che si debba preferire il *durante* piuttosto che il *prima*.
Su Zavattini teorico regna quindi una (giusta) confusione.
Tanto per cominciare, persino nella *quasi* ufficiale trilogia
Zavattini/Cinema esigenze classificatorie ed editoriali fanno
si che due tomi diversi (e due curatori diversi) si occupino
quasi della stessa materia: gli interventi di *Neorealismo ecc.*
e le riflessioni/proposte di *Diario cinematografico*[5]. Nella sua
(troppo) a lungo meditata opera *monstre* su Zavattini, Giacomo Gambetti, che è un interlocutore della prima ora, sot-
tovaluta o sottintende la "teoria", sin dal titolo (che privilegia
gli aspetti "magici" e "tecnici") o dal sommario (che eviden-
zia i meriti nell'"organizzazione culturale")[6]. Non meglio praticabile è il libro-intervista di Silvana Cirillo: *Zavattini parla
di Zavattini* (questo il titolo) è già una resa al flusso indiscri-
minato, né vale molto la peregrina idea di porre in calce a
ogni pagina un flusso altrettanto continuo di citazioni e pareri[7]. Forse l'unico tentativo di sistemazione è quello compiuto

da Lina Angioletti, ma la finalità scolastica della collana, la limitatezza delle pagine a disposizione e soprattutto l'intento di occuparsi solo dell'aspetto letterario (quello appartenente alla cosiddetta "letteratura alta", convogliata in regolari libri) contribuiscono alla parzialità dell'iniziativa[8].

Quanto ai saggi specifici su Zavattini "teorico" la bibliografia a nostra conoscenza (o, meglio, a portata di mano) non è particolarmente abbondante. Merita intanto citazione un lungo studio di Franco Venturini[9], apparso in epoca lontana (1955) e muovente da posizioni "apolitiche" (ovvero di centro-destra), che inizia con un'affermazione iperbolica («Di tutti gli sceneggiatori e soggettisti che registra la storia del cinema, Cesare Zavattini è forse il più importante, dopo Carl Mayer») e termina con un giudizio restrittivo («la sua validità sembra subordinarsi alla misura in cui il suo impegno riesce a sopravvivere alla speculazione intellettualistica e ideologica o all'abbandono retorico»), non senza però aver colto nel segno circa i successivi rapporti col verismo francese, con la Neue Sach-lich-keit, con certo Bertolt Brecht e poi – rinnegando improvvisamente la soluzione narrativa – con un "documentarismo assoluto".

Facciamo un balzo avanti di una ventina d'anni, passiamo cioè dal pieno della "mischia" (che sicuramente esaspera le opinioni) a momenti di grande tensione ideologica che risentono però già di una sorta di pessimistico riflusso. Il contributo di Sandro Petraglia[10], esposto a Pesaro nel 1974, parla esplicitamente di una «incompleta teorica zavattiniana» e sottolinea che «tutte le teorizzazione di Zavattini rispondono, anche quando si articolano in modi elaborati a tavolino e spesso ideologicamente e metodologicamente confusi, a esigenze di tipo strettamente pragmatico», purtroppo sfocianti in «pretese utopistiche», in «illusioni» o in «esportazioni all'estero» (qui il riferimento è all'*underground* americano) di dubbia vitalità. Il contributo di Adelio Ferrero[11], nato per la stessa occasione, definisce "improbabile" il raffronto con Vertov («neppure gli somiglia lontanamente»), accenna a una «poetica fragilmente travestita da indicazione generale» e a «un perdurante equivoco tra vero e reale, storia ed esistenza, esistenza e quotidianità, quotidianità e casualità, sul piano inclinato della reinvestitura etico-volontaristica di una antica vocazione aneddotica e moralistica» (ma entrambi gli interventi sono molto più articolati di quanto le citazioni possano lasciare intendere).

Alquanto riduttivo anche il contributo di Leonardo Quaresima[12], di poco più recente, secondo il quale il programma neorealista di Zavattini «lega il suo respiro a precise, storiche limitazioni della cultura italiana del dopoguerra» e «quello che poteva riuscire un processo di ingrandimento, di avvicinamento, di accostamento alla concretezza [...] scivola verso l'"impicciolimento", resta prigioniero dell'angustia di un universo ripiegato su se stesso, incapace di estendere il proprio senso e le proprie motivazioni: la dilatazione si trasforma in miniaturizzazione».

Più propositivo l'ampio saggio di Mino Argentieri[13], se non altro perché nato in margine alla raccolta degli scritti sul neorealismo e quindi direttamente influenzato dall'ininterrotto flusso delle "teorie" pur limitandole all'argomento in questione. Operati i necessari raffronti con l'avanguardia sovietica degli anni '20 («Zavattini oltrepassa Dziga Vertov che, alla fin fine, equiparava i *kinoki* a corrispondenti e a fornitori di materiali, che egli avrebbe manipolato in moviola»), ma anche con John Grierson (ambedue, Vertov e Grierson, «registi e teorici diversamente dislocati ma pur sempre apologeti di regime») e persino con il Godard regista militante («un cinema che non è più soltanto documentaristico e descrittivo ma di taglio saggistico e che, spiccando il volo da un episodio comune, mette in campo l'intero organismo sociale ed economico e le leggi del suo funzionamento e avvia un'analisi per linee orizzontali e verticali, diacroniche e sincroniche»), Argentieri lamenta che – di fronte a «un'idea di cinema [...] estrema» – «non si è inteso a sufficienza che Zavattini bruciava le polveri del linguaggio cinematografico per farle esplodere e che ad accendere il fuoco non era la passionalità rigoristica del moralista, ma un potente dispositivo di immaginazione sociale combinato a desiderio di conoscere e a fantasia».

Sarà proprio postillando il volume sopra citato che Giorgio Cremonini[14], nell'ultimo contributo di cui facciamo menzione, giunge a una (provvisoria) conclusione: se da un lato oggi è possibile ricostruire una *teorica* zavattiniana (pur attraverso *momenti* fittamente compenetrati e apparentemente contraddittori), «dall'altro si può facilmente constatare come questa, ponendosi a confronto con la *teoria* prodotta dalle opere cui ha preso parte, ne esce distrutta, vistosamente contraddetta, sostituita da una sorte di *teoria negativa* che si accresce su una malintesa accettazione (peraltro storicamente determinata e giustificata) dell'opposizione *reale/immaginario*. Il discorso di Zavattini diventa allora una lucida, anche se inconsapevole, testimonianza dell'impossibilità di una simile opposizione».

Ce n'è per tutti i gusti, qui e altrove. *Di* Zavattini è stato detto di tutto, ma forse *su* Zavattini non è stato ancora detto tutto. Proviamoci a suggerire una serie di modeste proposte, tenendo d'occhio il "teorico". Anche se ben consapevoli di non poterlo troppo distinguere dal resto, e consci che la nostra piccola operazione alimenta ulteriori contraddizioni.

Il profeta inascoltato. Per quaranta, cinquant'anni, una vita, Zavattini ha parlato e - quel che più conta - ha scritto, registrato, trascritto, tramandato a futura memoria il suo parlare. Protagonista di innumerevoli interviste, apparentemente o sostanzialmente disponibile al dialogo anche con (*quasi*) sconosciuti, in realtà ha condotto (ma non recitato) un unico, lungo, interminabile monologo. Ma non ha parlato per se stesso e qualche volta nemmeno a se stesso: ha sempre cercato qualcuno - individuo effettivo o di comodo, gruppo esistente o da formare - cui rivolgersi, qualcuno da rendere complice o almeno testimone di un progetto. Molti lo hanno seguito, ma in apparenza pochi lo hanno effettivamente ascoltato, cioè con il proposito o almeno con la speranza di attuare un giorno ciò che egli proponeva. Il primo a non ascoltarsi è stato lui, Zavattini, un po' perché il processo creativo delle idee continuamente susseguentisi e riproducentisi era troppo rapido per poter attendere una realizzazione (alla quale, si sa, occorrono almeno dei tempi tecnici), un po' perché la realizzazione avrebbe comportato una stasi, nella quale necessariamente altre idee non sarebbero potute nascere. Viene in mente *Also sprach Zarathustra*, affrontato non da uno studioso del pensiero, bensì da un lettore comune (come un tempo ve n'erano moltissimi nei ceti popolari): la fantasmagoria delle asserzioni e delle immagini è tale che non ci si riesce a soffermare sul loro costrutto (talvolta con effetto benefico) e si procede inarrestabili nel godimento di una fascinazione al termine della quale si crede di aver capito tutto il bello o l'orrendo dell'universo e si è invece *soltanto* vissuto per quella porzione di tempo che la lettura del libro (e di altri libri consimili) ha richiesto, cioè si è ripiombati nel quotidiano. Ascoltato (ovvero letto) con continuità metodica o con volontà sistematica, oppure piluccato qua e là come un'opera di consultazione dell'immaginario, Zavattini alterna poteri consolatori a poteri provocatori: nell'uno e nell'altro caso, verrebbe voglia di dire "rivoluzionari", se la rivoluzione, oltre che incompiuta, non fosse proprio inattuabile. Quanto basta, comunque, per ricevere una spinta (principio di Archimede) dal basso verso l'alto: avviarsi verso i cieli di una concreta fantasia tenendo i piedi su un astratta realtà. Appunto come nel quotidiano.

L'inventore non brevettato. Sicuramente in qualche raccontino di Zavattini sarà accennata la vicenda (e, se non lo sarà, la lacuna è colmabile oltre che perdonabile) di un qualcuno che si accorgerà di aver inventato un qualcosa che altri hanno inventato prima di lui e di cui tanti già usufruiscono. Accanto a coloro che tendono ad attribuire a Zavattini tante o troppe priorità, ve ne sono altri – i più numerosi – che suffragano la tesi dell'assimilazione, per non dire del plagio. Zavattini è scrittore (in senso lato) che difficilmente ricorre alla pratica della citazione, se non per testi legati al momento contingente della scrittura e disponibili in quello stesso momento o per affermazioni generali, magari riportate con volonterosa imprecisione.

Quando si vive giorno dopo giorno, alzandosi la mattina con una nuova e fulminante idea in testa, lasciando corso alle riflessioni per l'intera giornata e a sera prendendo spunto da ciò che si è osservato nei propri vagabondaggi più o meno sedentari (come tutti quelli della sua generazione, Za ha viaggiato molto soltanto in età più che matura), non v'è spazio per la ricerca erudita o per la verifica sistematica delle fonti. Poco importa che altri, teorici o pratici, siano giunti prima di lui; né conta maggiormente che progetti, intuizioni, folgorazioni o speculazioni più o meno spicciole siano altrimenti dotati di una precisa paternità. Nel campo dell'immaginario realistico (cioè della vita e dei suoi dintorni) non esistono marchi o brevetti, e chi tenta comunque di depositarli o registrarli dimostra soltanto aridità e calcolo.

Quando Zavattini scrive – e la situazione si verifica con assoluta continuità – «Caro X, stamattina ascoltando (o vedendo, o assistendo, o leggendo) una tal persona (o una tal cosa) mi è venuto in mente che si potrebbe...» non simula un'originalità assoluta, semplicemente fa proprio un aspetto del vissuto, e se ne convince talmente che *quell'idea* non potrà che essere inesorabilmente sua. Ma, attenzione: l'idea stessa è subito messa a disposizione di chiunque altro voglia appropriarsene, per realizzarla o per giocarvi sopra qualche altra riflessione. L'inesistenza di brevetti non è a senso unico, né è brevettabile. Si chiama infatti, in altri termini, circolazione delle idee: a essa contribuiscono il barbiere nella sua bottega o il filosofo nel suo salotto, senza barriere come senza gerarchie.

Il propagatore inavvertito. Un tempo era di moda indagare sulle influenze esercitate dal neorealismo (e in particolare da Zavattini) sulle cinematografie straniere e su loro singoli prodotti (meno frequente, per mancanza di indizi, che l'indagine si estendesse al mercato interno); poi l'aggettivo "neorealistico" o "zavattiniano" si è preso ad applicarsi – a torto o a ra-

gione, come segno di merito o di demerito – alle situazioni
più disparate, ogni volta che occorresse un rimando o un ri-
flesso. Vezzo o malvezzo a parte, l'anagrafe sarebbe laboriosa,
qualche volta equivocante e comunque fondamentalmente
ingiusta, visto che si è sostenuto nel paragrafo precedente il
principio della libera circolazione delle idee in (*quasi*) libero
mercato. Quando parliamo di Zavattini propagatore, pensiamo ad altro: cioè all'inavvertita (un po' da tutti: il diretto
interessato come gli inconsapevoli "utilizzatori") filiazione e
applicazione di "idee" zavattiniane nei più diversi campi o
momenti della comunicazione, dello spettacolo o addirittura
della ricerca sociologica vera o presunta. Due-tre generazioni
di "intellettuali" applicati ai mass-media hanno trovato in Zavattini non solo un precursore a livello manageriale (non di-
mentichiamo che per oltre un decennio, quello determinante
nella vita di un uomo, egli è stato fondamentalmente un dirigente editoriale, un "genio" della grande stampa e un de-
tentore di poteri decisionali) ma anche un ispiratore per le
più svariate iniziative di contatto fra i *mezzi* e la *gente* (o al
contrario – ma qui sconfiniamo già nell'utopia – per le più
svariate iniziative tese a far pervenire la *gente* all'uso, o al
controllo, dei *mezzi*). L'ideatore di una corrispondenza inte-
rattiva fra lettore ed esperto, di ogni possibile tipo di son-
daggio o di referendum diretto, di continue raccolte di
opinioni (o di espressioni) su ogni tema del vissuto, così come
il propugnatore del film-inchiesta, del film-documento, del
film-lavoro, del film-verità, del cinegiornale libero e di tante
altre formule ciascuna tesa alla chimerica "cattura della realtà", rivive oggi nei modi o negli aspetti più impensati, che
sono sotto gli occhi di tutti ma, appunto, inavvertiti. Zavattini (e in questo caso il nome assurge a simbolo di una tendenza, di un lungo e sotterraneo conflitto, di un principio
ampiamente dibattuto) ha meno conseguito l'ambizioso risultato attraverso il cinema, su cui aveva puntato le sue maggiori carte, solo in parte rendendosi conto che il mezzo era
giunto al massimo delle sue possibilità e si avviava verso un

ripiegamento, che attraverso la televisione, mezzo cui ancora verso la metà degli anni '70 non si pronosticava un gran sicuro avvenire nella direzione che qui ci interessa. Pensiamoci un po', sorvolando sulle miserie, sugli squallori, sulle volgarità che tanta TV ci propina, ed estraniandoci dal contesto per coglierne invece il senso ultimo: il video, con le sue inchieste tra la gente, con le trasmissioni di cui siamo i protagonisti, con gli spazi deliranti aperti a conduttori e a *opinion-makers*, con il confluire dei più svariati materiali visivi, con le dirette umanissime o sconvolgenti, con la fulmineità dei suoi spot e delle sue clip, è la realizzazione di antichi sogni zavattiniani, di tutti o *quasi* tutti. Almeno in teoria almeno una volta nella propria vita, ogni "uomo della strada" può cogliere l'occasione per raccontarsi; le immagini povere raccolte nella sua esistenza possono trovare uno spazio; il nostro occhio ha trovato il suo "buco della serratura", "pediniamo" senza nemmeno rendercene conto (e spesso senza che se ne rendano conto coloro che, per interposta persona, pediniamo); viviamo dappresso a "coinquilini" da cui ci separano distanze superiori a ogni "muro"; facciamo spettacolo con le nostre speranze o le nostre frustrazioni; ci conosciamo (o così ci pare) meglio un po' tutti. Bello, meraviglioso, davvero zavattiniano? Probabilmente è proprio il contrario. Ma, ai "propagatori inavvertiti", non si può chiedere tutto. Ai percorritori di terre sconosciute, agli scopritori di ritrovati tecnici-scientifici, agli indagatori dell'animo umano, agli esploratori dell'infinitamente grande o dell'infinitamente piccolo, non si chiede conto delle conseguenze negative del loro operato o del cattivo utilizzo che ne è stato fatto. Perché chiederlo a Zavattini che, nel suo preciso e inestimabile ambito, ha inventato *quasi* tutto? Forse perché questo *quasi* – la parola più ricorrente nelle pagine che gli abbiamo dedicato – vorremmo che non fosse esistito? No. *Quasi* è una parola magica, molto zavattiniana, che coniuga e connette il tutto. [*1988*] il mio zavattini

1. Cfr. Lorenzo Pellizzari, *Una conversazione con il medesimo [Zavattini]*, in *Cinema e cinema*, n. 20, luglio-settembre 1979, qui riportata.
2. Cfr. la monografia *Zavattini nella città del cinema*, in *Cinema e cinema*, fasc. cit.
3. Cesare Zavattini, *Basta coi soggetti!*, a cura di Roberta Mazzoni, Bompiani, Milano, 1979.
4. *Zavattini 1928. Corsivi per la "Gazzetta di Parma"*, a cura del Collettivo di Studio ITC-Suzzara, Gruppo di Cooperazione Editoriale, Suzzara 1973. Alcuni allievi del locale Istituto Tecnico Commerciale, coordinati dal professor Giovanni Negri, prima di pubblicare la preziosa raccolta dei primi testi giornalistico-letterari di Zavattini, incontrarono l'autore, discussero con lui il progetto e ne resero conto in questo volumetto (56 pagine) "collettivo" che ha tutto il sapore delle nuove utopie degli anni '70.
5. Cesare Zavattini, *Neorealismo ecc.*, a cura di Mino Argentieri, Bompiani, Milano, 1979, e *Diario cinematografico*, a cura di Valentina Fortichiari, ibidem.
6. Giacomo Gambetti, *Zavattini mago e tecnico*, Ente dello Spettacolo, Roma, 1986.
7. *Zavattini parla di Zavattini*, a cura di Silvana Cirillo, introduzione di Walter Pedullà, Lerici, Roma, 1980.
8. Lina Angioletti, *Invito alla lettura di Zavattini*, Mursia, Milano, 1978.
9. Franco Venturini, *Profilo di Zavattini: teoria e prassi creativa*, in *Bianco e Nero*, a. XVI, n. 1-2, gennaio-febbraio 1955.
10. Sandro Petraglia, *Cesare Zavattini teorico del neorealismo*, in *Il neorealismo cinematografico italiano* (Atti del convegno della X Mostra Internazionale del Nuovo Cinema), a cura di Lino Miccichè, Marsilio, Venezia, 1978 (II ed.).
11. Adelio Ferrero, *La "coscienza di sé": ideologie e verità nel neorealismo*, in *Il neorealismo cinematografico italiano*, cit.
12. Leonardo Quaresima, *De Sica - Zavattini*, in *Storia del cinema*, a cura di Adelio Ferrero, vol. II, Marsilio, Venezia, 1978.
13. Mino Argentieri, Introduzione a *Neorealismo ecc.*, cit.
14. Giorgio Cremonini, *Zavattini "teorico" e l'impossibilità del realismo*, in *Cinema e cinema*, fasc, cit.

97

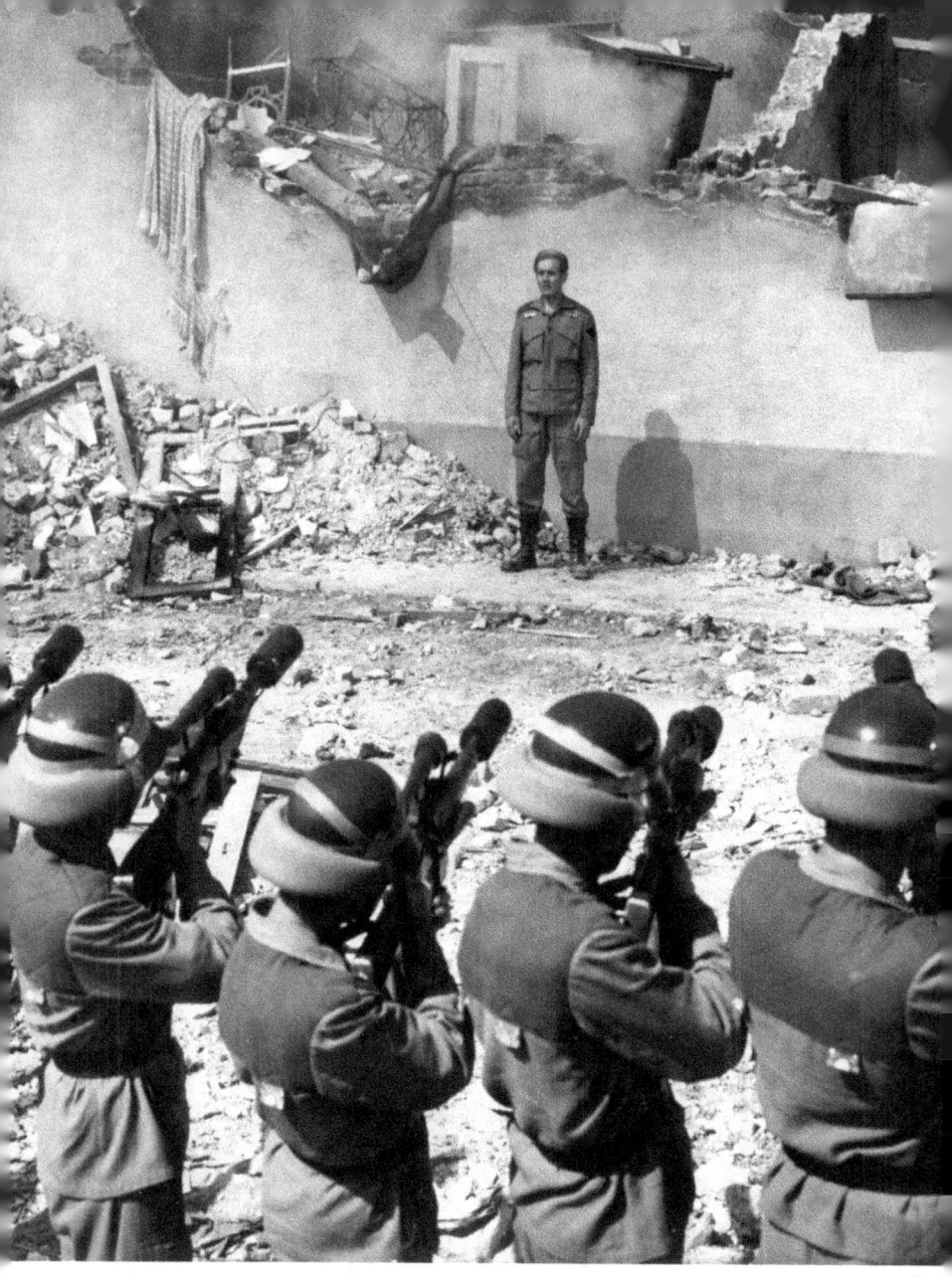

Anton Vidoljatt in *Rat* (*La guerra*, 1960) di Veliko Bulajić

Za voy[ag]eur

Per chi un po' l'ha conosciuto, Zavattini (d'ora in poi Za, in omaggio a una vecchia firma e a un vecchio vezzo)[1] si identifica maggiormente con il *voyeur* (non è sua l'idea di osservare il vicino di casa dal buco della serratura o quella di pedinare il possibile protagonista di una qualsiasi vicenda?) che con il *voyageur*. È facile immaginarlo frequentatore della linea ferroviaria Luzzara-Milano via Parma e poi della linea Milano-Roma via Porretta (quando i treni non imboccavano ancora le lunghe gallerie della "direttissima"), è altrettanto agevole pensarlo affacciato, basco in testa, cravatta colorata al vento, intento a cogliere – negli intervalli tra una chiacchierata-monologo e un'altra con il muto interlocutore di turno – i segni della primavera o quelli del progresso: come a dire i valori della tradizione che vanno pur perpetuati e quelli dell'innovazione che vanno pur incoraggiati. Niente, in questo primo scenario, sarebbe casuale: a Luzzara vi è nato, a Milano si è affermato come scrittore e uomo di editoria, a Roma si è radicato come uomo di cinema e di mille altre cose ancora. Ma anche le tappe intermedie – le stazioni di scambio o di transito – hanno il loro peso: Parma è l'approccio con gli studi e i primi faticati lavori; Porretta è il luogo di una delle tante utopie, quella Mostra del Cinema Libero che sarebbe potuta essere tutto ed è stata soltanto qualcosa (com'è giusto per un'utopia).

In realtà Za ha viaggiato moltissimo, sia pure a modo suo: con la fantasia prima che in treno o in aereo (a elica), e poi di nuovo, in età più avanzata, ancora con la fantasia. Me lo immagino meno in nave, perché chi è nato sulle rive del Po l'acqua la guarda scorrere e l'unico pensiero (oltre al traghetto fluviale o al passaggio su un ponte di barche) che gli può venire in mente è quello di una bella crociera sino alla mitica Venezia (anche questo è accaduto, come vedremo poi). Me lo vedo meno bene anche in automobile: mezzo un po' tronfio, un po' arrogante, facilmente attribuibile al signor Mobbi (il capitalista di *Miracolo a Milano*) o ai suoi emuli, il cui uso probabilmente avrebbe chiesto giustificazioni («mi hanno dato un passaggio degli amici», «è la macchina della produzione», «è lunga dalla stazione a qui», «ho fatto appena in tempo ad arrivare»), salvo – magari – non farsene troppi scrupoli nel *vero* privato (ma, si sa, ciascuno vive di contraddizioni, altrimenti morirebbe subito di anonimato, che non è una sorte gradevole).

Me lo vedo però benissimo, Za, viaggiare in astronave, per il semplice motivo che egli ha praticato questo mezzo per ben sette anni, i non più facili della sua vita e, con lui, della quasi totalità degli italiani. Sette anni dura infatti una sua particolarissima avventura di scrittore, un suo viaggio straordinario che non ha nulla da invidiare a quelli di Jules Verne, di Buck Rogers o di Flash Gordon. L'avventura inizia il 31 dicembre 1937 su una rivista della Mondadori che si chiama *I Tre Porcellini* (sì, proprio i *Three Little Pigs* di Walt Disney) e si protrae, su varie testate, sino al 1943, ed è il resoconto di una guerra tra l'intera umanità, eccezionalmente solidale dinanzi al comune pericolo, e i temibili saturniani, guidati dal minaccioso Rebo. La forma adottata è quella della grande saga a fumetti, che Za scrive assieme a Federico Pedrocchi per i disegni di Giovanni Scolari, un po' ingenui nel tratto ma assai minuziosi nelle scene di massa e di ambiente. Basta il primo episodio del racconto illustrato a decretarne il successo, ed è proprio questo successo a costringere a continue "riprese", a un susseguirsi di nuovi episodi (sempre più improbabili, narrativamente parlando) sino a raggiungere il numero di sette, quando finalmente *Saturno contro la Terra* (questo il titolo complessivo) cede le armi alla memoria dei ragazzini e alla passione dei collezionisti[2].

Dire "Zavattini in astronave" non è però del tutto esatto. I mezzi siderali (compresi certi giganteschi "imbuti aspiranti" o marchingegni capaci di spaccare la Terra in due per estrarne il nòcciolo) appartengono ai saturniani; all'antagonista di Rebo, il professor Marcus (un nome di famiglia viene attribuito al personaggio di questo "celebre astronomo"), si confà maggiormente il modesto aeroplano da caccia; e sono centinaia questi elementi dell'allora leggendaria "arma azzurra" a solcare i cieli delle vignette, di episodio in episodio, e in tutti gli angoli del pianeta. Ma è uno spirito pacifista, e non guerriero, a guidare l'inventiva di Za, il cui *alter ego*, appunto il professor Marcus, conclude la straordinaria avventura con una frase augurabilmente profetica ma forse non proprio coerente all'epoca della sua stesura (1943): «L'accaduto ci ha insegnato come l'umanità sia potente e forte quando sia unita e concorde per il comune benessere. Speriamo che questa concordia non abbia mai a infrangersi». E il ricordo corre subito ad altri esseri volanti – i *clochards* milanesi che a cavallo delle scope volteggiano sul cielo di Piazza del Duomo – e ad altro messaggio, quello che impone la ricerca di un paese «dove buon giorno voglia dire veramente buon giorno».

Lasciando perdere le astronavi e le scope volanti, Za sa anche viaggiare più basso, pur senza rinunciare a coniugare realtà e fantasia, e magari alternando le esigenze quotidiane del giornalista da consumo popolare e le ambizioni letterarie dell'intellettuale da approfondimento morale ed estetico. Questa non è ovviamente una ricerca, ma ci siamo consentiti almeno alcuni assaggi, sull'uno e sull'altro fronte: da un lato Za (anzi Zha), dall'altro Zavattini (rigorosamente senza Cesare).

Nel 1930, sotto l'improbabile pseudonimo di Kaiser Zha – la testata è il popolarissimo *Cinema Illustrazione* – il nostro autore viaggia con tanta assiduità da essere *habitué*, frequentatore eccellente, del "caffè dei divi", naturalmente a Hollywood, e da farsi cronista, per il grande pubblico, dei curiosi incontri colà verificabili. Il vezzo della corrispondenza simulata, del viaggio immaginario, dell'"inviato speciale" che non si è mai mosso dal proprio tavolino è un luogo ricorrente, da sempre, della stampa, e non solo di quella popolare e diversiva. Ma nello svolgere l'ingrato o graditissimo compito (dipende dai punti di vista, dalla convenienza o dalla pigrizia, dalla maggior o minor affinità con François-Xavier de Maistre o con Ernest Hemingway) Za – anzi Zha – è di una abilità mostruosa e di una creatività sublime: in lui il *divertissement* cede i toni dello sberleffo a quelli dell'epopea. Ma ascoltiamo il corrispondente dell'altrettanto immaginaria "Fort Universal Presse", seduto al suo tavolino dell'hollywoodiano Café de Montmartre, che relaziona i propri lettori:

Vidi Greta Garbo che si annoiava davanti a un mélange di cioccolato e panna ornata con fragole del Caucaso, vidi Gloria Swanson stritolare con i suoi cari dentini le zolle di zucchero; Douglas [Fairbanks] faceva curiosissimi giuochi di prestigio con le tazze da the. Appartato se ne stava Buster Keaton e nei suoi grandi occhi mansueti si rifletteva quel mondo come sulla superficie di un tetro lago. [...] A un tratto un mormorio generale e concorde aguzzò la mia attenzione: in quel momento stava entrando il signor Charlie Chaplin, ovverosia Charlot. Lo seguivano alcuni personaggi del tutto insignificanti, i quali speravano, evidentemente, di essere scoperti da lui. Charlot si sedette vicino ad Harold Lloyd, il quale, dopo aver salutato con rispettosa effusione il grande umorista, continuò imperturbabile a lanciare le pallottoline di carta contro Wallace Beery. Notai Adolphe Menjou che, non sapendo dimenticare completamente le sue origini, quando sentiva chiamare: "cameriere" riusciva a stento a restar fermo al suo posto. Greta Garbo si alzò e, dopo aver sorriso ai presenti, uscì seguita dal suo paggio senegalese. Subito John Gilbert, con l'aria più indifferente del mondo, si eclissò per una porticina laterale. [...] Sulla porta si incontrarono con Al Jonson, il quale teneva per mano un bambino. «Cantami Sonny Boy» cinguettò il bambino. Al Jonson non seppe dire di no e cominciò la patetica e famosa romanza. Dopo cinque minuti nel Caffè eravamo soltanto in quattro: Al Jonson, il bambino, io e Charlot. A mezzanotte uscimmo tutti insieme mentre il bambino piagnucolava: «*Cantami Sonny Boy*»[3].

Che fa intanto il letterato? Distilla quei succhi, quegli umori, li predispone a una centinellazione per il lettore colto: quello che si appresta a degustare, giudiziosamente scaglionati in un decennio ('31, '37, '41), "i tre libri" cui Za deve la sua fama letteraria, altrettanto piccola serie di viaggi all'interno e all'esterno della coscienza, del sogno, dell'intuizione, del gioco verbale, del sottile umorismo quotidiano. Il "viaggio", che è soltanto metaforico in *Parliamo tanto di me* e traslato ne *I poveri sono matti*, ha due occasioni per materializzarsi in *Io sono il diavolo*. Nel brano intitolato *In aeroplano* vi è la descrizione, che pare metodica, di un volo tra una città e un villaggio, con l'apparizione a un certo punto di un fiume, una repentina dichiarazione, quasi un sussulto («Io non voglio morire al mio paese, là tornerò terra, mentre in mezzo alle grandi case della città potrei risvegliarmi un mattino») e, alla fine della breve prosa, una totale inversione di rotta: «L'aeroplano scende e io sono un ragazzo affacciato alla finestra che dice: guarda un aeroplano»[4]. Nessun viaggio, ma solo il sogno di una cosa, nessuno spostamento ma solo un radicamento, nessuna partecipazione attiva alla visione ma solo l'immaginazione di quel partecipare. Sembra quasi il rapporto di Za con il cinema...
Secondo brano (che, nel sommario di *Io sono il diavolo*, viene per primo). Si intitola esplicitamente *In viaggio*, e questa volta il mezzo è il treno. Qualcuno teme di diventare pazzo e si muove per raggiungere il proprio paese, un luogo ove tutti lo conoscono e che poi, in quella stagione, si colora tutto di rosa durante il tramonto. Al muto (ma partecipe) compagno di viaggio il lucido folle si apre e si espone, *lo* apre e *lo* espone: «In fondo, non mi spaventa la pazzia? Si sentirà il sapore dei cibi, il gusto del bere? Mi basta così poco per essere contento. Guardate che colori», e mentre asserisce ciò il narratore, «con i tetti del paese ormai a poche centinaia di metri», avverte un mutamento: «Egli era diventato rosso, anche l'Aria, anche le mie mani»[5].

Con quale viaggiatore dobbiamo insomma fare i conti? Forse con qualcuno che in realtà non si è mai mosso dal suo paese, da *Un paese* (proprio quello interpretato nel 1955 da Paul Strand e reinterpretato nel 1976 da Gianni Berengo Gardin)[6], o a che a esso è disperatamente – speranzosamente – avvinghiato? Proviamo, quasi a caso, un altro reperto, tuttavia già annunciato. Nello stesso anno 1947 – in cui da un lato ribollisce il grosso progetto di *Italia mia*, film-viaggio per antonomasia, "tradito" da De Sica e da Rossellini ma soprattutto dalle contingenze produttive e dalle circostanze politiche, e dall'altro la mancata concessione a Za del visto d'ingresso negli Stati Uniti che impedisce il viaggio-film nella memoria hollywoodiana – in un agosto di tregua luzzarese nasce il soggetto de *La grande vacanza*, storia da caffè o da osteria, sorta di prestata d'orecchio alle fabulazioni paesane, ma anche sunto allusivo dell'esistente. Il *treatment* racconta di come un giorno i luzzaresi, previo il versamento in moneta di L. 1500 a testa, potessero imbarcarsi in ottanta uomini e venti donne su un barcone chiamato *Bice*, facendo rotta su Venezia lungo le acque del Po; di come si formasse la comitiva e quali fossero gli incidenti o i benefici del percorso; quali si rivelassero le sorprese e le delusioni della città lagunare e come ben presto, per i superstiti, incombesse il ritorno; non senza che il barcone desse l'addio a Venezia passando «davanti a una corazzata americana, tutta brillante di luci, ancorata davanti alla Riva degli Schiavoni»[7], a simbolo di un mondo né qui né là visitabile, di un viaggio impossibile quasi quanto quello della *Bice*: né film (il soggetto è rimasto nel cassetto) e magari nemmeno cronaca vera.

Lo so, Za ha viaggiato, sul Po come sui grandi film della Storia, ma l'accenno al viaggio autentico viene voglia di protrarlo. Sarà che, mentre le parole scritte mi soccorrono, immagini altrettanto rassicuranti non ne ritrovo. E invece ecco, pescando nella modesta videoteca domestica, compare anche un reperto filmato. Compare e scompare, perché qualcuno mi suggerisce possa trattarsi di una messa in scena, di un "promo" non del tutto attendibile. Ma tanto vale affidarsi al fascino dell'immagine+movimento+parola+suono che chiamiamo, a seconda dei casi, documento filmato o film documentario.

Questo spezzone, firmato da Fabio Carpi e girato a Parigi nel 1967, in occasione di un infelice film di De Sica, *Sette volte donna* (con Shirley MacLaine), come "documentario" è abbastanza bizzarro. Seguiamo De Sica e Zavattini che percorrono gli Champs-Élysées dall'Arc de Triomphe sino ad Avenue Georges V, con il regista che invita il suo sceneggiatore a stare attento ad attraversare la strada e lo sceneggiatore che prospetta al regista di innevare l'intero viale («c'è una macchina adesso che fa cadere la neve, e voi con i vostri mezzi...»), con i due che si ripromettono di visitare mostre d'arte (per Za, in primo luogo, quella del suo amico Gribaudo, e poi, ovviamente, come suggerisce anche De Sica, quella di Picasso), ancora con i due che si ritrovano sperduti su un set molto fittizio di una Parigi tutta dipinta (e «abbastanza male», ammette il regista) e il solo Za sperduto, con il lucido cranio e l'occhio vigile, lui solo inattivo in mezzo ai tanti collaboratori di scena, mentre la protagonista giace inerte su un letto come una bambolona. Raccontato, lo spezzone dice poco, ma offre una prima prova: Za era lì, a Parigi, anno 1967, stava al gioco di fare un po' il matto e compariva perfino nei dipressi di una macchina da presa, lontano quanto bastava da via Sant'Angela Merici o dai soggiorni a Luzzara. Che poi il tutto sia giunto a noi attraverso un lungo programma televisivo dedicato al "distante" Luchino Visconti, è proprio un'altra storia[8].

Ma sempre a proposito di viaggio, ecco che quel piccolo *sketch* sugli Champs-Élysées, quella breve "interpretazione", quasi una "comparsata", riporta all'ultima e straordinaria avventura errabonda di Za: il viaggio de *La veritàaaa*, durato dieci anni nelle secche delle varie stesure e nei gorghi degli approcci con le strutture cinetelevisive, risolto alla fine prendendo in mano il timone ed esibendo tutto se stesso. Un protagonista "folle", ma di quella stessa follia del compagno di treno nel raccontino più sopra ricordato; il viaggio che è una fuga dal principio alla fine (il personaggio di nome Antonio – lo stesso di

Ladri di biciclette, lo stesso della *pièce* Come si scrive un soggetto cinematografico – «fugge essendo convinto che il male
di cui soffre l'umanità è così grave e estremo, e lui vuol dire
l'odio e l'ignoranza effettiva da cui nascono crescenti sciagure
e prepotenze, che non si può rinviare la soluzione neanche di
un giorno»)[9]; un "film da camera", come lo definisce lo stesso
Za, apparentemente claustrofobico (tutto girato com'è in un
piccolo, improvvisato studio), che ci consente invece di spaziare e di vagare senza limiti per ogni dove e per ogni quando.
Nel 1980, a ottant'anni, Za ha con fatica realizzato il proprio
sogno: compiere da fermo, come i ciclisti in pista nella fase di
souplesse che precede il repentino scatto, il suo viaggio più
lungo e definitivo. Un viaggio in comune che ricorda quello
di una sua vecchia poesia dialettale, entrambi riassumendo –
la poesia e il film – una concezione di vita:

Invern'e istà
a me m'adveva sempr'in di cortei
sota cartei cm'insema seret basta!
A intreciava i bras
cun on cun doni ad töt i età
senza dmandarg'al nom,
e andaum.

(Estate e inverno
mi si vedeva sempre nei cortei
sotto cartelli dov'era scritto basta!
Intrecciavo le braccia
con uomini con donne d'ogni età
senza domandargli il nome
e andavamo).[10]

Avviciniamoci, un poco alla volta, a Za viaggiatore, spostando
il tiro dalle storie letterarie alle storie per il cinema. La continuità non è così palese come si vorrebbe o si dovrebbe, e i due
mondi – non i due approcci – restano abbastanza separati.

Questa non è una ricerca metodica, ed ecco allora qualche semplice tentativo di assaggio, a memoria, fra soggetti realizzati e sceneggiature messe in atto.

Il tema del viaggio, l'idea del film *on the road*, il partire-lo spostarsi-il tornare non si direbbero tipici della pur variegata ed eclettica filmografia di Za. Da un lato la fantasia vagamente surreale o l'avventura speculativa interiore, dall'altro (tipica del neorealismo) la scoperta della realtà che ci circonda, che viviamo da sempre e che ora preme per essere esplorata, non implicano il concetto di spostamento del personaggio (si sposteranno, tutt'al più, coloro che vogliono narrarlo, descriverlo e stimolarlo). Viaggiano i signori e i vagabondi, non gli uomini della strada che sono – per eccellenza – uomini *di una* strada, di un quartiere, di una zona ben delimitata. Ciò che, come massimo, essi possono affrontare sono i percorsi urbani (*Avanti c'è posto...*, *Sciuscià*, *Ladri di biciclette*, *Miracolo a Milano*, *Prima comunione*, *Bellissima*, *Umberto D.*, *Roma, ore 11*, *Un marito per Anna Zaccheo*, *L'oro di Napoli*, *Il tetto*, *Il giudizio universale*, *Il boom...*), i tragitti città-campagna (*Quattro passi fra le nuvole*) o città-mare (*Domenica d'agosto*), le "clausure" di ordine vario (*Un giorno nella vita*, *Il cielo è rosso*), le false evasioni (*Cinque poveri in automobile*, *È primavera*) dettate da eventi straordinari quali una vincita alla lotteria o il servizio militare, gli spostamenti dovuti ai disastri della guerra (*La ciociara*, *I girasoli*) o della malattia (*Una breve vacanza*). Persino *Stazione Termini*, luogo per eminenza di "gente che va, gente che viene", diventa il duplice ed equivoco simbolo di una mancata partenza: quella del personaggio maschile ma anche quella di un progetto internazionale. E perfino i film "corali", zavattiniani quasi al cento per cento sin dal titolo (*L'amore in città*) o dal tema domestico (*Siamo donne*, in origine *Noi donne*) o dall'aggregazione sociologica (*I misteri di Roma*), si affermano come radicamenti, quelli stessi che *Ligabue*, ancorato sugli argini del Po, o il già citato *La veritàaaa*, concepito e realizzato in famiglia, confermano ad abbondanza.

Ma già spulciando in questa sommaria filmografia zavattiniana, con qualche altro titolo che adesso verrà citato, e poi
estendendo il ricorso a un diverso tipo di strumenti, ecco che
si inizia ad avvertire – al di là del ricorrente moto centripeto
– un mito centrifugo. A partire dagli anni '60 – gli stessi anni
in cui l'Italia scopre aeroplani non più a elica, autostrade,
boom economici, impatti internazionali, virus terzomondisti,
acculturazioni antropologiche e sussulti di ideologie varie –
che ci stanno a fare, nell'elenco delle opere attribuibili a Za[11],
film come lo slavo *Rat* o i caraibici *Cuba baila* e *Historias de
la Revolución*?
Ci stanno, ci stanno, ora perché si tratta di vecchie idee (il film
di Veliko Bulajić) risorte a nuova vita in contesto diverso, ora
perché si tratta di assumere in blocco (i film di Julio García
Espinosa e di Tomás Gutierréz Alea) le nuove idee del vecchio
Za che in quell'anno di felice internazionalismo, il 1960, ha
soltanto cinquantotto anni ma si atteggia e si impone già
come un patriarca. Verrebbe voglia di dire: "come un aggettivo", ma l'affermazione va spiegata. Dal dopoguerra a oggi,
a fasi ricorrenti, qualche volta durature, qualche volta effi-
mere, l'impulso o la pigrizia delle definizioni ha fatto sì che
qualche autore di cinema (il suo cognome, intendo) sia stato
aggettivato per render conto della sua influenza o del suo apporto indiretto o della sfera in cui altre opere e altri autori potevano rientrare. Ed ecco hitchcockiano e buñueliano,
bergmaniano e godardiano, rosselliniano e antonioniano, sino
a felliniano e wendersiano e... (lo spazio è libero, a scelta). Zavattiniano – onore allo sceneggiatore, mai più toccato dai
tempi di Prévert – è stato però uno dei termini più ricorrenti.
Tutto comincia dal neorealismo, da questo modo di fare cinema, di inventarsi un rapporto con la realtà, di imprimere un
tono alle immagini e alle storie che caratterizza quasi tutto il
dopoguerra produttivo italiano e che tocca – quasi contagia –
risultati di vario livello o addirittura di varia posizione ideologica. E, nel neorealismo (anche inteso come movimento,
come scuola, come nucleo di promozione progressista, come

centro di contropotere), Zavattini è da subito *magna pars*. Tanto che a lui – insieme a Rossellini – viene da attribuire non soltanto il merito della diffusione "conoscitiva" del neorealismo italiano nel mondo, ma anche e soprattutto quello di una diffusione "operativa". Ecco, nel 1956, un singolare libretto (nasce infatti da conversazioni radiofoniche) di Giulio Cesare Castello che è una sintesi molto didattica (e molto "neutrale" rispetto alle polemiche del tempo) di ciò che il neorealismo possa davvero rappresentare, e in questa sintesi un altrettanto singolare capitolo è dedicato a "Avvenire e influenza del neorealismo"[12]. Secondo Castello, che pure si muove nelle sue affermazioni con molta cautela (parla di coincidenze, di influssi indiretti, di suggestioni), numerose sono le filiazioni in giro per il mondo, buona parte delle quali – aggiungiamo noi – di chiara paternità zavattiniana. L'elenco include, alla rinfusa, *La bataille du rail* di René Clément (lo stesso regista per il quale Za avrebbe collaborato in *Au delà des grilles*, girato in una Genova tra il veristico e il neorealistico), *Die letzte Chance* dello svizzero Leopold Lindtberg, *The Naked City* di Jules Dassin, *The Quiet One* di Sidney Meyers, *Little Fugitive* di Ray Ashley, Morris Engel e Ruth Orkin, *Marty* di Delbert Mann, *Bienvenido, Mr. Marshall!* di Luis G. Berlanga, *Muerte de un ciclista* di Juan Antonio Bardem, *Kiriakatiko Xypnima* del greco Mikhalis Kakogiannis (Cacoyannis), *Die letzte Brücke* di Helmut Käutner, *Gembaku No Ko* del giapponese Kaneto Shindo, *Raíces* del messicano Benito Alazraki, *Do Bigha Zamin* dell'indiano Bimal Roy, e poi opere di Louis Daquin, di Jean-Paul Le Chanois, di Jacques Becker... E non è, a ben guardare, millantato credito: basterebbe confrontare, con molta pazienza, personaggi, situazioni, toni descrittivi di questi film e, poniamo, di *Sciuscià* o *Ladri di biciclette* o *Umberto D.* per averne conferma. Anche per poter immaginare uno Za propagatore e diffusore di se stesso, della sua ottica, della sua estetica, della sua etica, incorporeamente in giro per il mondo.

Ma il mondo, a un certo punto, Za comincia veramente a viaggiarlo. Lo si desume dal *Diario cinematografico* (pubblicato a partire dal 1948 e intensificato da quando nel 1952 diventa rubrica fissa – e attesissima, seguitissima – su *Cinema Nuovo*)[13], dalla corrispondenza parzialmente raccolta in *Una, cento, mille lettere*[14], dai documenti che affiorano dall'Archivio personale in via diventare pubblico[15]. È una mappa che si disvela, una ragnatela che si espande, un filo (naturalmente rosso) che si dipana. Accanto a viaggi ben noti ai cultori del mondo zavattiniano (per esempio la reiterata esperienza cubana, momento di propagazione ma anche di ispirazione) o a tappe d'obbligo nella vita di un cineasta "moderno" (i vari festival, le assegnazioni di premi, le partecipazioni a convegni, qualche occasione ancora più ufficiale) ne compaiono altri meno risaputi o addirittura sorprendenti. Pare di capire – e qualche caso lo vedremo nel dettaglio – che, con la sua aria di viaggiatore occasionale e qualche volta sprovveduto o persino troppo avveduto[16], Za sappia benissimo come potrebbe organizzare il mondo (quello stesso che ha combattuto contro Saturno e il suo tiranno) o almeno il cinema – un certo cinema – in tutto il mondo; perché nella diversità, che va preservata, popoli e genti, usi e costumi, tradizioni e innovazioni si assomigliano e anche perché il baraccone del cinema ha ovunque regole e fatiche fisse.

Per esempio, è incantevole e altamente suggestivo seguire Za nel suo viaggio in Olanda (novembre-dicembre 1951) sulle tracce di Vincent van Gogh alla cui vita dovrebbe dedicare un film (il viaggio terminerà ad Arles,con un'annotazione che è già un'idea portante: «in stazione soffiava il mistral che faceva traballare il cavalletto di Van Gogh»): la pittura – da pittore – gli interessa moltissimo, ma l'attrazione estetica è ben presto superata dalla passione per l'uomo, dalla curiosità espressa nel riconoscere i luoghi, nell'ascoltare i testimoni superstiti, nel tentare di ricostruire azioni e situazioni. (Vent'anni dopo ne troveremo tracce visive nel documentario televisivo di Luciano Emmer, *Zavattini e il "Campo di grano con corvi" di Van Gogh*).

Per esempio, un viaggio in Spagna, nell'agosto del 1954, in compagnia del regista Berlanga, gli consente di inventare sul campo, tappa dopo tappa, un film (che non si farà mai) densissimo di intuizioni e di consapevolezze. Per esempio, il viaggio in Messico, del giugno-luglio 1955, gli ispira un'intensa "puntata" di diario che lo colloca tra i grandi osservatori della realtà di quel paese e dà il via a quell'indissolubile legame, tutto umorale, fatto di astratte concretezze, fra Za e il mondo latino-americano: legame che il viaggio in Argentina e il primo dei viaggi a Cuba consolideranno.

Proprio nel 1955 l'internazionalità di Za viene riconosciuta dall'assegnazione di un premio ambito quanto imbarazzante: è noto come Premio Lenin ma, nelle loro cronache, i giornali (anche di sinistra) si limitano a definirlo "Premio internazionale della pace", a ricordare che, insieme allo sceneggiatore italiano, vengono onorati Joris Ivens, Édouard Herriot, Josué De Castro e Béla Bartok, a riportare l'eco dei festeggiamenti romani, proprio negli stessi giorni in cui *Marty* vince la Palma d'oro a Cannes e il democristiano Giovanni Gronchi assume la presidenza della Repubblica italiana. Za si recherà a Helsinki a ritirare il premio il 29 giugno ma, a quanto risulta, non ha mai pubblicamente raccontato gli aspetti della cerimonia. È però «molto orgoglioso di questo premio (forse il più bello perché si intitola alla Pace e così illustre che sento di meritarlo solo in parte)»[17]; lo comunica al sindaco di Luzzara, devolvendo in beneficienza i due milioni e mezzo di franchi francesi della dotazione, e pare un modo generoso di riportare a radici molto nostrane quell'etereo riconoscimento, e anche una maniera elegante di togliersi qualche imbarazzo.

Il premio, si direbbe, ha comunque il pregio di aprire a Za certe strade dell'Est, e proprio – contrapposta alla "Pace" – a proposito di "Guerra": l'omonimo progetto di film dovrebbe concretizzarsi in Ungheria nel 1958 (avverrà due anni dopo in Jugoslavia) e intanto, nello stesso anno, Za è membro della giuria del festival cecoslovacco di Karlovy Vary, accolto con grande emozione e simpatia. Nel '58 nasce anche l'idea di fare un film sull'Egitto, sul nuovo e promettente Egitto nasseriano che pare compendiarsi nel grandioso sogno tecnologico della diga di Assuan. Tutto il mondo sembra ribollire di nuovi assetti, che il cinema dovrà rivivere e documentare, ed è il momento in cui Za non solo dichiara la propria disponibilità ma diventa anche una sorta di commesso viaggiatore dell'idea cinematografica. A Est, a Sud le cose – anche se limitate alle parole o, come massimo, alle fasi progettuali – sembrano andare bene. Sarà lo stesso a Ovest?

Con l'Ovest, inteso come Stati Uniti d'America, il grande condizionatore della vita economica e *quindi* cinematografica del dopoguerra europeo, italiano in particolare, neorealistico nel dettaglio, il rapporto è combattuto. Nel 1951 v'è stata la mancata concessione a Za del visto USA, il che ha fatto sì che De Sica sia partito da solo, che in tre mesi di soggiorno non abbia combinato nulla, che i rapporti fra i due si siano vagamente guastati, che l'unico frutto della collaborazione con gli americani (con uno di loro, dal nome celebre David O. Selznick e dalla celebrabile moglie Jennifer Jones) sia risultato *Stazione Termini*, qualcosa ai limiti del compromesso. Il 24 giugno del 1955 Za respira l'aria degli Stati Uniti, ma solo perché il suo aereo diretto in Messico transita per l'aeroporto Fiorello La Guardia, giusto il tempo per effettuare una piccola operazione postale («Caro Aristarco, imbucherò a New York questa puntata del Diario che comincio a scrivere dieci righe adesso e dieci righe fra un poco o quando avrò voglia»). Solo nel 1966, con De Sica, Za tocca veramente il suolo americano, ma – come deprecare il quotidiano *Il Tempo* – sbaglia tattica ancora una volta: appena arrivato, infatti, sottoscrive una protesta contro la politica di Johnson nel Vietnam e si merita un voluttuoso commento del giornale romano. «Bravissimo! Con una mano firma, tanto per non perdere l'abitudine quando sta all'estero, e con l'altra incassa i dollari dei capitalisti. Se non c'era la guerra nel Vietnam bisognava inventarla per questi grandi ribelli, che altrimenti non avrebbero potuto dormire sonni tranquilli sui letti di Beverly Hills»[18]. Perché giunga un riconoscimento americano alla persona bisognerà attendere il 24 marzo 1977, quando la Writers Guild of America attribuirà il proprio "Medaillon" (già eccezionalmente consegnato nel 1972 a un grande reprobo, Charlie Chaplin) allo sceneggiatore di *Shoe Shine* e di *Bicycle Thief* (ma Za resta in Italia, e incarica del ritiro P.M. Pasinetti). Certi viaggi è meglio evitarli, si sbaglia sempre. È successo dieci anni prima, in occasione del cinquantesimo anniversario della Rivoluzione d'Ottobre, quando il Partito comunista italiano ha inviato a Mosca una delegazione del mondo culturale e qualche organo di stampa – per esempio l'autorevole *Corriere di Foggia* (come a dire la *Gazette de Tarascon* di daudetiana memoria) – ha trovato a ridire sulla rappresentatività dello storico Paolo Alatri, dell'archeologo Ranuccio Bianchi Bandinelli e dello stesso Za[19]....

Del resto, quando Za ha compiuto il suo ultimo viaggio, il 14 ottobre 1989, ancora una volta da Roma a Luzzara, alle esequie di "rappresentativo" c'era soltanto lui: assenti registi e attori, uomini di cinema e uomini di cultura, come recitavano diligentemente i giornali. Quegli stessi giornali dimenticavano o sottovalutavano i veri, gli estremi accompagnatori del viaggio: le persone "semplici" e "normali", quelle stesse per le quali Za aveva operato, convenute a migliaia a quell'ultimo appuntamento. Era il modo migliore per ricordare che l'autore di *Parliamo tanto di me* aveva soprattutto parlato degli altri e per gli altri. E che aveva "guardato" prima ancora che "viaggiato". [*1990*]

---

1. La firma "Za" risale alle primissime prove giornalistico-letterarie di Zavattini, quando egli, nel 1928 teneva due rubriche per la *Gazzetta di Parma*, che si chiamavano *Andantino e Dite la vostra*. I relativi testi sono raccolti nel prezioso fascicolo *Zavattini 1928*, a cura del Collettivo di studio ITC-Suzzara, Gruppo di Cooperazione Editoriale, Suzzara, 1973.

2. I sette episodi sono raccolti in Zavattini, Pedrocchi e Scolari, *Saturno contro la Terra*, "Almanacco di Linus 1969", Milano Libri Edizioni, Milano, 1968. Il grosso volume è privo di ogni apparato informativo, per cui si rimanda a: Piero Zanotto, *Zavattini contro la Terra*, in Linus, n. 43, ottobre 1968, e Franco Fossati, *I fumetti in 100 personaggi*, Longanesi, Milano, 1977, pp. 65-68.

3. Kaiser Zha, *Il caffè dei divi*, in *Cinema Illustrazione*, 22 ottobre 1930; ora in Lorenzo Pellizzari (a cura di), *Hollywood anni trenta: le pratiche produttive e l'esibizione del privato*, La Biennale di Venezia, 1982, pp. 89-92.

4. *In aeroplano*, da: Zavattini, *Io sono il diavolo*, Bompiani, Milano, 1941, pp. 145-147.

5. *In viaggio*, da: Zavattini, *Io sono il diavolo*, cit., pp. 35-37.

6. Cfr. Cesare Zavattini, *Un paese*, fotografie di Paul Strand, Einaudi, Torino 1955, e *Un paese vent'anni dopo*, fotografie di Gianni Berengo Gardin, Einaudi, Torino, 1976.

7. *La grande vacanza*, in: Cesare Zavattini, *Basta coi soggetti!*, a cura di Roberta Mazzoni, Bompiani, Milano, 1979, pp. 254-260. In una nota finale allegata al soggetto (che la curatrice riporta a p. 331) si legge: «è necessario, indispensabile ripercorrere con un motoscafo tutto l'itinerario percorso dalla *Bice*, cogliendo quelle suggestioni che solo l'incontro con la realtà può dare».

8. Cfr. *Per Luchino Visconti*, un programma di Caterina d'Amico de Carvalho, Vieri Razzini, L'Officina Filmclub, produzione Rai, Terza Rete.

9. Cfr. *Nota introduttiva* a *La veritàaaaaaaaaaaaa* [scritto con 13 "a"] (*Versione film da camera*), copia dattiloscritta inedita, archivio Pellizzari, Milano.

10. *Basta!* in: Cesare Zavattini, *Stricarm' in d'na parola* (*Stringermi in una parola*), 50 poesie in dialetto, All'Insegna del Pesce d'oro, Milano, 1973, pp. 112-113. Si richiama l'attenzione, per temi analoghi, su un libro dialettale ancora più raro: Cesare Zavattini, *A vrée* (*Vorrei*), a cura di Giovanni Negri, Bottazzi, Suzzara, 1986.

11. Forse non esiste ancora una filmografia zavattiniana attendibile al cento per cento. La citazione del suo nome nei titoli di testa non è motivo sufficiente ad avallare una paternità o una collaborazione, mentre l'esclusione dello stesso nome potrebbe essere più ampia di quanto lo stesso autore ricordasse o volesse ricordare. Personalmente mi sono a lungo basato sulla filmografia stabilita per *Zavattini nella città del cinema* (a cura di Lorenzo Pellizzari), in *Cinema e cinema*, n. 20, luglio-settembre 1979, con le correzioni o integrazioni apportate in occasione del volume *Zavattini cinema* (a cura di Tullio Masoni e Paolo Vecchi), Reggio Emilia, 1988; quest'ultima basata anche sulla filmografia stabilita da Pier Luigi Raffaelli, in: Giacomo Gambetti, *Zavattini mago e tecnico*, Ente dello Spettacolo, Roma, 1986. Successivamente ha forse detto la parola "fine" il medesimo Gambetti nel suo *Cesare Zavattini. Guida ai film*, I.COM, Roma, 1994.

12. Giulio Cesare Castello, *Il cinema neorealistico italiano*, "Classe Unica" n. 30, Edizioni Radio Italiana, [Torino], 1956.

13. Cfr. Cesare Zavattini, *Diario cinematografico*, a cura di Valentina Fortichiari, Bompiani, Milano, 1979. Il lavoro svolto dalla curatrice è egregio anche per quanto riguarda piccole informazioni di cui mi sono qua e là avvalso o che mi hanno confortato.

14. Cfr. Cesare Zavattini, *Una, cento, mille lettere*, a cura di Silvana Cirillo, Bompiani, Milano, 1988.

15. Devo alla premura di Pier Luigi Raffaelli e alla cortesia di Arturo Zavattini le fotocopie di alcuni materiali (ritagli stampa, lettere, ecc.) che mi sono state assai utili.

16. Riporto, a titolo esemplificativo dell'atteggiamento di Za viaggiatore, un divertente brano datato 18 gennaio 1958: «Vado a Parigi per lavorare due settimane con Jacques Becker, su un aereo dell'Alitalia. Danno la colazione senza dolce. Uno domanda perché. La hostess dice che sui quadrimotori sì, sui bimotori no. Poi il capo spiega che la decisione è frutto di conferenze e patti tra le compagnie di volo. Il dolce, cioè una pastarella, costa cinquanta lire. Lo fanno per spingere i viaggiatori a usare solo quadrimotori? Non prenderò più quadrimotori, per timore che credono che lo faccio per la pastarella». Cfr. *Diario cinematografico*, cit., p. 135. Dal *Diario* derivano anche i riferimenti seguenti, se non diversamente specificati.

17. Cfr. *Una, cento, mille lettere*, cit., pp. 191-192.

18. *Zavattini a Hollywood* (rubrica "Specchio curvo"), in *Il Tempo*, 30 aprile 1966. Il corsivo è anonimo; noto invece è il nome del titolare, da tempo immemorabile, della critica cinematografica per quel quotidiano, nonché la sua avversione per il neorealismo. Mi riferisco evidentemente a Gian Luigi Rondi.

19. Cfr. Anonimo, *La "cultura italiana" a Mosca*, in *Il Corriere di Foggia*, 2 novembre 1967.

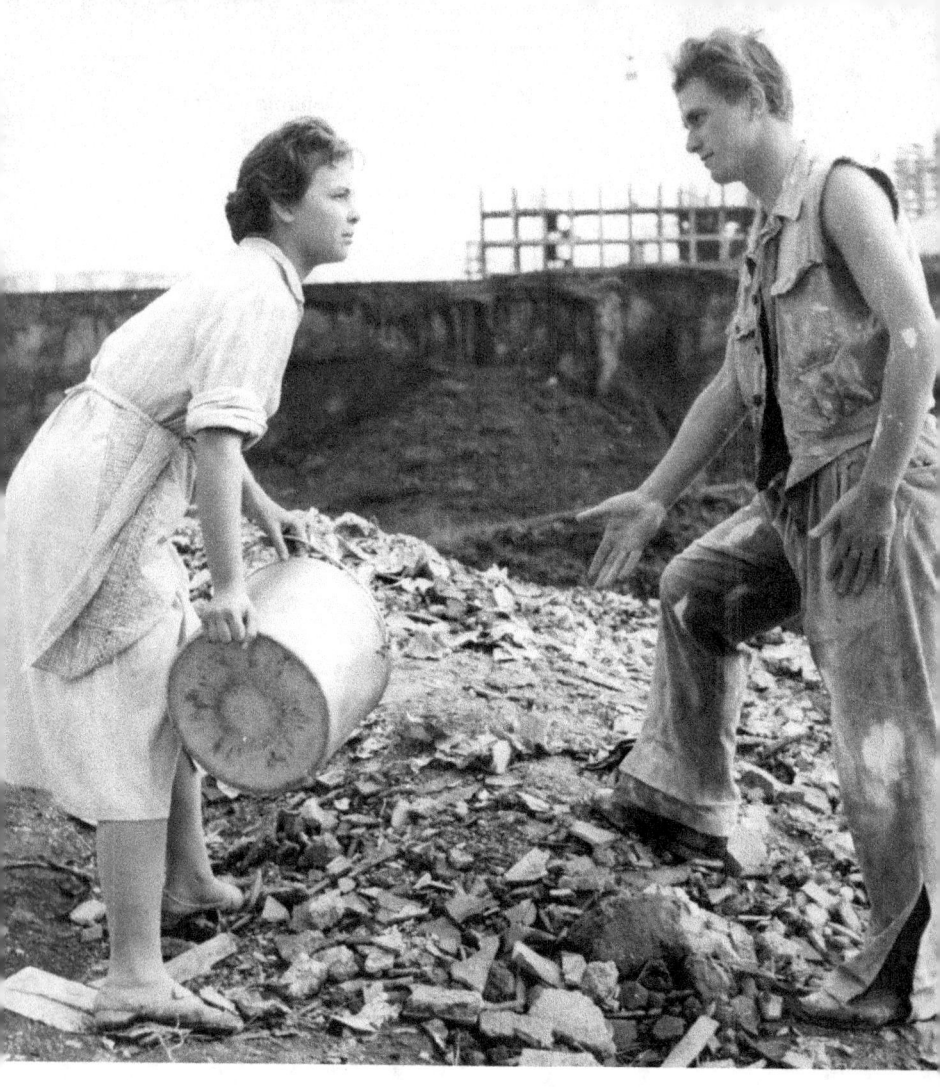

Gabriella Pallotta e Giorgio Listuzzi in *Il tetto* (1955) di Vittorio De Sica

Za e la realtà della fantasia

C'è una dichiarazione di Cesare Zavattini, registrata nei primi anni '60, dalla quale conviene muoversi come punto di partenza di un tentativo di analisi e come punto di arrivo di un percorso che, allora, si era appena snodato attraverso i perigliosi anni '50. Ma non senza tener conto degli antecedenti: tutto ciò che precede quegli anni, secondo un unico e ininterrotto processo di formazione o di recupero di sé[1].

Con una sola premessa. Non si dovrebbe poter distinguere fra Zavattini scrittore *tout court* e Zavattini scrittore per il cinema, giacché – specie negli anni '50 – il primo (che pubblica in volume *Ipocrita 1950*, 1954; *Ipocrita 1953*, 1955; *Un paese*, in collaborazione con il fotografo Paul Strand, 1955) offre spunti e anticipazioni al secondo, e il secondo offre materia di riflessione e memoria al primo (vedasi, per esempio, il *Diario* tenuto su *Cinema Nuovo*). Ma la materia diventerebbe sterminata, come sterminato e spesso indistricabile sarebbe il riferimento, da un lato, alla ricca corrispondenza che l'autore intrattiene (per esempio con il suo editore Valentino Bompiani)[2] e, dall'altro, alle sceneggiature, spesso meno sentite, spesso a più mani.

Oggetto di questa analisi saranno quindi principalmente i soggetti che Zavattini ha elaborato in modo originale, con particolare riguardo per quelli ignoti in forma scritta (ovvero gli scritti sinora inediti). Insomma una sorta di piccolo o grande viaggio tra gli appunti e gli spunti di un letterato *sui generis* per un cinema fatto da altri, spesso travisante o addirittura non giunto in porto. Ed ecco la confessione già richiamata.

Si ha un bel dire che l'artista è intuitivo, ma io vedo anche oggi tanti miei amici – e del resto grandi uomini del passato – avere una coscienza critica notevole. Io non l'avevo notevole, io tendevo: la mia immaginazione conteneva certi umori critici, tempestivi, ma non era così. Per cui, anche quando ho fatto *Darò un milione*, c'era dentro in questa immaginazione qualche cosa che poteva perfino piacere a un uomo come Charlie Chaplin: poteva venire in mente a Charlie Chaplin, quel film lì, e così anche per altri film che facevo. Io, nel '39, avevo pronto il *Diamo a tutti un cavallo a dondolo*, dove c'era dentro una qualità critica: ma c'era dentro inconsciamente, ecco quello che io vorrei chiarire bene. [...] Col mio ingresso nel cinema – invece di stare per anni, per anni, così, in questa kermesse immaginativa ora felice, ora meno felice, ora tempestiva, ora no, ma con un troppo grosso margine di casualità –, io avrei potuto veramente fare un discorso più architettato, più concorde, più conseguente, che mi dispiace di non avere fatto. L'ho fatto, invece, con delle grosse intercapedini, con delle sparizioni improvvise, e mi pare che questo sia proprio del mio carattere. [...] Io pago giustamente le conseguenze di non aver saputo inizialmente – il 1935, quando sono partito – intuire che dovevo partire dal punto in cui ero arrivato; che un soggetto come *Darò un milione* era già un soggetto alle mie spalle: l'avevo superato, artisticamente. Lo svolgimento di se stesso, questa è la sola ragione di uno scrittore. Lo scrittore non ha nessun altra ragione al mondo che svolgere se stesso. Se io, come scrittore, ero arrivato al grado sette, perché dovevo – come cineasta – cominciare dal grado sei? E io ne ho fatte molte di queste cose – ma ne ho fatte anche oggi, perché quando suggerisco certe idee che mi vengono spontaneamente, indomabilmente, quasi da un sottofondo giornalistico un po' estemporaneo, vuol dire che non seguo un ragionamento rigoroso. Forse, se avessi fatto il regista, avrei avuto maggiori possibilità di questa scelta[3]...

Questa "confessione" così colloquiale e autocritica che è insieme una forma di autodifesa, questa sintesi di un pensiero stravagante nel senso letterale del termine, questa affermazione di modestia che si intride di orgoglio, può fungere da guida, anche per capire come le ragioni di un dominio fantastico a lungo coltivato e le prospezioni su un terreno reale altrettanto a lungo posto al centro dei propri interessi si intreccino e siano foriere di sviluppi. È allo stesso modo – s'è già accennato – che si intrecciano la scrittura destinata alla lettura e quella finalizzata alla traduzione in visione. (E qui, anticipando altre osservazioni, si può sostenere che la seconda è solo formalmente meno affinata della prima, una specie di "brutta copia" che verrà posta in "bella" dal lavoro del cineasta).

Secondo quella che è ormai quasi una filmografia ufficiale[4] – anche se le sorprese possono sempre verificarsi – fra il 1935 e il 1987 Zavattini è implicato in 117 film realizzati, esclusi i cortometraggi e i cinegiornali, ma compresi i mediometraggi, gli episodi e le poche cose televisive. Si può anche tentare una partizione per decadi: dal 1935 al 1944 (fine della guerra a Roma), 25 titoli; dal 1945 al 1954 (fine della *vague* neorealista), 47 titoli; dal 1955 al 1964 (fine dell'effimera rinascita del nuovo cinema italiano), 28 titoli; dal 1965 al 1974 (fine del predominio del cinema sulla televisione), 13 titoli; dal 1974 alla scomparsa, 4 titoli.

Per amore dei numeri, si può anche stabilire che i soggetti originali di Zavattini effettivamente realizzati sono più o meno 42 (pochissimi dei quali in collaborazione con altri)[5] e che le partecipazioni minori (apporti a sceneggiature affollate, consulenze allora magari non accreditate e oggi riconosciute, ecc.) – valutate con un criterio approssimativo ma sensato – non superano la trentina. Si può quindi affermare che nell'arco di mezzo secolo, una novantina di titoli si avvale dell'apporto determinante (o comunque importante) del nostro sceneggiatore e che circa la metà di essi parte da un soggetto appositamente ideato.

Tenendo conto del fatto che Zavattini non ha praticamente mai partecipato a una produzione di "genere" (tale qui non si considera un certo tipo di commedia di costume) e che anche i suoi risultati più modesti o più commerciali conservano una caratteristica di piccola stravaganza, il panorama comincia ad assumere – assieme a una sua forza, continuità e costanza – aspetti affascinanti.

Per le patrie lettere Zavattini esiste dal 1931 con la pubblicazione di *Parliamo tanto di me*, ma l'interesse per il cinema nasce da lontano, dall'ormai pubblicatissimo articolo *Holliwood* (proprio con la *i*) apparso il 4 marzo 1928 sulla *Gazzetta di Parma*[6], e prosegue ben presto con le cosiddette *Cronache da Hollywood* (questa volta con la *y*) apparse su *Cinema Illustrazione* fra l'8 ottobre 1930 e i primi del 1934. Nello scrivere i suoi servizi immaginari ancorché ben documentati, nel frequentare fantasiosamente i set e gli ambienti più esclusivi della Mecca del cinema, nell'ascoltare le supposte confidenze degli uomini della strada (fossero soltanto autisti, guardarobiere e camerieri) il nostro Jules Parme o Kaiser Zha o Louis Sassoon, come si firma[7], guarda già al soggetto cinematografico e soprattutto fonde una realtà di cui ha conoscenza indiretta e una fantasia che lo spinge a superare la nozione di realtà.

Sfogliando, davvero a caso, l'antologia *Cronache da Hollywood*, ci si imbatte in un mancato duello fra Johnny Weissmuller e John Barrymore dai ritmi e dagli esiti clairiani (ecco un regista di cui bisognerebbe sondare gli indiretti rapporti con il cinema di Zavattini); in un annunciato e subito denunciato fidanzamento tra Dorothy Jordan e Robert Montgomery, con una deliziosa battuta finale di lei («Ora che non siamo fidanzati, ti voglio più bene!»); in una drammatica scomparsa in mare della spericolata Miriam Hopkins, che in realtà – con ritmi da *Accadde una notte* – nasconde una fuga d'amore con un biondo "corsaro". Siamo in piena finzione hollywoodiana, ma siamo anche nella piena capacità di superare le righe della cronache per addentrarsi nel "meraviglioso" (detto con accento ariostesco) di una sbrigliata fantasia[8].

Stando allo stesso Zavattini[9], il suo primo vero soggetto cinematografico sarebbe *I poveri in auto*, scritto in complice collaborazione con Andrea Rizzoli, figlio del suo editore di allora[10]. Angelo Rizzoli glielo acquista e lo propone a Mario Camerini, ma il regista, pur lodandolo, lamenta la mancanza di una vera trama e non se ne fa nulla. È proprio di qui che muovono due costanti dell'opera zavattiniana per il cinema: da un lato il suo frequente polemizzare, ora garbato ora meno, con i realizzatori (anche in nome di un'aspirazione alla completezza, di una vocazione alla paternità assoluta, che resteranno purtroppo quasi sempre tali); dall'altro, la testarda insistenza nel rielaborare e nel riproporre le proprie idee, sino a quando, magari a distanza di decenni, non riescano a giungere comunque in porto (e in questo "comunque" sta talora la fonte di altre delusioni o di risultati non ottimali).

Sul primo versante merita ampia citazione un'opinione di quei tempi, espressa con una sicurezza superiore a quanto le esperienze fatte sino al momento potrebbero lasciar supporre, e significativa anche perché comporta una scelta di poetica che forse Zavattini non abbandonerà mai, correttivi del caso a parte:

Io credo che per molti registi – e hanno pienamente ragione dal loro punto di vista – la trama sia una specie di cuscino di sicurezza. Sono, in fondo, i registi più provetti che hanno l'ossessione della trama, forse perché sanno che nei suoi fondamenti economici il Cinema è una grande industria e ha bisogno di un minimo di garanzie. Infatti la trama è l'àncora di salvezza dei film brutti, il coefficiente, il diversivo che trattiene l'attenzione anche quando tutto va a rotoli. [...] A me pare che il film comico moderno possa anche esser privo di trama narrativa, dialogata, cronologica, consequenziale. La trama più efficace è nella satira di tutto un ambiente, e così appunto era concepita la prima versione di Darò un milione[11].

Sul secondo versante, ecco che il negletto *I poveri in auto* riaffiora nel 1952 per un film di Mario Mattòli, *Cinque poveri in automobile*, stesso titolo del soggetto che Zavattini ha nel frattempo elaborato e che pur si discosta notevolmente dalla sceneggiatura a più mani. Un raffronto fra testo letterario e testo cinematografico è istruttivo. Gli episodi dei cinque poverissimi amici che, vinta un'auto alla lotteria, decidono di usufruirne un giorno a testa prima di essere costretti a venderla, erano soprattutto improntati a buoni e cattivi sentimenti, o meglio a un intreccio fra gli stessi, come è della natura umana (la tentazione adulterina che si trasforma in richiamo all'amore paterno; la vendetta che si muta in pietà; l'amore sincero che si infrange contro l'amore dettato dalle apparenze; la solidarietà umana che viene equivocata in nome della gelosia; la spensieratezza e l'incoscienza che rischiano di volgere in tragedia), mentre il finale era drammatico o almeno non consolatorio: l'auto si sfascia e i poveri resteranno poveri come prima. Nel film di Mattòli si respira un'aria decisamente più "brillante", un solo episodio – non a caso quello più apprezzato – conserva le caratteristiche dell'originale, la conclusione è "positiva": i quattro poveri – che negli anni '50, del resto, non sono tali più di tanto – spartiscono il ricavato della vendita dividendolo con un loro simile che hanno avuto la sventura di investire[12].

Se insistiamo su questo soggetto è perché su di esso *insiste* buona parte della poetica zavattiniana, se non della sua tematica: i "poveri", anzitutto, nel loro trascolorare da presenza lirica a presupposto di libertà, da oggetto di commiserazione a soggetto politico di trasformazione o addirittura di rivolta; il rapporto città-campagna; l'altro rapporto individuo-famiglia; le insidie e le prevaricazioni del potere (leggi, soprattutto, "padroni" di ogni tipo e sorta, ma tutti stranamente somiglianti – verrebbe voglia di insinuare – al *cumenda* Rizzoli); una certa mitologia dei mezzi di trasporto e di comunicazione; infine, non trascurabili, il ritmo da balletto, l'incursione della mimica più sbrigliata, l'intervento di *gags* surreali (o presunte tali...) che non mancheranno mai anche nei contesti più realistici.

Lo dimostrano, ciascuno a modo suo, due soggetti appartenenti di fatto agli anni '30: *Buoni per un giorno* (ovvero, quasi subito, *Darò un milione*) e *Totò il buono* (ovvero, un decennio dopo, *Miracolo a Milano*). Ma, nel mezzo di questi due archetipi, vi sono altri fremiti di cui pur occorre dar conto. Il *Diario cinematografico* – che è una vera e propria miniera di idee e di abbozzi di soggetti, talora esposti all'attenzione del lettore, talaltra quasi mimetizzati, mai comunque sinora analizzati e classificati compiutamente – si apre infatti con una girandola di proposte.

Ecco, sotto la data 8 febbraio 1940, il *Giornale Zavattini* (1935) che intenderebbe parodiare i documentari d'attualità, poi trasformato (1937) in un progetto di «film LUCE secondo una *realtà* interiore, fantastica» (e dovrebbero contribuirvi gli umoristi del *Bertoldo*), infine trasposto (1940) nel programma degli "Umoristi Associati" per la produzione di cortometraggi comici. Ecco gli abbozzi (sotto la data 25 marzo 1940) di tre film: *Il Buono* (i miracoli di un Cristo laico che migliora gli uomini giocando con la gamma cromatica del Technicolor), *Il mio paese* (che anticipa il libro fotografico di Paul Strand) e un "senza titolo" ove i componenti di una famiglia si scambiano i ruoli in un gioco delle parti quasi pirandelliano posto in scena «a scopo edificante» (ma viene anche in mente lo scambio fra vita e personaggio che il neorealismo attuerà ricorrendo in modo partecipe e non neutrale ad attori non professionisti). Ecco ancora (7 maggio 1940) il progetto delle *Favole moderne*, da affidare a pittori, scrittori, musicisti e da svolgere secondo diverse chiavi (satirica, drammatica, comica, poetica, ecc.), con un duplice scopo: creare «una vera e propria leva cinematografica degli artisti» (giacché «l'intelligenza italiana ha partecipato per ora al cinema in una forma corrotta e troppo accidentale...») e ottenere «in una sola volta nuove concezioni nel campo della regia e del testo»[13]. Proprio come si vorrà ritentare negli anni '60...

Torniamo a *Buoni per un giorno*, che dà il *la* a una potenziale collaborazione con Mario Camerini, rimasta disattesa per evidenti incompatibilità tra un regista che «innanzi ai *gags* non si orizzonta» e un «uomo nuovo, pieno di illusioni e di poesia»[14]. Il soggetto di Zavattini e Giaci Mondaini viene pubblicato con grande evidenza e non senza una nota polemica («tipico il fatto che oggi, in Italia, si assista allo strano fenomeno di produttori che cercano buoni scenari, e buoni scenari che cercano case di produzioni cinematografiche; e intanto la produzione di film italiani se ne rimane ancorata alle viete trovate di uno spirito falso e barocco») su *Quadrivio*[15], ma le divergenze non tardano a manifestarsi. Il film che alla fine se ne cava – *Darò un milione*, ufficialmente su sceneggiatura di Mario Camerini, Ivo Perilli e Cesare Zavattini, ma sembra vi abbia messo mano anche Ercole Patti – conserva a malapena un 30 per cento del soggetto originale, il quale, detto per inciso, è già un trattamento, corredato oltretutto di indicazioni tecniche. Scompaiono le trovate: una scala che, percorsa da un guardafili, suona come uno xilofono; un manifesto con delle *girls* che a un certo punto cominciano a cantare e a ballare (sequenza prevista a disegni animati); dei poliziotti che in un bosco si mettono a giocare a rimpiattino facendosi "cucù"; un gran finale in cui i personaggi della vicenda, «imbarcatisi sul tapis roulant del taboggan, salgono, salgono... perdendosi fra le nubi» (e siamo, ovviamente, già a *Miracolo a Milano*). Scompaiono però soprattutto uno spirito insieme ingenuo e scanzonato, una voglia di provocazione bertoldesca (più nel senso del villano di Giulio Cesare Croce che in quello dell'omonimo periodico), una poesia del quotidiano che rifugge dal lirismo riuscendo a sublimare la materialità (non a caso il film era stato pensato per Buster Keaton, allora rintracciabile a Parigi e, in subordine, per Totò).

Le estenuanti trattative, per di più parzialmente perdenti, sono per Zavattini una battuta d'arresto: non certo nel suo attivismo ma sicuramente nei suoi rapporti con il cinema. Bisogna attendere il 1939 perché un suo soggetto trovi la strada della realizzazione, ma quando ciò accade – *Bionda sottochiave* di Camillo Mastrocinque – il risultato è tale che il soggettista-sceneggiatore pubblicamente se ne dissocia, in modo se non altro originale. I lettori di *Tempo*, settimanale sul quale egli svolge funzioni di critico cinematografico[16], possono infatti leggere, a firma Zavattini, quanto segue:

Il soggetto è di Cesare Zavattini, con il quale la critica è stata molto indulgente. Zavattini se ne lava le mani, dice che il soggetto è una cosa, dieci paginette dattilografate, e il film un'altra. Ma sarebbe ora che questo giovanotto non si accontentasse di incassare i biglietti da mille dei suoi soggetti, e si preoccupasse di seguire la sua creatura, diciamo così, dando una mano al regista e soprattutto agli sceneggiatori, pretendendo garanzie, una vigilanza morale, almeno, un po' di collaborazione. Invece egli incassa i quattrini e scompare nella notte sperperando il denaro in orge e follie[17].

È a questo punto che si colloca la stesura di un soggetto cui Zavattini tiene e terrà particolarmente, giacché lo cita in ogni occasione di intervista o di riesame della passata attività, come abbiamo visto anche dalla confessione iniziale: *Diamo a tutti un cavallo a dondolo*. Scritto nel 1938, venduto a De Sica nel 1939, del soggetto viene annunciata l'imminente realizzazione, ma prima il giudizio negativo della Direzione Generale della Cinematografia (con conseguente modifica del finale: una riconciliazione, anziché una lite, che sa troppo di lotta di classe) e poi gli eventi bellici portano ad accantonare il progetto. Lo riprenderà in mano Blasetti nel 1948, ma subito opterà per un altro soggetto: *Prima comunione*[18].

Diamo a tutti un cavallo a dondolo accentua gli aspetti favolistici presenti in Zavattini estendendo all'intera vicenda un aspetto magico che altrove riguarda soltanto lo scioglimento. Attorno ai poteri miracolosi di un anellino di piombo si snodano le contrapposte esistenze di due nuclei famigliari (i ricchi e i poveri, i potenti e gli sfruttati), si scatenano le aspirazioni e le invidie, si accentuano nel bene e nel male i contrasti, si solleva un intero microcosmo che nutre piccole speranze o pericolosi sogni di grandezza. In una dimensione surreale (che, per non essere tradita, avrebbe richiesto una realizzazione il meno naturalistica possibile, ancora più astratta che in *Miracolo a Milano*, e v'è comunque da dubitare sull'ipotetico esito) la vita di tutti i giorni è peraltro costantemente presente, con toni di candore e di modestia ma anche con espressioni aspre e "cattive", sino allo sconcertante finale: il povero ha un atto di altruismo nei confronti del figlio del ricco, ma il miracolo non va attribuito ai poteri dell'anellino (che forse non ne ha mai avuti) bensì a un normalissimo intervento umano, e anziché riconoscenza se ne ricava un banalissimo calcio nel sedere.

È difficile dire quanto il cinema italiano e la carriera di De Sica sarebbero stati influenzati da questa presenza, da questo passaggio. Certo è che la poetica di Zavattini qui si sviluppa in modo coerente verso una maggior apertura sul sociale – e, se vogliamo, sul politico – per la quale i tempi non erano ancora maturi e che nemmeno la dimensione favolistica avrebbe potuto far accettare. Va aggiunto che, forse per la prima volta, lo scrittore – iscrittosi nel 1933, per convenienza ma non per assoluta necessità di lavoro, al partito nazionale fascista – si scontra con la logica del regime e con le sue strutture, una delle quali, l'EIAR (che pur si diceva non negasse una rubrica ad alcuno), lo ha a lungo favorito o almeno accettato.

Un aspetto poco studiato del multiforme Zavattini in questo stesso periodo è infatti l'attività radiofonica, svolta nella forma a lui tanto congeniale della conversazione (lo sono in definitiva anche i suoi soggetti, dalla scrittura non sempre accuratissima ma dalla sicura capacità fabulatoria e di intrattenimento). Ai microfoni dell'EIAR, attraverso la serie *Parliamo tanto di me...*, lo scrittore si impegna, assieme ad altri umoristi, in un tentativo lungimirante – essere serio su argomenti frivoli e frivolo su argomenti seriosi – ma non sempre gradito dal pubblico e dalla critica[19].

La lunga esperienza di "divo radiofonico" porta comunque un suo frutto cinematografico: dal racconto *L'uccellino in famiglia* nasce il soggetto (e questa volta anche la sceneggiatura) per *Una famiglia impossibile* (1940, di Carlo Ludovico Bragaglia), raro esempio di promozione del mezzo e di sinergia audio-visiva. «Molti i divi EIAR coinvolti nella vicenda di una famiglia di svitati che improvvisa uno spettacolo di fronte ai microfoni della radio: Alberto Rabagliati, il Trio Primavera, Nunzio Filogamo, veri e propri richiami per il pubblico, ma già sperimentati in altri spettacoli cinematografici»[20]. Uno spunto che conferma alcune delle costanti prima ricordate –

rapporti famigliari e curiosità per la tecnica delle comunicazioni in primo luogo – e che ripropone la diatriba fra coloro che propendono per il calco e coloro che ne sanno cogliere la fantasiosa originalità[21].

L'esperienza su Rabagliati, promosso per l'occasione da comprimario a protagonista, non si ferma qui. Procede con il soggetto scritto per *La scuola dei timidi* (1941, ancora di Carlo Ludovico Bragaglia) e la sceneggiatura elaborata con Marcello Marchesi e Stefano Vanzina (in arte Steno). Il film viene considerato "grazioso" e nulla più un po' da tutti (Zavattini compreso) ma importa qui richiamare un fatto curioso. Prima di affermarsi come popolare cantante non restio a certe innovazioni musicali, Rabagliati è stato in America a tentare l'avventura di sosia-continuatore di Rodolfo Valentino, e del mancato avvenimento ha comunque conservato una certa aura. Si potrebbe così pensare che le fittizie *Cronache da Hollywood* non siano trascorse invano e che il nostro scrittore – sia pure muovendosi ancora a livelli bassi di fattura cinematografica – abbia nutrito qualche ambizione pigmalionesca, oltre tutto benvenuta e favorita in tempi di stretta autarchia. Un altro motivo di interesse *La scuola dei timidi* lo offre grazie a una veemente recensione di Giuseppe De Santis (benevolo sulle generali ma aspro nei confronti della fretta mostrata dal regista), che merita di essere riportata per ampi stralci giacché ben si inserisce nel discorso:

Di sensi più nascosti il soggetto di Zavattini ne aveva molti, ma ci siamo sforzati, noi spettatori, di penetrarli sotto la scorta dei libri dello stesso scrittore. Quei personaggi sempre in lotta con la vita, che non riescono a congiungersi spiritualmente con essa, ma trovano la loro libertà solo nella astrazione, astrazione dolorosa che va dalle forme più puerili ad altre più drammatiche di cui spesso sono vittime. Ma, ecco dove l'approfondimento dell'artista diviene maggiore: avvenuta l'astrazione, non termina con ciò il dramma, ma questo riprende a scorrere più forte in una perenne lotta fra sogno e realtà quotidiana. Quei burocrati del capitalismo che sfogano la loro libidine del denaro facendosi annunciare preceduti dal richiamo delle loro ricchezze, sono pur essi una astrazione, e quel proprietario di albergo che protegge i pugilatori e i musicisti, e quella sua moglie schiva al disordine della confusione, vivono allo stesso modo di quella legge morale e poetica, inconfondibile, di Zavattini[22].

Proprio con il capitalismo ha a che fare un soggetto di poco precedente ma destinato a compiere una ben più lunga strada: *Totò il buono*, che viene pubblicato nel 1940 a doppia firma con Antonio de Curtis (Totò)[23]. A chi conosce nei dettagli *Miracolo a Milano*, fa una certa impressione ritrovarvi quasi tutte le componenti ma trasposte in un contesto diverso, ben più astratto. Mentre nel film di De Sica di dieci anni dopo la baraccopoli dell'Ortica è "realistica", "barboni" non troppo dissimili sono sotto gli occhi di tutti, il problema della casa o della disoccupazione si presenta in modo analogo, la speculazione edilizia si muove con non troppo diverse strategie e anche i nuovi e vecchi ricchi assumono aspetti di grottesca ed esibita prepotenza, nel soggetto datato 1940 il panorama tracciato appare più convenzionale. Se in consonanza con l'epoca i cattivi vengono definiti "il Plutocrate" o "i finanzieri" e a essi viene attribuito un *habitus* da vignetta umoristica, più sfumata è la caratterizzazione dei buoni, dei poveri, che abitano sì in baracche ma quasi per libera scelta, per una sorta di posizione alternativa, come se queste componessero «uno strano paese» da contrapporre alla «grande città». Non manca il celebre finale (dove peraltro le scope sono semplicemente sottratte a un magazzino) e non manca la famosa frase conclusiva, che suona tuttavia meno laica e anche più rispettosa delle istituzioni vigenti («le scope si alzano portando seco i cavalcatori verso l'alto, verso quel regno nel quale tutti dicono "buon giorno" volendo veramente dire "buon giorno"»); ma, visto il tono assunto dagli avvenimenti precedenti, questo scioglimento appare assai più consono a una favola morale che non a una allegoria sociale.

Come si è visto, è di nuovo Totò – un Totò ancora surreale, ancora disponibile a una certa sperimentazione – a risultare al

centro del progetto, anzi a co-firmare il soggetto. La cointe-
stazione può essere letta come una mossa promozionale, come
un amo teso ai produttori (non tutti, del resto, apprezzano l'artista napoletano o credono in lui), ma suona più semplicemente come un nuovo testardo tentativo di Zavattini volto a
rintracciare l'interprete ideale delle proprie favole: e chi meglio di quel mobilissimo "cartone animato", di quel volto incredibile, di quel misto di malizia e di ingenuità? Anche Totò
ci crede, come dimostra una sua lettera di poco successiva,
nella quale – pur riconoscendo la paternità dell'idea e della
stesura al solo Zavattini – ribadisce la sua implicazione nel
progetto e dà inoltre una bella prova di appassionata profes-
sionalità[24].

Totò il buono, comunque lo si voglia giudicare, costituisce un
punto di transizione nell'attività cinematografica di Zavattini,
della quale abbiamo sin qui rapidamente percorso soltanto il
primo decennio. Nel prosieguo privilegeremo i soggetti originali effettivamente realizzati (e nemmeno tutti tra essi) muo-
vendoci a campione in una carriera assai articolata e persino
dispersiva nella sua ricchezza di frutti: consapevoli in questa
inevitabile scelta che unicamente una vera monografia o, d'altro lato, un'auspicabile pubblicazione in volume di tali soggetti potrebbe render conto dell'insieme.

L'attenzione si volge quindi a un altro importante momento di
passaggio, quello rappresentato da *Quattro passi fra le nuvole*
(1942, di Alessandro Blasetti), anzi da *Quattro passi nelle nuvole*, come suona il soggetto originale[25]. Dovremmo trovarci
dalle parti del neorealismo – così almeno garantiscono le storie – ma non ne siamo poi tanto sicuri: siamo invece certi che
stranamente è un film di cui né Zavattini né Blasetti parlano
con grande slancio. Quanto a Tellini, ufficialmente coautore
del soggetto, nessuno forse l'ha mai ascoltato, trattandosi di
personaggio schivo ed evitato (in seguito anche per motivi di
"epurazione"). Qualcuno (Aldo Fabrizi intervistato da Francesco Savio) insinua che proprio Tellini fosse autore di soggetto
e trattamento; qualcun altro (lo stesso Zavattini) si sente "tra-

dito" da uno sceneggiatore a lui non congeniale quale Aldo De Benedetti; il regista, infine, sostiene che la storia «gli capitò fra le mani» e ne fece un certo uso, inconsapevole di aver segnato una tappa o di aver anticipato un evento.

Possiamo soltanto confrontare il soggetto originale, firmato a quattro mani, con il film, e sostenere per esempio che il primo appare assai più realistico (o neorealistico) del secondo; che in Zavattini (e Tellini) gli elementi fantastici appaiono accantonati ed è imperioso il richiamo a un quotidiano nemmeno troppo trasognato. Il film di Blasetti viene letto come una fantasticheria (inizia e conclude in una situazione identica, a ventiquattro ore di distanza, che potrebbero essere apparenti e costituire invece un sogno); il soggetto si sviluppa nell'arco di più giorni e chiude con un affettuoso telegramma del "fuggiasco" alla moglie "recuperata" (un aspetto "tecnico" che conferisce dimensioni di realtà). Il film è un "breve incontro" sullo sfondo di una preconcetta contrapposizione tra cupa città e radiosa campagna, con una morale di solidarietà e di comprensione umana per chi ha "sbagliato". Il soggetto è un vero e proprio *road movie*, ove l'accostamento alla campagna è progressivo e articolato; il risvolto dell'attrazione sensuale (quasi sessuale) tra ragazza e commesso viaggiatore è ben presente; la vicenda risulta complicata prima da un conflitto con l'immancabile padrone (questa volta dei campi) e poi dalla comparsa del vero seduttore, tra nuovi equivoci provocati dall'insolito "triangolo"; la morale è semmai quella che vuole ricomposte le coppie legali o naturali (marito e moglie, seduttore e sedotta): quasi che già si potesse affermare l'idea portante de *I bambini ci guardano* e si volessero evitare i drammi relativi.

Nel trattamento, infine, si addensano alcuni elementi che vorremmo tipicamente zavattiniani: dal prezioso campionario di caramelle e cioccolatini, via via depredato dal nonno contadino, a Paolo che si sostituisce – causa cielo nuvoloso – al gallo per risvegliare in modo "naturale" il rivale; dal conducente della corriera, che ritarda artatamente la partenza per attendere la nascita del figlio, allo stesso Paolo che si scopre vocazioni di mediatore ripetendo termini legali a lui ignoti. Ma buona parte di ciò si perde per via, né provvederà a un recupero Mario Soldati quando nel 1957 dirigerà con la mano sinistra un *remake* dal titolo *Era di venerdì 17*.

Tradizione vorrebbe, a questo punto, che ci si intrattenesse sui rapporti tra Zavattini e De Sica. Sin troppo studiati e – paradossalmente – sin troppo da studiare perché in questo ambito limitato si possa loro concedere spazio. Preferisco approfittare dell'occasione per contrapporre allo Zavattini maggiore uno Zavattini "minore", colui per esempio che – nello stesso anno di *Sciuscià* (1946) – vede comparire sugli schermi *Il marito povero*, che il modesto Gaetano Amata ha tratto dal soggetto originale con lo stesso titolo[26]. A prima vista sembrerebbe un po' difficile sostenere che la storia ipotizzata possa equipararsi al dramma dei due piccoli lustrascarpe romani o rintracciare l'equivalente del metaforico cavallo bianco, insieme onirico e foriero di sciagure, ma anche *Il marito povero*, la cui sceneggiatura verrà poi firmata dalla vecchia "banda" Pugliese-Franci-Maglione-De Sica[27], può essere fonte di osservazioni.

Il soggetto pone in campo l'affarista Moroni – ancora una volta un padrone –, le sue due figlie – che hanno accettato matrimoni di comodo con dipendenti del padre pur di preservare l'autoritaria ma redditizia gestione famigliar-aziendale–, i suoi due generi: l'uno decisamente passivo e inetto anche quando tenta di nascosto un'avventura imprenditoriale in proprio; l'altro sapiente guida di una prima sfortunata trasgressione al potere del suocero e poi di una nuova iniziativa commerciale sicuramente vincente, e vincente al punto da poter soppiantare il Moroni e da ridurlo, nella catarsi finale, a benevolo socio di minoranza, pur fatto salvo il nome cui il vecchio tiene tanto.

Ciò che intriga ne *Il marito povero* (parliamo del soggetto, non conoscendo il film se non per una trama che si direbbe quasi antitetica: «Due ragazze di famiglia facoltosa si innamorano e

sposano due poveracci, con gran disappunto del loro papà...»
o, e va meglio: «Un industriale ha due figlie che sposano due
modesti impiegati. Dei due mariti, uno è un fannullone, ma
l'altro riesce a mettere su una sua impresa con la quale man-
terrà tutta la famiglia») è la cattiveria che regge i rapporti in-
terpersonali, il realismo quasi balzachiano del *plot*, la rabbia
sottesa – ma non senza una malcelata ammirazione per gli
opposti – con la quale si guarda al mondo degli affari, con il
suo gioco di improvvise fortune e di altrettanto improvvisi ro-
vesci; infine l'ingenuità che traspare dai riferimenti finanziari
ed economici, poco più "scientifica" di quell'esercizio con le
tabelline o di quei giochi alfanumerici che allo sceneggiatore
piacciono tanto.

Ma il 1946 vede anche l'uscita sugli schermi di un film altrettanto invisibile e ancor più sfortunato: *L'angelo e il diavolo*.
Zavattini l'ha scritto pensando a De Sica regista, ma il soggetto finisce nelle mani di Mario Camerini (toh, chi si rivede!),
di co-sceneggiatori che si chiamano Nino Vittorio Novarese
(specialista in film storici ma più noto come costumista di
1860 di Blasetti), Mario Monicelli, Steno, di produttori e or-
ganizzatori improvvisati. Il risultato sa di *pochade* o almeno di
commediola con risvolti metafisici (rappresentati da un alle-
gro diavolo tentatore e da un noioso angelo salvatore che in-
tervengono rispettivamente a disfare e a salvare un felice
rapporto di coppia), ma il soggetto originale[28] suona di ben
altro tenore.

L'"angelo" e il "diavolo" – a parte il finale dove il secondo diviene «rosso di fuoco fino a svanire in una fiamma sotto gli
occhi dolcemente ironici» del primo – non dispiegano poteri
ultraterreni, bensì si comportano semplicemente come due
nuovi inquilini (il musicista De Angelis e il dottor Sabba: notare i cognomi, tipici delle allusività onomastiche degli umoristi dell'epoca) di un palazzo borghese, un po' troppo
invadenti nei confronti di una coppia di giovani sposi. Tra chi
si diverte a insidiare l'unione – facendo intervenire un affa-
scinante giovanotto per lei e il dèmone delle scommesse ippi-

che per lui – e chi intende preservarla, non è in gioco, come vorrebbe il riferimento classico, la contesa per il possesso di due anime, bensì una schermaglia calata con naturalezza nelle convenzioni esistenziali di una Roma più da anni '30 che da dopoguerra. Ma sta proprio in questo ritorno al passato, intriso di umori surreali e di trovatine oniriche, la simpatia che il soggetto sprigiona: quasi un discorso sulle piccole felicità e sulle piccole contraddizioni della vita quotidiana, che ancora una volta la fortuna – un cavallo vincente a sorpresa –, o magari la coscienza, permette di riconquistare o di superare.

Non passano due anni e Zavattini – che nel frattempo si è perfino cimentato con *Caccia tragica* di De Santis (ove si direbbe prevalga la chiave Lizzani) e con *Roma città libera* di Pagliero (ove prevale la chiave Flaiano) – effettua un'altra incredibile ma gustosa accoppiata. Quasi contemporaneamente a *Ladri di biciclette* (1948) – un film ove etica e trasgressioni sono sicuramente sue e non si contano le invenzioni appartenenti alla sua poetica o addirittura al suo "archivio" di idee, ma che pur per qualche verso si direbbe gli sfugga – fa l'apparizione nelle sale *Lo sconosciuto di San Marino*, realizzato nel 1946 (su commissione) da Michael Waszynski e Vittorio Cottafavi. Nonostante l'impegno della Magnani e di De Sica, in un cast che comprende anche Antonio Gandusio e Irma Gramatica, è un pateracchio, uno «sgorbio» (come lo definisce Ermanno Comuzio su *Hollywood*), una produzione raffazzonata e di incerta natura.

Ma anche qui, potendone disporre, esaminiamo il soggetto[29]. Tra qualche ingenuità, qualche propensione evangelica di troppo e qualche eccesso di encomio nei confronti della Repubblica del Titano, la storia dello sconosciuto profugo privo di memoria che si mischia a una troupe di attori al seguito degli eserciti alleati, fa innamorare di sé una giovane polacca, compie numerosi gesti di altruismo e – fulminato dalla visione di una processione – ritrova se stesso ma per scoprirsi ufficiale nazista e colpevole di atrocità, ha una sua precisa suggestione, che si coglie anche dalla precisione della scrittura e dalla vivacità dei dettagli. È un tema (quello dello straniero, della colpa, del miracolo, del perdono) che sarebbe piaciuto al Rossellini dei primi anni '50, ma Zavattini lo fa suo con una serie di trovate: il plurilinguismo dello sconosciuto (che non consente di rivelare la sua identità ma gli permette di dialogare e di intendersi con tutti); gli attori del moderno carro di Tespi che si trasferiscono di retrovia in retrovia indossando per comodità gli abiti di scena (con il che si può veder comparire uno Charlot o «altre figure straordinarie [...] nei più impensati abbigliamenti» frammisti a una colonna di camion militari); la proiezione durante lo spettacolo per le truppe di un filmato sui bambini polacchi che hanno trovato ospitalità in Nuova Zelanda e che sperano di lanciare un messaggio ai propri padri soldati...

Tra il '48 e il '57 le uscite di "cose" zavattiniane si infittiscono (si contano, burocraticamente, 43 titoli in questo fervido decennio) e occorre quindi procedere per campioni. Sacrificando, per esempio, *La sposa non può attendere* ovvero *Anselmo ha fretta* (1949, di Gianni Franciolini, soggetto di Zavattini, trattamento in collaborazione con Antonio Pietrangeli) a favore di *È più facile che un cammello...*, anche perché il relativo film di Luigi Zampa (1950) differisce profondamente dal sintetico soggetto di cui ho conoscenza[30]. Il fatto non costituisce novità, ma forse è opportuno ricostruire ugualmente la polemica cui la realizzazione dell'opera – una delle prime coproduzioni franco-italiane, di per sé foriere di compromessi – diede adito. In occasione della sfortunata presentazione di *È più facile che un cammello...* alla Mostra di Venezia del 1950, Zavattini fa provocatoriamente pervenire ad alcuni critici il proprio soggetto originale, affinché possano operare il debito confronto. Il gesto, anziché essere letto come una ragione dell'autore, viene interpretato da due degli sceneggiatori (Suso Cecchi d'Amico e Vitaliano Brancati; gli altri tre sono Diego Fabbri, Giorgio Moser e Henri Jeanson, a ulteriore dimostrazione dell'"affollamento" in uso) per un'indebita dissociazione, che suona anche come "sgarbo" professionale, e provoca a sua volta una lettera ai giornalisti:

Teniamo a precisare che Zavattini conobbe a suo tempo e approvò con firma lo schema della sceneggiatura, nel quale erano contenuti tutti gli episodi non compresi nel soggetto e che secondo alcuni critici costituirebbero un errore non imputabile a Zavattini. È strano dunque che egli tolga la sua solidarietà a un lavoro comune solo perché la realizzazione del film (a torto o a ragione non importa; noi non ci riconosciamo in diritto di esprimere pubblicamente pareri di sorta su un film a cui abbiamo lavorato) non è di suo gradimento [...][31].

La diatriba non è priva di conseguenze, se è vero come è vero che Suso Cecchi d'Amico (che ha lavorato insieme a Zavattini per *Roma città libera*, *Ladri di biciclette* e *Le mura di Malapaga*) rompe i ponti e non esita a mantenere le distanze anche quattro decenni dopo, quando rievoca il loro rapporto (che a noi suona comunque istruttivo):

Con Zavattini si andava nelle produzioni. Era tutto un modo di fare cinema molto diverso. Zavattini aveva delle doti di ipnotizzatore, raccontava delle cose inaudite fissando con il suo occhio azzurro il produttore che non aveva capito quello che succedeva e alla fine diceva: scrivetelo. Quando uscivamo gli chiedevo: e adesso che facciamo? Non ne aveva la più pallida idea neanche lui. Quando litigammo, e non abbiamo più fatto coppia fissa [sic], ci ha rimesso lui. Perché è pieno di fascino, di belle idee, ma poi non ha pazienza, gli sfugge l'architettura della storia, non dà una forma solida alle cose che ha pensato. Io invece mi sento un artigiano. Se si deve fare un tavolo, bisogna fargli per prima cosa le gambe. A me la rottura con Zavattini dispiacque moltissimo perché ci divertivamo talmente. Il caso fu quello di *È più facile che un cammello...*, a cui avevamo lavorato con Brancati. Noi l'avevamo detto che era molto brutto e si era intervenuti per dire di non mandarlo a Venezia. Dopodiché lui andò a dire a tutti: io non c'entro. Ma come non c'entri? Non si fanno queste cose. Brancati si arrabbiò. Era siculo, aveva un carattere diverso dal mio. Ma per solidarietà con Brancati decisi di farla finita e dissi a Zavattini: "Io con lei non ci lavoro più"[32].

Comunque siano andate le cose, il travisamento è scandaloso. Lo scarno ma densissimo soggetto di Zavattini mette in scena due industriali concorrenti, due potentissimi "ricconi", egoisti al massimo grado, che si detestano al punto da provocarsi a vicenda, sia pur incidentalmente, la morte. Il "Personaggio ultraterreno" cui approdano concede loro un breve ritorno sulla terra: potrà restarvi soltanto colui che avrà compiuto la miglior buona azione. «Questi due che hanno sempre gareggiato nel male, ora dovranno gareggiare nel bene»; ma, per prevalere nelle buone azioni, ne commetteranno di pessime, cosicché il Personaggio decreterà a entrambi la punizione eterna. Il rispetto della parabola evangelica è assoluto, ma a ciò si aggiunge un messaggio "classista" in perfetta consonanza con la sinistra dei tempi e, in più, forse e come sempre, qualche brutta esperienza personale. Invece il film si riduce all'esame di coscienza di un solo ricco, molto disponibile a riconoscere i suoi errori (che poi non sono gravissimi) e capace di compiere, magari inconsapevolmente, la buona azione risolutiva, quella che gli consente di ritornare definitivamente sulla terra. Per amore dei paradossi si potrebbe dire che a un soggetto marxista si sostituisce una sceneggiatura cattolicheggiante, quasi democristiana. E che il risultato si pone come un ridicolo *pendant*, di segno opposto, nell'anno di *Miracolo a Milano*.

Ma nello stesso anno in cui Totò il buono (all'astuto principe de Curtis ormai inflazionato si sostituisce nel ruolo un candido Francesco Golisano detto Geppa, scoperto "sotto il sole di Roma" da Castellani, il medesimo regista cui Zavattini cede il soggetto drammatico di *È primavera*, volto invece in commedia, e anche questo sarebbe uno "snaturamento" da analizzare) cavalca la tigre della rivolta di classe, sia pur con tutti i correttivi poetici imposti dalla fantasia, e dimostra comunque la necessità della "cattiveria", un altro personaggio – più realistico, più contorto, più mediato – è implicato in un discorso sulla necessità di essere buoni: il commendator Carloni di *Prima comunione* (1950). Un discorso speculare giacché è il "cattivo", questa volta, ad avere il ruolo del protagonista: un Mobbi in miniatura, un piccolo-borghese arricchito, un prepotente in forza del denaro conquistato facendosi da sé, perfino un maschilista (come si direbbe oggi), uno insomma che va convinto dei diritti degli altri e della conciliazione con il proprio prossimo.

Il soggetto – uno dei pochi che risulti pubblicato[33] – corrisponde anche in molti dettagli alla sceneggiatura del film che Zavattini firma insieme con il regista Alessandro Blasetti, ed è un caso, come abbiamo visto, tanto insolito da meritare rispetto e attenzione. Ma un dettaglio non trascurabile – l'assunzione del ruolo di protagonista da parte di Aldo Fabrizi, la sua presenza corpulenta e anche metaforicamente ingombrante, l'elemento di buffoneria legato al fatto che proprio egli debba cimentarsi in continue corse e piccoli inseguimenti – trasforma l'autocritica in processo, la confessione in sberleffo, la redenzione in semplice pacificazione. Eppure *Prima comunione* (che incassa poco più di *Miracolo a Milano* e non provoca particolari entusiasmi) colpisce per alcuni aspetti "sperimentali": si svolge quasi in tempo reale (mezza giornata), è costantemente commentato da una scherzosa benché riflessiva voce fuori campo, pone in scena una serie di "come se" ovvero "cosa sarebbe accaduto se Carloni si fosse mostrato meno collerico". Non siamo proprio al pedinamento, non siamo proprio al buco della serratura, non siamo al massimo della lezione morale, ma il risultato è ben più che garbato. E quella "comunione", lungi dal risultare la celebrazione di un sacramento, sa di invito alla partecipazione, a un mettere in comune e, chissà mai, a un ideale comunista.

Zavattini – azzardo e faccio mio un giudizio che negli anni '50 trova particolare riscontro – è un binario. Nel senso di sistema basato sullo 0 e sull'1, sulla nullità e sulla precedenza, sull'assoluto e sulla priorità; però anche nel senso di due rotaie, di per sé soltanto rettilinee ma che, abbinate tra loro, conducono un meccanismo a un traguardo, a un risultato. Ed ecco la conferma. Per valutazione quasi unanime *Umberto D.* (1952) è il risultato più alto del lavoro in comune con De Sica, un'epitome o un'epifania del neorealismo integrale. Si vorrebbe che tutto fosse naturale, spontaneo, legato all'improvvisazione o alla sensibilità del regista, e una parte del peraltro scarso pubblico (e della critica) ci crede. È invece, però, un film già molto "costruito" sulla carta, come attesta il fascicolo-libro che nel 1953 gli viene dedicato, a cura di Luigi Chiarini: tra l'altro, la prima delle poche volte che l'*iter* zavattiniano viene documentato[34]. Ebbene, poco dopo *Umberto D.* appare nelle sale *Piovuto dal cielo* (1953). È firmato da Leonardo De Mitri, un regista che non fa storia anche perché morto poco più che quarantenne, e interpretato da Renato Rascel, un attore la cui conformazione fisica e la cui comicità surreale sembrerebbero inventate da Zavattini. Ma qui, fra tentazioni rivistaiole, bozzetti pseudorealistici e spiccioli di patetismo, il soggetto non prende il volo e anche il personaggio resta ancorato a un terreno che non è certo quello della favola o della poesia. È proprio il soggetto, però, a meritare qualche attenzione.

Intanto ne possediamo due stesure[35]. La prima, in forma di sinossi, fa esplicito riferimento al protagonista designato, tanto che il personaggio si chiama Rascel, proprio come potrebbe chiamarsi Charlot, e non è un caso giacché nel progetto si respira qualche reminescenza chapliniana. Un guitto si trasforma in ladro per amore e poi si finge un angelo "piovuto dal cielo" per ottenere la complicità di un bambino e soprattutto per non deluderlo: la simulazione dura sino al finale allorché Rascel si allontana con una nuova, più proletaria e meno esigente innamorata alla ricerca, chissà, del successo artistico. La seconda stesura, quasi in forma di trattamento, si limita a chiamare R. il personaggio e lo trasforma in un abituale borseggiatore, sfruttato da un complice più esperto, che si innamora di una sua derubata fino a convolare a complicate nozze con lei; non muta l'elemento dell'angelo simulato agli occhi del bambino, anzi la finzione viene retta sino alla fine, con una conclusione che vale la pena di riportare:

R. saluta il bambino. Ma siccome questo congedo avviene in giardino e il cancello è chiuso, il bambino vuole che R. voli oltre il muricciolo. Il salto è troppo grosso, ma R. non vuol deludere il bambino e spicca il salto, dopo aver tentato due o tre volte la corsa, e casca dall'altra parte fracassandosi le ossa. Ma siccome il bambino è salito su un monticello per vederlo ancora un poco, egli si rialza fingendosi svelto e ilare e s'allontana saltando per poi, svoltato l'angolo della strada, camminare tutto zoppo e dolorante.

Sia dalla sinossi sia dal trattamento emergono, sia pure un po' datati nelle caratteristiche esteriori, elementi di un "fantastico sociale" (la «maniera socialfiabesca» come la definisce, non senza simpatia, Giulio Cesare Castello su *Cinema*) che Zavattini anche nel cinema persegue più di quanto abitualmente gli venga accreditato. Ma alla produzione italiana di allora – e di sempre – manca l'autore (salvo un ipotetico Zavattini stesso) capace di tradurre in immagini tali "fantasie", anzi di reinventare un linguaggio apposito. E poi, in quei primi anni '50 in particolare, la fiaba, si sa, suona come evasione e l'evasione, quella vera, comincia ad ammantarsi di pseudofiabe. Un terreno che scotta due volte...
A proposito di fiabe, nessuno bada, per esempio, ad *Alì Babà e i 40 ladroni* (*Ali Baba et les 40 voleurs*, 1954) che Zavattini scrive per Jacques Becker. Né per il grande regista né per il famoso scrittore si tratta comunque di una vacanza (se non nel senso che l'italiano, nel gennaio del 1954, vola per un paio di settimane a Parigi per lavorare a fianco a fianco con il francese), semmai di un tentativo di sposare un certo populismo a un certo fantastico, complice un Fernandel utilizzato «alla Charlot» come asserisce George N. Fenin su *Cinema Nuovo*[36]. V'è di più, e – tanto per cambiare – sul malinconico finale: Alì Baba, con un po' di amarezza, si ritrova nella famosa caverna rimasta vuota dopo che tutti i poveri ne sono partiti a mani piene... Ma, a proposito di oro, siamo nello stesso anno de *L'oro di Napoli* e di quello che Carlo Ponti, obiettivo Sophia Loren, complice o succube De Sica, comincia a profondere a favore di una certa idea di cinema divistico italiano, con Zavattini – un po' perplesso, un po' sulla difensiva – in fureria. Il mutare dei tempi, anche a essere generosi, non è privo di ef-

fetti. Può capitare – di nuovo il "binario", di nuovo una coincidenza – che nello stesso anno 1953 vedano la luce *Stazione Termini* (forse un bel soggetto di Zavattini, certo una blanda regia di De Sica, sicuramente un film "americano" ambientato in Italia, una resa al divismo di Montgomery Clift e di Jennifer Jones, complice il marito di lei, il mitico produttore David O. Selznick) e due pellicole quasi sperimentali: *L'amore in città* e *Siamo donne*, ove il ruolo di Zavattini è integrale, dall'ideazione alla supervisione, e suo vorrebbe essere anche il "metodo". Una tipica espressione dello scrittore – «Le intenzioni erano meravigliose...» – ben si attaglia anche a questi due film collettivi, con quel che però lasciano sottintendere i puntini di sospensione. A quel cinema italiano, a quel programma zavattiniano manca la temperie del "nuovo che avanza", manca l'audacia dell'avanguardia, manca una verità davvero rivoluzionaria. *L'amore in città* finisce con l'assomigliare a una versione filmata dei gloriosi fototesti dei primi rotocalchi, quelli del settimanale *Tempo* nella fattispecie. Quanto a *Siamo donne*, il tentativo di frugare nella vita privata di altrettante star finisce con l'assomigliare ai fotoservizi sulle "case delle dive", sia pure nella versione fantasiosa delle citate *Cronache di Hollywood*.

Quando nel 1956 Zavattini (e De Sica) tornano alla grande sul set neorealista, le aspettative (di pochi) sono molte ma le felicitazioni (di molti) sono poche. Strada facendo, il "movimento" si è un po' patinato, gli attori presi dalla strada hanno volti che ricordano quelli dei cineromanzi (che forse costituiscono il loro modello di vita), i dialoghi colti in tram o al mercato hanno perso in pari misura di freschezza, infine il problema sociale – quello vero, della carenza di alloggi e del proliferare di baracche abusive – fa ormai dibattere più a livello di urbanisti che a livello di cineasti.

Stiamo parlando de *Il tetto* (1956), che, dai citati punti di vista, convince poco oggi come convinceva poco allora. Ma che accade a leggerlo in chiave di fiaba populista e popolare, di fantasia attinente il reale? Il film tiene benissimo, è coerente a

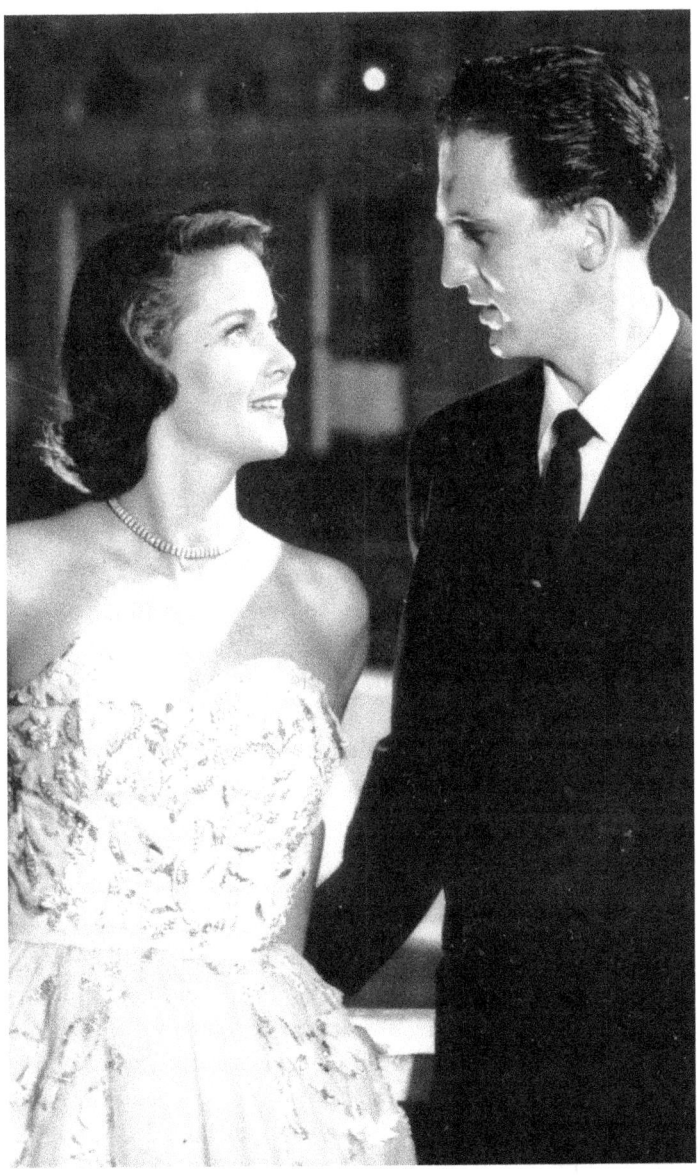

Alida Valli in *Siamo donne* (1953), episodio di Gianni Franciolini (foto Poletto)

Zavattini e pertinente al miglior De Sica, tutto tono su tono, tutto strillo su strillo, tutto umanità su umanità. È in storie come questa che il soggettista-sceneggiatore fonda mirabilmente due propensioni antitetiche: l'attingere alla cronaca in modo spasmodico e un po' maniacale (il vero è vero se lo riporta un articolo di giornale, una notizia di nera o di rosa, e magari i "ragazzi" si devono precipitare a depositare il soggetto alla SIAE) e il ricorrere al proprio immaginario, schedato in testa più che in un cassetto (da tempo immemorabile, si potrebbe aggiungere, ma senza che ciò implichi ripetitività o assuefazione).

L'iter de *Il tetto* ci è stato restituito in maniera encomiabile da Michele Gandin[37] e parrebbe testimoniare soltanto la prima ipotesi, questa volta particolarmente "sposata" giacché l'ispirazione "dal vero" risalirebbe al 1946 (conoscenza del personaggio di Natale Zambon) e il primo tentativo di utilizzo al 1952 (preparazione del film a episodi *Seguendo gli uomini*)[38]. Eppure sussiste il sospetto che una così vasta e articolata documentazione non inferisca più di tanto sull'idea base e sulla sua estrinsecazione, che risponde appunto a una propensione e a una volontà fabulatorie, le stesse che chiunque abbia avuto modo di parlare con Zavattini riscontrava facilmente nella sua continua trasfigurazione del più modesto o umile aspetto del reale.

Ecco che *Il tetto* – ma non era così a ben guardare, anche per *Umberto D.*? – si configura allora come una *fabula* in panni moderni, con un trionfo molto provvisorio, anzi precario, della perseveranza e della bontà, una volta superati gli ostacoli frapposti dagli uomini e dalle cose, non senza interventi magici giunti in soccorso dei peregrinanti. E sono poi, grazie alla regia, i gesti e gli sguardi, le movenze e le significanze a conferire un'ulteriore aura di irrealtà a sembianze che nessuna fotografia dal vero restituirebbe allo stesso modo... Lasciamo aperto il dibattito su una questione apparentemente retorica: è De Sica a farsi zavattiniano nei pochi casi in cui si rende conto che il film *appartiene* decisamente al suo partner (allo

stesso modo in cui si verificherebbe il contrario quando lo sceneggiatore si simula desichiano per porsi al servizio della regia
di costui) o è Zavattini stesso a calcare talmente il pedale sul-
l'aspetto immaginario da rendere impossibile una presunta registrazione di realtà quale il mezzo cinematografico dovrebbe
garantire?

Tentiamo di sciogliere il dilemma con un ultimo raffronto,
quello relativo ad *Amore e chiacchiere*, che esce l'anno successivo a *Il tetto*, il 1957. Proprio lo stesso giorno, 9 aprile
1956, in cui annota su un suo diario personale: «Visti nuovi
pezzi girati da De Sica. Necessità di rigirare le case viste dal-
l'autobus al ritorno a Roma degli sposi in modo che la scena
sia più bella ed evidente» (l'indomani annoterà: «De Sica de-
cide di doppiare voce di Natale perché troppo di testa» ed è la
solita resa alla *fiction*), Zavattini data il soggetto del film che
lo vedrà ancora una volta all'opera per Blasetti.

Amore e chiacchiere si sarebbe dovuto chiamare *Salviamo il
panorama*[39] ma il titolo appare troppo "turistico" in un'epoca
in cui l'ecologismo non fa certo leva sui sentimenti e la di-
zione "tutela del paesaggio" voluta dalla Costituzione repub-
blicana e comunque assolutamente disattesa è ancora oggetto
del dileggio del *Candido* guareschiano e dei suoi destrorsi si-
milari. Il "panorama" da difendere non ha comunque scopi
naturalistici collettivi, dato che riguarda solo la "vista" che il
ricco del paese vuole preservare a ogni costo, anche a scapito
del necessario sopralzo dell'ospizio dei vecchi a fronte della
sua villa. Ma a noi, e soprattutto a Zavattini, interessa la tematica di sempre: la contrapposizione fra ricchi e poveri, fra
"parolai" e gente che le parole le misura, fra promesse e fatti;
e il bel soggetto, ancorché incompleto, mantiene le premesse
sin dalle prime righe, quando – indicando l'epoca dell'azione,
poi trasferita dal regista nei profondi anni '50 – recita te-
stualmente: «un'atmosfera da fine della guerra, quando tutte
le parole pareva certissimo che diventassero poi dei fatti».

Sembra un'epigrafe e forse – parlando di Zavattini soggettista,
sceneggiatore, scrittore di cinema e per il cinema – conviene

fermarsi qui[40]. Poco importa che anche *Amore e chiacchiere* denunci una realizzazione approssimativa e controversa, che risulti una sorta di "Parole, amore e (poca) fantasia", che De Sica attore trovi in Gino Cervi l'occasione per duetti gigioneggianti, che la cittadina rurale suoni di maniera non meno della campagna di *Quattro passi fra le nuvole*. Importa di più che il film sia un po' il presagio di quanto sarebbe capitato a Zavattini negli anni '60 e '70, qualcosa che costituisce decisamente un discorso a sé: nel bene – rappresentato dai pur spigolosi film collettivi e da quel "canto del cigno" che è *La veritàaaa* – e nel "male", costituito da partecipazioni poco credibili o da ultimi e pesanti "tradimenti"[41].

Potrebbero salvarsi solo un paio di titoli, nel primo scorcio degli anni '60, entrambi non a caso richiamanti il passato: qualcosa de *Il giudizio universale* (se non altro la galleria di "vecchi" raccontini o soggettini, recuperati un po' fortunosamente) e qualcosa de *Il boom* (quanto attiene a un vecchio racconto, *L'uomo che vendette un occhio*, già portato in teatro con il titolo *Come nasce un soggetto cinematografico*). Ma siamo appunto in un'epoca in cui l'unico "miracolo" può essere quello "economico", l'unico "giudizio" che vale è quello del produttore (Dino De Laurentiis nella fattispecie). I soggetti contano quello che contano...

L'uomo che tentò di dare a tutti un soggetto stravagante, che distribuì parole perché si trasformassero in immagini, che si accanì perché il cinema mutasse, che coniugò fantasia e realtà senza giustamente mai propendere per l'una o per l'altra, osservato alla distanza ci sembra più ricco e più spoglio: ricco per ciò che ha dato, spoglio per ciò che ha ricevuto. E un finale malinconico non stona[42].

Meglio, tuttavia, un controfinale. Già in quegli anni '50, Zavattini pensava al cinema e lavorava per esso, perché altrimenti non avrebbe potuto fare. Ma in realtà si direbbe pensasse alla o per la televisione. Non certo quella creativamente modesta, tecnicamente limitata e contenutisticamente bigotta del periodo, che peraltro lo escluse da ogni rapporto in modo radicale, bensì quella che forse un giorno sarebbe venuta. Zavattini era, poteva essere un precursore di quella TV-verità che altri avrebbero più o meno efficacemente gestito dai tardi anni '80 ai primi anni '90. Nella fattispecie certi programmi della Rai Tre di Angelo Guglielmi e Bruno Voglino, di Michele Santoro e Gianni Ippoliti, di Piero Chiambretti e – perché no? – Donatella Raffai. Chi ha portato le telecamere nei luoghi più impensati, chi ha reso protagonista l'uomo della strada, chi ha pedinato la realtà in atto, chi ha raccontato gioie e dolori comuni, chi ha fatto politica dal basso, chi si è inventato *gags* surreali che muovevano dal quotidiano ha indubbiamente qualche debito di riconoscenza nei confronti di Za. Ma qui si aprirebbe un altro discorso. [*1997*]

1. Questo studio, intitolato originariamente *Diamo a tutti un soggetto stravagante*, nasce da una ricerca effettuata in occasione di una grande mostra-manifestazione che avrebbe dovuto svolgersi verso la fine del 1991 al Palazzo delle Esposizioni di Roma e di cui poi non si fece nulla per motivi economici e organizzativi. Una prima versione dello studio, senza modifiche sostanziali rispetto alla stesura dell'agosto 1991, è apparsa con il titolo *Za soggettista e sceneggiatore* in *Una vita Za. Le opere e i giorni di Cesare Zavattini. Giornalismo, letteratura, cinema*, a cura di Paolo Nuzzi, Guanda, Parma 1995, volume apparso in occasione di una più modesta per quanto generosa manifestazione (Parma, 4 novembre – 3 dicembre 1995, e poi ristampato come *Zavattini. Una vita in mostra*, sempre a cura di Paolo Nuzzi, Bora, Bologna 1997. Il convegno su *Scrittori e cinema tra gli anni '50 e '60* voluto dalla Fondazione Luciano Bianciardi (Grosseto, 27-28 ottobre 1995), la discussione che si è svolta in quella sede e, nel 1997, la pubblicazione in volume sono state le occasioni per riprendere il testo, rivederlo in varie formulazioni e aggiornarlo ove possibile.
2. Cfr. *Cinquant'anni e più... Carteggio Bompiani Zavattini (1933-1989)*, a cura di Valentina Fortichiari, con testimonianze di Gaetano Afeltra e Silvana Ottieri Mauri, Bompiani, Milano 1995. Il volume – purtroppo privo di un indice analitico e dei nomi che lo avrebbe reso strumento più praticabile – rende conto, forse meglio di tanti altri documenti da lui destinati alla pubblicazione, della tumultuosa attività, tra quotidiani impulsi ed epocali dispersioni schizofreniche, di Zavattini, ma è meno utile di quanto si potesse ritenere per sciogliere nodi interpretativi e dubbi "filologici", che anzi vengono "schermati" dalla virulenza

e dalle eccitazioni dell'autore. Alla soluzione definitiva di tali nodi e dubbi si dovrà lavorare solo a partire dai testi dei soggetti, il giorno che potranno essere completamente esaminati, con la comparazione delle opere realizzate o coeve, secondo un mio progetto che spero mi sia consentito realizzare. [Cfr. ora, affidato ad altri, Cesare Zavattini, *Uomo, vieni fuori. Soggetti per il cinema*, a cura di Orio Caldiron, Bulzoni, Roma, 2006].

3. Da una conversazione con l'autore, 24-25 marzo 1962. Ora in *Cinema e cinema*, n. 20, luglio-settembre 1979, pp. 60 e 62, e nel presente volume integralmente riportata.

4. La filmografia cui ci si riferisce è quella curata da Aldo Bernardini e Pier Luigi Raffaelli per *Cesare Zavattini*, Centre Georges Pompidou/Regione Emilia-Romagna, Paris/Bologna 1990, la quale tiene conto delle filmografie precedenti, che peccavano per difetto o per eccesso. Quella da me stabilita nel 1979 con metodi parzialmente empirici comprendeva, ad esempio, una collaborazione alle sceneggiature di *Mafioso* (1962, di Alberto Lattuada) e di *Matrimonio all'italiana* (1964, di De Sica) vivacemente smentita dall'interessato. Maggiori sono sicuramente i contributi non accreditati o non ammessi da ambo le parti. Circola voce, per esempio, che *Una giornata particolare* (1977, di Ettore Scola) muova da un soggetto o perlomeno da un'idea zavattiniana; che *Giovannino* (1976, di Paolo Nuzzi, dal romanzo di Ercole Patti) abbia visto Zavattini al lavoro; che vi siano stati giovani con i quali egli è stato generoso di consigli poi non sempre seguiti o, nemmeno privatamente, riconosciuti.

5. Mi riferisco in particolare a Giaci Mondaini (*Darò un milione*, 1935), a Piero Tellini (*Quattro passi fra le nuvole*, 1942, e il suo remake, *Era di venerdì 17*, 1957), a Suso Cecchi d'Amico (*È primavera*, 1950) e, forse, a Tonino Guerra (*I girasoli*, 1970).

6. L'articolo è apparso in *Zavattini 1928. Corsivi per la "Gazzetta di Parma"*, a cura del Collettivo di Studio ITC-Suzzara, Gruppo di Cooperazione Editoriale, Suzzara, 1973; è stato ripreso integralmente nel mio saggio, *Quasi Zavattini. La quotidiana teoria del quotidiano*, in *Zavattini cinema*, a cura di Tullio Masoni e Paolo Vecchi, Reggio Emilia, 1988, qui riprodotto; inaugura infine la raccolta *Cronache da Hollywood*, a cura di Giovanni Negri, Lucarini, Roma, 1991.

7. È perlomeno singolare che ancora nel 1988 si possa cadere nella trappola, come accade a un'esauriente ricerca effettuata a cura della Scuola di Specializzazione in Comunicazioni Sociali dell'Università Cattolica. A proposito di *Cinema Illustrazione* si legge infatti: «Ai collaboratori italiani si aggiunge poi una fitta schiera di articolisti americani [...]: i vari G. Owen, Kaiser Zha, Jules Parme, Luis Sassoon, Curt Riess, ecc. Si trattò con ogni probabilità, degli addetti agli uffici stampa delle grandi Case di produzione statunitensi, incaricati di dar vita e fortuna in patria e all'estero, al mito divistico [...]». Cfr. Raffaele De Berti e Marina Rossi, *Cinema e cultura popolare: i rotocalchi illustrati*, in *Il cinema a Milano tra le due guerre*, a cura di Francesco Casetti e Raffaele De Berti, *Comunicazioni so-*

ciali, a. X, n. 3-4, luglio-dicembre 1988, p. 242. Ciò che lascia maggiormente pensare – ma accade agli accademici – è il non aver colto la vena umoristica degli scritti, promozionale solo in senso molto lato e anzi, per certi versi, rientrante in quella tendenza antiamericanista – sberleffo delle "americanate" compreso – tanto diffusa allora. Cfr. il bel volume di Michela Nacci, *L'antiamericanismo in Italia negli anni trenta*, Bollati Boringhieri, Torino, 1989, che pur si limita ad analizzare le pratiche alte.

8. Cfr., rispettivamente, *Un duello e un fidanzamento andati a monte*, in *Cinema Illustrazione*, 22 giugno 1932; *Cronaca da Hollywood*, ivi, 22 giugno 1932; *Miriam Hopkins e... i corsari*, ivi, 6 luglio 1932, ora in *Cronache da Hollywood*, cit., pp. 92-96. Si tenga conto delle date: tre "idee" in quindici ipotetici giorni.

9. La notizia è tratta da Raffaele Masto, *I dolori di un giovane soggettista. Colloquio con Zavattini*, in *Cinema* v.s., a. I, n. 4, 25 agosto 1936. Nell'intervista Zavattini onestamente ammette le influenze subite: *I poveri in auto* «era un tentativo di film comico sul genere di *Se avessi un milione* [*If I Had a Million*, 1932, supervisione di Ernst Lubitsch]» e di qui muove Roberto Campari (cfr. *Zavattini e la commedia americana*, in *Zavattini cinema*, cit.) per un'acuta e dettagliata analisi dei rapporti indiretti tra lo scrittore e certo cinema americano (Frank Capra in primo luogo). Analisi, oltre che ben documentata, indubbiamente suggestiva, con il rischio però di addentrarsi in un gioco di rimandi di cui tutto il cinema abitualmente si nutre.

10. Quanto ai rapporti con Angelo Rizzoli, dall'assunzione al licenziamento per motivi sindacali, cfr. Alberto Mazzuca, *La Erre verde*, Longanesi, Milano, 1991, *passim*.

11. *I dolori di un giovane soggettista*, cit.

12. Cfr. *Cinque poveri in automobile. Soggetto di Cesare Zavattini*. Si tratta di 5 cartelle dattiloscritte a spazio 2, prive di data e di correzioni autografe. Testo conservato presso l'Archivio Zavattini, ove ho potuto consultarlo. Per questo e altri testi inediti messimi a disposizione ringrazio i conservatori e in particolare la dottoressa Valeria Faletra.

13. Cfr. *Diario cinematografico*, a cura di Valentina Fortichiari, Mursia, Milano, 1991, pp. 23-26. Mi riferisco a questa riedizione anche per segnalare che, contrariamente all'edizione Bompiani del 1979, è corredata di un indispensabile indice dei nomi.

14. Le definizioni sono dello stesso Zavattini (*I dolori di un giovane soggettista*, cit.) che conclude il suo sfogo con Raffaele Masto in termini parimenti ironici ma ugualmente – e due volte – profetici: «Se vuoi far del mestiere, vendi la tua idea, intasca i biglietti da mille e non occuparti dello scempio che faranno della tua creatura. Ma se non riesci ad uccidere il dèmone della poesia pura, impara a sceneggiare i tuoi soggetti. Poi impara a fare l'operatore ed il regista. Poi impara a fare l'attore. Allora, forse...». Solo quasi mezzo secolo dopo sarebbe giunta *La veritàaaa*...

lorenzo pellizzari

15. *Buoni per un giorno. Soggetto per film di Cesare Zavattini e Giani* [sic] *Mondaini*, in *Quadrivio*, n. 43, 19 agosto 1934, pp. 3-4, con 6 disegni di Cavalli.

16. Cfr. Alberto Crespi, *Zavattini: io sono il critico*, in *Cinema e cinema*, n. 20, cit.

17. *Bionda sottochiave*, in *Tempo*, a. III, n. 11, 21 settembre 1939. Crespi (saggio cit.) la definisce «un'uscita autoironica tutt'altro che superficiale».

18. Le informazioni sono ricavate da una nota conservata nell'Archivio Zavattini e riprodotta in *Basta coi soggetti!*, a cura di Roberta Mazzoni, Bompiani, Milano, 1979, p. 307. Il volume riporta il soggetto di *Diamo a tutti un cavallo a dondolo* (nella stesura originale) alle pp. 27-34.

19. Cfr. Gianni Isola, *Abbassa la tua radio, per favore...*, La Nuova Italia, Firenze, 1990, pp. 197 e 212. Il critico de *La Stampa*, Auditor, pur senza nominarlo, non esita ad affermare che Zavattini «farebbe meglio a non perdere il suo tempo e a non farlo perdere agli ascoltatori» (13 gennaio 1934), ma cinque anni dopo è lo stesso Zavattini, in una lettera polemica in difesa delle canzonette che l'EIAR vorrebbe bandire, a ironizzare su se stesso: «noioso, come tutti i conversatori alla radio. Credo di essere ascoltato da mia madre solo perché la mia cara madre si appisola vicina all'apparecchio come una volta vicino al caminetto» (*Il Settebello*, a. 6 [1939], n. 273). Sui rapporti tra EIAR e intellettuali, cfr. anche Franco Monteleone, *La radio italiana nel periodo fascista*, Marsilio, Venezia, 1974, che pur non ricorda l'attività di Zavattini.

20. *Abbassa la tua radio, per favore...*, cit., p. 80.

21. «È una pessima imitazione di quelle commedie americane tipo *Gioia di vivere, Quei cari parenti*, ecc. [...] Di commedie basate su famiglie come questa [...] ne abbiamo viste a centinaia. [...] *Una famiglia impossibile* ricalca in pieno questi vecchi temi e li ricalca in modo disordinato e impreciso» (Osvaldo Scaccia, in *Film*, 4 gennaio 1941). «Una comica invenzione di Zavattini, con parecchi spunti graziosi. Cito la trovata del regista che, capitando in quel pandemonio "domestico", prende automaticamente la regia della famiglia impossibile» (Filippo Sacchi, *Corriere della Sera*, 5 gennaio 1941). Entrambi riportati da Francesco Savio, *Ma l'amore no*, Sonzogno, Milano, 1975, pp. 131-132.

22. Giuseppe De Santis, recensione a *La scuola dei timidi*, in *Cinema* v.s., a. VII, n. 135, 10 febbraio 1942.

23. *Totò il buono*, in *Cinema* v.s., a. V, n. 102, 25 settembre 1940, pp. 228-230, con 4 disegni di Lotte Reiniger. La famosa regista tedesca – maestra di quel cinema d'animazione da cui Zavattini è volte attratto, allora a Roma per collaborare alla *Tosca* di Renoir/Koch – non esita ad attribuire al personaggio le fattezze del principe de Curtis e offre inoltre due vedute d'insieme che anticipano per certi versi le future scene del film.

24. La lettera dattiloscritta – datata «Roma, 23 gennaio 1941» e conservata presso l'Archivio Zavattini – merita di essere riportata integralmente: «Caro Zavattini, ti confermo con questa mia quanto ti dissi a voce, che cioè rinuncio a qualsiasi mio diritto morale e materiale sul soggetto *Totò il buono* apparso nella Rivista *Cinema* con la firma tua e mia. Il soggetto resta dunque di tua assoluta definitiva proprietà, a tutti i fini; puoi pertanto trattarlo e disporne come meglio credi oggi e sempre. Ti prego solo di lasciare il mio nome accanto al tuo per le ragioni che sai, e cioè: 1°) come attestazione della mia adesione al soggetto che mi piace profondamente, che credo possa sul serio costituire nel campo dell'umorismo cinematografico una carta nuova; 2°) perché in tal modo sarà più facile che tocchi a me la ventura di interpretarlo. So a quali difficoltà andrai incontro nel campo dei produttori con questo soggetto, ma mi pare che la nostra situazione migliori di giorno in giorno così che iniziative giudicate difficilissime ieri non lo sono più oggi e lo saranno ancora meno domani; 3°) perché quando me lo raccontasti sentii subito e prima di ogni altro come fosse Totò al cento per cento, nelle mie più segrete aspirazioni, e ti suggerii di far nascere il protagonista in un cavolo avendone sentito tutta la sua umanità fiabesca e vicina alla natura. Chiunque lo interpreti, ti domando un altro favore: di darti una mano quando lo sceneggerai. Sarei lieto di contribuire con te al perfezionamento del tuo soggetto. Tu sai che su quella linea non mi mancano le idee e le trovate efficaci, tu sai che toccandomi nei tasti giusti io so inventare oltre che interpretare. Ti ripeto, questo lo farai se vorrai e se potrai. Io sono lieto, insomma, di mettermi a tua disposizione con quel tanto di fantasia e di poesia che tu mi hai riconosciuto da molti anni e recentemente nell'articolo di *Scenario*. Ti saluto, caro Zavattini, e ti auguro di varare *Totò il buono*. Se avrò la fortuna di esserne io l'interprete, credo che potremo gareggiare direttamente con i migliori prodotti stranieri. Fammi sapere qualcosa, tuo Antonio de Curtis (Totò)». Accadrà invece, per uno strano processo di rimozione, che il soggetto – pur pubblicato sulla rivista più diffusa e prestigiosa – verrà dimenticato quasi da tutti e che *Miracolo a Milano*, come accreditato dai titoli di testa, risulterà tratto dal successivo romanzo di Zavattini (*Totò il buono*, Bompiani, Milano, 1942). La lettera in questione è apparsa a mia cura, successivamente alla prima stesura di questo saggio, su *l'Unità* del 15 aprile 1992, unitamente, a cura di Aggeo Savioli, a un'intervista di Zavattini a Totò, ripresa da Scenario del settembre 1940.

25. Cfr. *Quattro passi nelle nuvole. Soggetto originale di Cesare Zavattini e Piero Tellini.* Si tratta di 27 cartelle dattiloscritte a spazio 3, prive di data e di annotazioni autografe, conservate presso l'Archivio Zavattini.

26. Cfr. *Il marito povero.* Si tratta di 10 cartelle dattiloscritte a spazio 1, prive di altre indicazioni, data e annotazioni autografe, conservate presso l'Archivio Zavattini.

27. Sergio Pugliese (Ivrea, 1908 - Roma, 1965), giornalista, autore e critico teatrale, è il futuro alto dirigente televisivo. Dalla sua commedia *L'ippocampo* viene tratto nel 1943 l'omonimo film di Gian Paolo Rosmino su sceneggiatura degli altri nomi citati e con De Sica anche protagonista. Adolfo Franci (Firenze, 1895 - Roma, 1954), giornalista e critico letterario – che ha presentato (secondo una testimonianza televisiva degli interessati) Zavattini a De Sica –, sceneggia film dal 1942, grazie probabilmente alla fiducia che il regista pone in lui. È implicato in *Gian Burrasca* (1943, di Sergio Tofano), ne *I nostri sogni* (1943, di Vittorio Cottafavi), nel citato *L'ippocampo*, ne *I bambini ci guardano*, ne *La porta del cielo*, in *Sciuscià*, in *Ladri di biciclette* e in *Miracolo a Milano*. Margherita Maglione, pseudonimo della scrittrice svizzera Margherita Dusselhofer (grafia incerta), lavora tra l'altro per *Teresa Venerdì*, *I nostri sogni*, *L'ippocampo*, *I bambini ci guardano*.

28. Cfr. *L'angelo e il diavolo. Soggetto cinematografico di C. Zavattini*. Si tratta di 3 cartelle dattiloscritte a spazio 1, datate «Roma, Luglio 1945», firmate in calce e siglate a lato, conservate presso l'Archivio Zavattini.

29. Cfr. *Soggetto di Cesare Zavattini per un film dal titolo provvisorio "Mario e Maria", "La vita comincia a San Marino", "Lo sconosciuto di San Marino"*. Si tratta di 11 cartelle dattiloscritte a spazio 1, prive di data e di annotazioni autografe, conservate presso l'Archivio Zavattini.

30. Cfr. *È più facile che un cammello*. Si tratta di 2 cartelle dattiloscritte a spazio 2, prive di data, firmate in calce e a lato, con l'indicazione manoscritta "Soggetto cinematografico", conservate presso l'Archivio Zavattini.

31. Lettera riportata in Domenico Meccoli, *Luigi Zampa*, Edizioni Cinque Lune, Roma, s.d. [ma 1955], p. 60.

32. Intervista del 16 luglio 1988 riportata in *Scrivere il cinema: Suso Cecchi d'Amico*, a cura di Orio Caldiron e Matilde Hochkofler, Dedalo, Bari, 1998, p. 47. In altra occasione Suso aveva raccontato: «*È più facile che un cammello* era un soggetto di Zavattini, diciamo pure abbastanza brutto e con una morale molto cattolica, come anche *Prima comunione*: sono due soggetti che si somigliano. Lui non poteva occuparsene, e decidemmo che io e Brancati ci saremmo più occupati di questo, e lui di un altro progetto. Facemmo questa sceneggiatura, che era quello che era, un film che neanche somigliava molto a Zampa, Zampa poteva fare solo delle cose più semplici. Lo realizzarono. Andammo a vedere questo film e io dissi a Zavattini: "È molto brutto, perché lo vogliono mandare a Venezia? È un film come un altro, non è venuto col buco, ma per piacere!, questi lo vogliono mandare a Venezia, facciamo qualche cosa perché non ce lo mandino perché sarà un massacro, non è un film da festival!". In quel momento stavamo lavorando a un altro film, sempre con Brancati e Zavattini, e ci trovavamo a Zurigo, e abbiamo la notizia che il film va a Venezia. "Ma come, abbiamo detto tanto che non ci andasse...". E Zavattini ci dice che doveva partire immediatamente. Io e Brancati restammo lì a continuare il lavoro, quando leggiamo con stupore sul *Corriere della Sera* che Zavattini era corso a mandare una sua lettera a Venezia dove diceva che con il film non c'entrava, eccetera, eccetera. L'articolista diceva: "Questo film è sbagliato, è deludente, ma poi abbiamo capito perché quando abbiamo trovato una lettera di Zavattini a tutti noi critici dove dice che lui insomma non c'entrava...". Brancati è siciliano. Io, be', che ti frega, prendi una stroncatura, ed è finita. Ma Brancati se la prese in un modo incredibile, senza precedenti, e io non potevo non solidarizzare con lui, eravamo insieme. Brancati ha scritto degli insulti tremendi a Zavattini sull'*Europeo* raccontando tutta questa storia e io mi dissi: "Non si può andare avanti così", perché di tutti i lavori che facevamo insieme se andavano bene c'era solo Zavattini, non esisteva nessun altro», in Franca Faldini e Goffredo Fofi (a cura di), *L'avventurosa storia del cinema italiano raccontata dai suoi protagonisti. 1935-1959*, Feltrinelli, Milano, 1979, p. 209. Successivamente all'incidente i nomi di Suso e di Za compariranno ancora abbinati per *È primavera, Miracolo a Milano, Bellissima, Buongiorno elefante*. Sull'argomento, cfr. anche Giacomo Gambetti, *Cesare Zavattini. Guida ai film*, I.COM, Roma 1994, che cita una lettera esplicativa di Zavattini ad Arrigo Benedetti, direttore de *L'Europeo*, del 14 settembre 1950: «il mio nome – come era giusto – non comparve tra quelli degli sceneggiatori».

33. Cfr. *Prima comunione*, soggetto di Cesare Zavattini, in *Cinema* n.s., a. II, n. 25, 30 ottobre 1949, pp. 221-224, con 7 disegni di F.F. Frisone. Il testo è preceduto da una nota secondo la quale sarebbe stato Blasetti a chiedere a Zavattini «un nuovo soggetto», che dovrebbe essere interpretato da De Sica. Il soggetto – elemento davvero singolare – è scritto in prima persona, con riferimenti molto personali (compresa l'abitazione del protagonista sita in via Merici 40), e pare l'occasione per disegnare, in modo anche autocritico, un ritratto di "ipocrita 1949".

34. Cfr. *Umberto D.: dal soggetto alla sceneggiatura*, a cura di Luigi Chiarini, n. speciale della *Rivista del Cinema Italiano*, Bocca, Milano-Roma, 1953. «Una sceneggiatura che prevede al millimetro caratteri, movimenti, dialoghi» scrive Giacomo Gambetti in *Cesare Zavattini. Guida ai film*, cit. Di questo libro, che rappresenta probabilmente il più compiuto tentativo di fare luce sulle molteplici attività e partecipazioni di Zavattini, che avanza ipotesi e ricostruisce situazioni, sarebbe sicuramente occorso tener maggiormente conto.

35. Cfr. *Piovuto dal cielo* (*Titolo provvisorio*). Si tratta di 2 cartelle dattiloscritte a spazio 2, firmate e siglate a lato, prive di data e di annotazioni autografe. Cfr. poi *Piovuto dal cielo. Soggetto cinematografico di Cesare Zavattini*. Si tratta di 10 cartelle dattiloscritte, firmate e siglate a lato, con correzioni autografe, munite di timbro di deposito e registrazione presso la SIAE in data 17 ottobre 1952. Entrambi i testi sono conservati presso l'Archivio Zavattini.

36. Dissento, almeno in questo caso, dal giudizio di Giacomo Gambetti (*Cesare Zavattini. Guida ai film*, cit.): «*Alì Babà* esula in modo pressoché totale dal mondo culturale di Zavattini e credo di poterlo affermare malgrado egli ne firmi il soggetto».

37. Cfr. *Il tetto di Vittorio De Sica*, a cura di Michele Gandin, collana "Dal soggetto al film" diretta da Renzo Renzi, Cappelli, Bologna, 1956, e in particolare le pp. 25-45 (prime idee, prime verifiche e primo soggetto) e 65-107 (cronache, colloqui e secondo soggetto).

38. Il film, poi andato a monte, seguiva una tipica idea zavattiniana e implicava nella preparazione alcuni scrittori (Giorgio Bassani, Attilio Bertolucci, Augusto Frassineti) e alcuni registi di documentari (Michele Gandin, Antonio Marchi, Francesco "Citto" Maselli, Gian Luigi Polidoro).

39. Cfr. *Soggetto* anonimo e incompleto. Si tratta di 19 cartelle a spazio 2, datate 9 aprile 1956, con annotazioni e correzioni autografe, conservate presso l'Archivio Zavattini.

40. A livello bibliografico, è doveroso ricordare almeno due contributi all'analisi o alla documentazione su Zavattini soggettista e sceneggiatore. Un primo apporto, tra il critico e il giornalistico, è quello di Mario Verdone, *La parte dello scrittore nel cinema italiano. Il contributo di Zavattini*, in *Cinema* n.s., a. II, n. 27, 30 novembre 1949, che conclude con un'affermazione dell'interessato: «Vorrei scrivere altro, ma non ne ho il tempo. Ormai il cinema mi ha preso. Ho la facoltà di inventare un soggetto per sera. E questo è anche il mio dramma». Due anni dopo la stessa rivista dedica, a cura di Aldo Paladini, ben cinque puntate a un servizio ("Soggetti di Zavattini senza cavallo a dondolo") basato su informazioni raccolte dal giornalista nel luglio 1950 presso lo stesso Zavattini e che si riferisce essenzialmente ai progetti non realizzati. Ecco comunque l'elenco degli articoli: *Flusso di sentimenti in Zavattini il buono*, in *Cinema* n.s., a. IV, n. 63, 1° giugno 1951; *Dagli schemi comici a quelli satirico-sociali*, ivi, n. 65, 30 giugno 1951; *Distesa interpretazione dell'anima collettiva*, ivi, n. 68, 15 agosto 1951; *Signori, sono le nove, comincia il giudizio universale*, ivi, n. 74, 15 novembre 1951; *Il neorealismo è morto, viva il neorealismo*, ivi, a. V, n. 85, 1° maggio 1952.

41. In questo quadro sarebbe ingiusto dimenticare le cose belle. Per esempio, il trascuratissimo *El joven rebelde* (1961, di Julio García Espinosa), il rapporto con Damiano Damiani per *Il rossetto* (1960), *Il sicario* (1961), *L'isola di Arturo* (1962); qualcosa de *Il giudizio universale* (se non altro la galleria di "vecchi" raccontini o soggettini, recuperati un po' fortunosamente). Senza scordare i materiali riemersi nel 1991 grazie alla Filmoteca Valenciana (Cesare Zavattini, L. García Berlanga, R. Muñoz Suay, *Cinco historias de España y festival de cine*, Valencia 1991) che propongono i testi di cinque soggetti estemporanei (*El Pastor, Emigrantes, La Capea, Soldado y Criada, Las Hurdes*) elaborati più o meno collettivamente dai tre autori nei primi anni '50.

42. Ricordiamo in proposito una conferenza sul tema *L'idée du film* tenuta da Zavattini il 7 febbraio 1959 nell'ambito della Université Radiophonique Internationale della Radiodiffusion-Télévision Française e di cui presso l'Archivio Zavattini esiste il testo in francese (9 cartelle dattiloscritte a spazio 2) destinato, dopo approvazione, a essere pubblicato nel 1960 sulla rivista *Table Ronde*. Vale la pena di riportarne un brano: «ma vie actuelle est celle d'un homme qui a cherché de toutes ses forces à ne pas faire ce qu'il lui plaisait de faire. Quelquefois même, j'étais presque honteux d'aller jusqu'à la resserre où j'avais enfermé ma

réserve de fantaisie et d'aménité, comme si cette resserre avait été trop riche-
ment garnie pour contenir ce que je cherchais: un morceau de pain sec gagné à
la sueur de mon front par le travail quotidien. Et pourtant je me suis demandé
souvent: "Est-ce que tu fais bien? Ne faut-il pas dans la vie être ce que l'on est
vraiment? Si tu es fait pour parler alouette, pourquoi t'obstines-tu à parler par-
vier?..."».

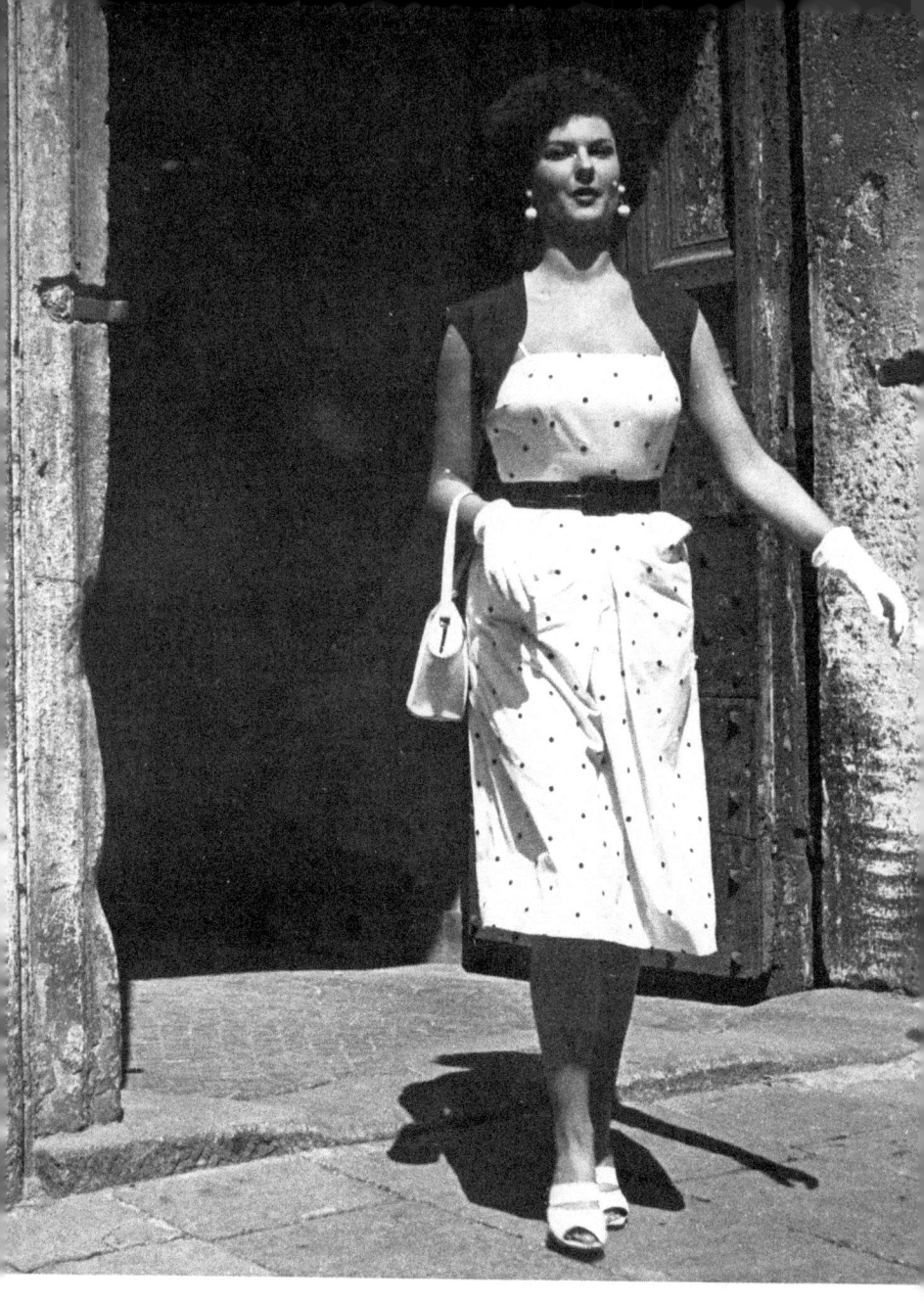

Gli italiani si voltano, episodio di Alberto Lattuada in *L'amore in città* (1953)

Za, il curioso delle immagini

Mi sembra molto bello e molto giusto che Zavattini sia ricambiato dalla fotografia nella stessa misura con la quale egli l'ha gratificata della sua attenzione. Per Cesare questo libretto[1], questo prezioso portfolio di Gianni Berengo Gardin, giunge come un riconoscimento, un risarcimento o, se vogliamo, anche come un ironico e giocoso contrappasso. Ma per arrivare a spiegare l'ultima affermazione conviene compiere qualche passo indietro.

Il 15 luglio 1954, sulla rivista *Cinema Nuovo*, che già ospita il *Diario* di Zavattini, prende il via una nuova iniziativa, quella dei "fotodocumentari". Come si spiega nel fascicolo successivo, l'intenzione del quindicinale diretto da Guido Aristarco è quella di occuparsi di «argomenti che ragioni di censura o di costo rendono pressoché irrealizzabili per il cinema», di indicare "temi" e di fornire "materiali". Del valore intrinseco della fotografia (che pure è in molti casi di ottimo livello) non si fa parola, forse in ossequio a un'epoca la quale – disdegnando formalismi e tecnicismi – bada maggiormente a univoche sostanze che si vorrebbero far corrispondere a corroboranti e rigenerativi contenuti. Ma ciò non impedisce che questa ideale eppur concretissima palestra di ricerche sul campo diventi una sorta di introduzione alla fotografia d'autore, esponendo nuovi talenti o firme ben note come Carlo Cisventi e Ugo Mulas, Chiara Samugheo e Franco Pinna, Enzo Sellerio e William Klein, e significhi per molti lettori la scoperta – oltre che di mondi sconosciuti, a cominciare da quelli che si profilano appena girato l'angolo di casa – del fatto fondamentale che il "vero" può anche essere "bello", o perlomeno che il secondo termine non esclude il primo.

A chi attribuire il merito dell'iniziativa, non altrimenti dichiarato[2]? Il sospetto è che a Zavattini si debba qualcosa, e per tre buoni motivi. Il primo è solo induttivo: il "fotodocumentario" che inaugura la serie, opera di Emilio Tadini e Carlo Cisventi, reca il titolo "Cronaca dalla Bassa", riferisce di una giornata di sciopero fra i salariati e i braccianti di Jolanda di Savoia (Ferrara) e pare tutto ispirato all'iconografia di *Ladri di biciclette*. Il secondo motivo è più diretto: proprio tra il 1954 e il 1955, Za nel suo diario è fervido di "proposte", da estendere al maggior numero possibile di partecipanti, e di "invenzioni", che gli stessi dovrebbero applicare al reale. Così, il 29 gennaio 1955 lancia addirittura due iniziative: quella delle "*short stories*" (chi produce documentari offra la possibilità a tanti giovani e oscuri talenti di cimentarsi nella realizzazione di cortometraggi a soggetto, e si bandisca un premio in proposito) e quella della "canzone neorealista" (un «grande tesoro autobiografico degli italiani» da cavar fuori «da gente che non ha niente in comune con Sanremo e con Velletri»).

Il terzo motivo è più esplicito. Una raccolta de *I fotodocumentari di "Cinema Nuovo"*, riservata nel 1956 agli abbonati, reca un'introduzione di Zavattini, che legittima l'iniziativa e nell'ambito della quale di nuovo nasce una "proposta". Val la pena di riportarne un brano, anche perché ci illumina sul rapporto dell'autore con l'immagine, su una sua "curiosità" offerta agli altri (ma come negata a se stesso).

Non ci sono più di due o tre registi in Italia che abbiano una poetica nella quale l'immagine sia l'elemento determinante e non ce n'è neanche uno, come non c'è nessuno scrittore di cinema, me compreso, il cui racconto proceda dall'immagine anziché trasferirsi successivamente nell'immagine. Il che limita l'orizzonte. Anche i fotografi in questo senso sono pochi mentre di macchine fotografiche ce ne sono a milioni. Perché la macchina fotografica è uno strumento da prima comunione, da commemorazione nel suo più popolare esercizio. Nessuno ha mai pensato di introdurlo nelle scuole per rendere meno enorme lo jato tra studi e vita, nessuno ha mai pensato di dare un tema da svolgere con la macchina fotografica. Sarebbero obbligati gli insegnanti, anche per una ragione tecnica, a un insegnamento più calzante con la realtà. La macchina fotografica ha infatti una finalità religiosa e fa perciò paura, e lo dico io che non la so adoperare. Questa carenza è uno degli aspetti di paura che talvolta la realtà mi suscita e che fa sì che io preferisca talvolta pensare la realtà piuttosto che vederla, affrontarla.

Due dei "fotodocumentari" di *Cinema Nuovo* sono comunque "zavattiniani". Il primo, *Natale e Luisa* (testo di Stelio Martini, foto di Max G. Scheler), si riferisce alla ricerca degli attori non professionisti – una ragazza dell'Italia centrale e un giovanotto veneto – che dovranno interpretare *Il tetto* (1956). L'aspetto più singolare è che il regista, Vittorio De Sica, si muove per mezza Italia al fine di individuare il volto (e l'animo) che il suo sceneggiatore, appunto Zavattini, gli ha indicato esclusivamente attraverso il mezzo della parola. Il risultato che ne sortisce, sfogliando il fototesto, è proprio quello che Za si propone: vengono fuori delle facce, delle storie, delle aspirazioni, dei comportamenti e timidamente si manifesta (o aggressivamente esplode) un'Italia sommersa, segreta, degna o bisognosa dell'attenzione che il livellamento dell'informazione e dei modelli le nega. Tant'è vero che oggi osserviamo con maggior partecipazione i ritratti degli "esclusi" (bellezze paesane della costa sorrentina, malinconici operai dei cantieri di Monfalcone) che non quelli dei "selezionati" (la quasi effimera Gabriella Pallotta e l'estremamente effimero Giorgio Listuzzi).
Il secondo "fotodocumentario", *25 persone* (apparso il 25 febbraio 1955), è la semplice seppur efficace anticipazione di un libro che Einaudi promette per Pasqua, promettendo anche (il che non avverrà) l'avvio di un sogno globale di Zavattini, la collana "Italia mia" da lui diretta con lo scopo di realizzare gli intenti più sopra espressi e altri che il risvolto del volume sintetizza nel programma: «presentare in pagine fotografiche

e di testimonianza scritta l'esperienza di quel nuovo contatto con la realtà conquistato dall'arte cinematografica, particolarmente italiana, negli ultimi anni».

L'opera in questione si intitola icasticamente *Un paese* (Einaudi, Torino, 1955) e la leggenda vuole che, quando due anni prima il coautore, Paul Strand, si è rivolto a Zavattini per proporgli «di fare insieme un libro su qualche luogo italiano», lo scrittore abbia pensato a Sperlonga, Gaeta, Gorino, Bergamo, Alatri, Carrara o magari la Via Emilia prima di decidersi per Luzzara. Inutile aggiungere che la leggenda muove dallo stesso Za; più utile ricordare che il paese natale, al di là degli aspetti affettivi e conoscitivi, è il quadro ideale di quella piccola Italia che va scoperta, rivalutata e "lasciata parlare" (e soprattutto che non va confusa con l'"Italia piccola", con il "Mondo piccolo", patrocinati dal quasi conterraneo ed ex collega rizzoliano Giovanni Guareschi).

Il primo impatto ufficiale di Zavattini con la fotografia avviene dunque ad alto livello. Paul Strand (New York 1890-1976) è uno splendido allievo del grande Alfred Steiglitz: convertitosi al cinema (come documentarista, apprezzato operatore d'attualità, coregista e produttore di film memorabili quali *Redes*, *The Heart of Spain*, *Native Land*), si è riconvertito alla fotografia dopo le persecuzioni maccartiste. Conosce l'Italia dal 1949 (quando partecipa al convegno sul neorealismo di Perugia) e vive a Parigi, a portata di viaggio; non basta, l'intesa con Zavattini appare subito ottima. Il libro a quattro mani funziona decisamente bene: i volti dei luzzaresi sono quelli che lo scrittore ci ha sempre raccontato; i testi che accompagnano le singole immagini – rielaborazione discreta di testimonianze orali in presa diretta – tengono conto di quanto registrato dall'obiettivo del fotografo. Meno semplice il discorso a livello espressivo generale. Vale di più la forma o il contenuto, il compiacimento paesano o la denuncia di un disagio, il popolo o i suoi interpreti? La questione – almeno qui – resta aperta...

Anche perché la collana si ferma al primo volume e, per imbatterci in un nuovo impatto dello scrittore con la fotografia, occorre attendere il 1966, quando l'editore Ferro di Milano pubblica *Fiume Po*, idea e presentazione di Zavattini, foto di William M. Zanca. Il più modesto Zanca è un fotoreporter de *Il Giorno* cui non mancano intraprendenza e capacità. Riesce perfino a trascinare Za in un vero viaggio lungo il corso del Po, da Pian del Re, km 0, a Taglio di Po, km 634, con saporose soste a Settimo Torinese, Saluzzo, Valenza, Cremona e via dicendo, gran consumo di gazzose e ben 300 cartelle registrate al magnetofono. Non troppo strano a dirsi, mentre le foto – stampate un po' alla buona – privilegiano in genere aspetti paesaggistici e atmosfere fluviali, quando si capita dalle parti di Luzzara i volti tornano a ottenere preminenza e così le figure della "gente del fiume" intenta a lavori o a svaghi. Non è più "Italia mia", siamo d'accordo; è piuttosto soltanto una felice occasione di evocare ricordi, spunti, luoghi: ma il risultato vale la scommessa, e soprattutto ci avvicina alla terza tappa, quella che ci riguarda maggiormente.

Ora accade che – secondo quelle belle favole che capitano soltanto ad Alexandre Dumas, a Claude Lelouch o, appunto, a Cesare Zavattini – vent'anni dopo Paul Strand un altro fotografo famoso, venuto però da vicino, Milano, rivolga allo scrittore, «una sera in via Merici, dove si discorreva dei naïfs, la medesima domanda: "Facciamo un libro insieme?"». È Gianni Berengo Gardin (nato a Santa Margherita Ligure nel 1930 e quindi appartenente a quella generazione cresciuta visivamente con il neorealismo) a firmare *Un paese vent'anni dopo* (Einaudi, Torino, 1976) e la sfida riesce pienamente. Non solo nei confronti di Strand (unico neo è la scomparsa dall'editoria libraria della stampa in rotocalco), non solo all'interno dell'animo zavattiniano (oltretutto lo scrittore questa volta, pur non commentandole a una a una, si dimostra ben più "curioso delle immagini"), ma anche nei riguardi della realtà. Succede infatti che «alla Luzzara agricola, contadina, un po' lirica di Strand» si sostituisce quella «più urbana» di Berengo; che alle pose all'esterno delle case, sulla soglia, quasi a voler negare gli interni e ad affermare un discorso di duplice facciata, subentrano immagini di molti luoghi chiusi (abitazioni, sedi di attività, locali pubblici), forse perché di essi – "progresso" permettendo – esistenza e laboriosità non hanno più di che vergognarsi, hanno anzi di che inorgoglirsi.

Ma quale, per lo "spettatore" (non v'è termine più appropriato) di entrambi i libri, l'impatto meno facile da sostenere? L'antico teatro comunale ridotto a deposito di auto o il benessere che trasuda attorno ai televisori? La perdita di certe connotazioni tradizionali o il variare tra segni della fatica contadina e analoghi (seppur meno disperanti) segni della fatica artigiana e operaia? Anche qui la questione resta in sospeso...

In apertura di *Un paese vent'anni dopo* fra Strand e Berengo v'è un confronto diretto. Non riguarda – o riguarda relativamente – l'abilità del fotografo, la tecnica di ripresa e di taglio. Riguarda i soggetti: le stesse persone ritratte a distanza di quattro lustri, quasi nelle stesse pose, con abbigliamenti analoghi, e soltanto in più i segni del tempo e della vita (in alcune foto di gruppo, un vuoto sta a indicare la irripetibilità del confronto). Ebbene, detto paradossalmente, questo confronto, questo "affronto", ci aiuta a comprendere Zavattini e il suo mondo; ci aiuta a capire perché – questioni di età a parte – certe splendide utopie degli anni '50, ancora frementi, ancora attuabili, si siano ripiegate nelle mancate aspettative o nelle delusioni degli anni '70, in quel tramonto che ben metaforizza la foto di Michel Random sulla copertina del prestigioso volume dedicato a Za dal Beaubourg (che mi ostino a non chiamare Centre Georges Pompidou)[3].

Un *beau bourg*, Zavattini ce l'ha da sempre a Luzzara e le foto che gli rendono omaggio nel nostro libretto lo dimostrano. Mago e patriarca, illusionista e contadino, membro esibizionista e concreto della comunità, non si è mai visto nessuno a proprio agio come questo Zavattini. Merito dell'attore o del regista? Diamo la palma a entrambi. Berengo – in queste immagini scattate a Luzzara nella primavera-estate del 1973 quando il suo "soggetto" ha da poco superato la settantina – è prima che un fotografo, un eccezionale *metteur en scène*, che gioca con i vuoti e con i pieni, con le angolazioni e le prospettive, rispetta le profondità di campo e tiene in gran conto i dettagli (quelli magari avvertibili solo a una seconda "lettura"). Ma lui, il vecchio Za, è impagabile: recita su un set cinematografico allo stesso modo di come "recita" per le strade del paese, inforca biciclette e brandisce forconi, sgrana gli occhi e li socchiude, è imperterrito nel non mutare il suo abito di scena e di vita, osserva uno spettacolo di burattini con la stessa intensità e la stessa commozione che manifesta dinanzi al ritrovamento, presso un rigattiere, del vecchio letto dei genitori, prontamente riacquistato e riportato a casa...

Il curioso delle immagini favorisce il curioso di queste immagini, ne garantisce la "curiosità". E con questo il cerchio pienamente si chiude. Perché il contrappasso sia completo mancano soltanto, accanto a queste fotografie, le didascalie che lui stesso avrebbe dovuto suggerire. «Mi sono occupato di cinema per 60 anni ed è finita che mi hanno messo in disparte». «Sono stato io a inventare un certo modo di fare televisione e la TV non mi ha mai chiamato». «Il mio neorealismo oggi suona come una bestemmia, una colpa». «Ho coltivato l'umorismo e il fantastico, e i dizionari letterari saltano la mia "voce", quasi fosse irriguardosa». [*1991*]

1. *Cesare Zavattni fotografato da Gianni Berengo Gardin*, Franco Sciardelli, Milano, 1991

2. Contesta questa affermazione, Aristarco, passando in rassegna le inesattezze che avrei, nel tempo, commesso nei suoi confronti: «Ma non poteva farmi una telefonata? Avrei facilmente chiarito il tremendo interrogativo: l'iniziativa fu presa dalla rivista insieme con alcuni fotografi esordienti approdati a Milano in quegli anni e poi famosi come Mulas e Sellerio, tanto per fare un paio di nomi». Il che non smentisce molto. Cfr. Guido Aristarco, *Professione "revisore" il Lorenzo di oggi*, in *Cinema Nuovo*, a. 42, n. 4-5 (344-345), luglio-ottobre 1993, pp. 58-60.

3. Cfr. *Cesare Zavattini*, sous la direction d'Aldo Bernardini et Jean A. Gili, Centre Georges Pompidou/Regione Emilia-Romagna, Paris/Bologna, 1990.

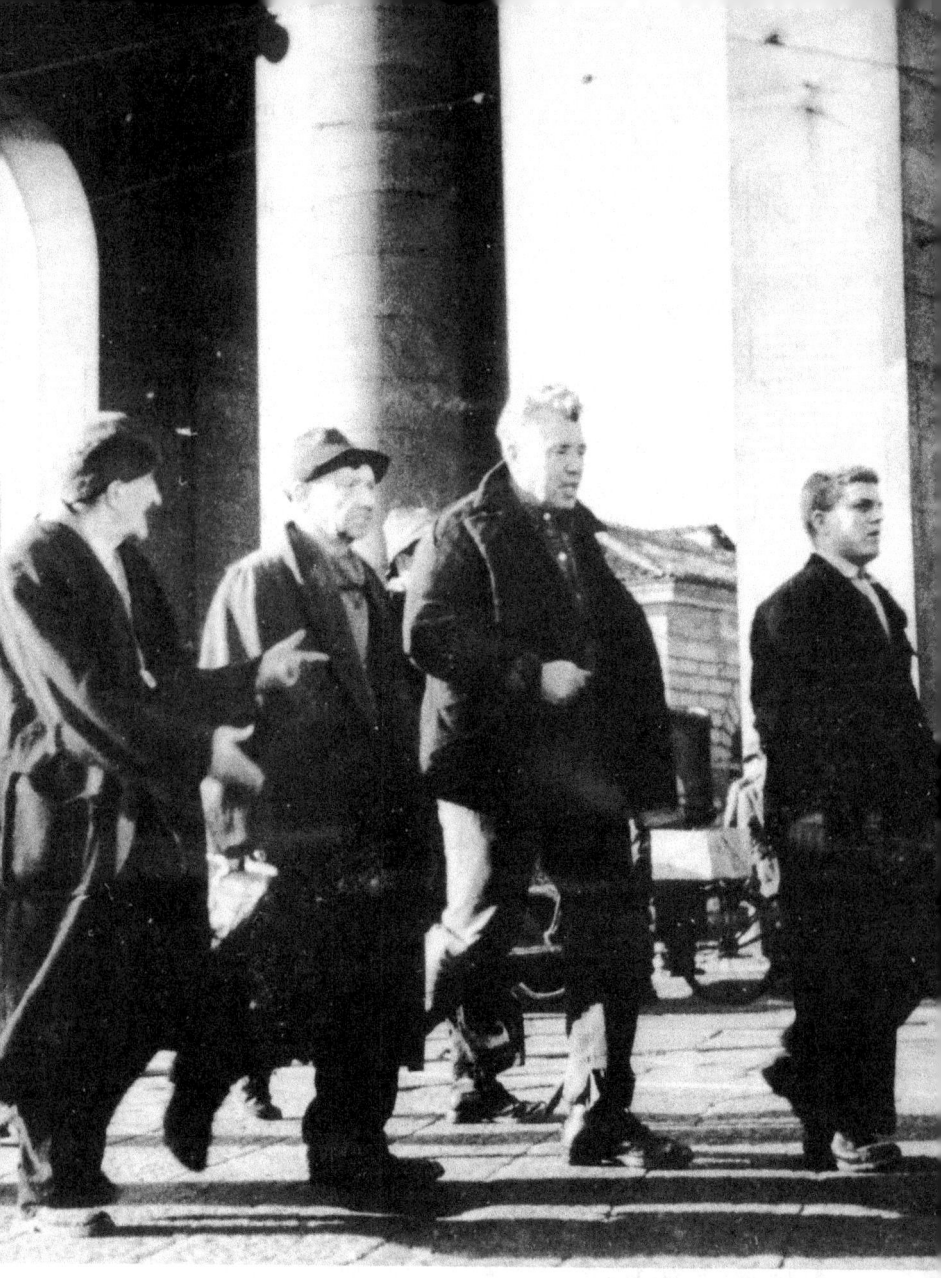

Francesco Golisano (con Erminio e Giuseppe Spalla e Riccardo Bertazzolo) in
Miracolo a Milano (1950) di Vittorio De Sica

Sopralluogo per «Miracolo a Milano»

Esistevano cinquant'anni fa a Milano, poco dopo la fine della guerra, tante terre di nessuno (*Niemandsland* per dirla alla tedesca, *No Man's Land* per dirla all'inglese, o magari come omaggio al vecchio film di Victor Trivas [1931] che in quel dopoguerra si poteva finalmente vedere in qualche retrospettiva della Cineteca Italiana). Non erano più (con qualche debita eccezione) terreni agricoli, non erano ancora aree edificabili, tantomeno potevano essere considerate verde pubblico: se non nel senso che i ragazzini ci ambientavano i loro giochi, le coppiette vi si appartavano al crepuscolo, gli operai delle fabbriche circostanti vi trascorrevano l'intervallo fra un turno e l'altro, qualche macerata puttana vi si aggirava senza farsi troppo notare e qualche irsuto barbone si sdraiava sulla terra battuta o sull'erba stenta, il capo appoggiato su un macigno (che era magari soltanto il residuato di una casa bombardata, trasportato lì nottetempo insieme a piccoli cumuli di macerie). Una di queste terre di nessuno ci interessa particolarmente quella il cui perimetro è delimitato a ovest dalla via Carlo Valvassori Peroni (medico, 1867-1912), a nord dalla via Edoardo Bassini (medico-chirurgo, 1846-1924), a est dal terrapieno della ferrovia e che a sud si estende (al di là dell'attuale largo Murani) verso via Aselli e viale Argonne. Gli edifici presenti nel 1950 si limitavano ad alcune case popolari o di piccola borghesia esistenti tuttora fra i numeri civici 47 e 61 di via Valvassori Peroni, ad alcuni fabbricati più pretenziosi sulla via Bassini (come il palazzo d'angolo, dalla sagoma arrotondata, al

civico 49) o verso via Buschi, al grande e squadrato edificio della Safar (Società anonima fabbrica apparecchi radiofonici, militarizzata durante la guerra e oggi sede del Cnr, nonché, nel corpo arretrato verso via Corti, del liceo scientifico Blaise Pascal) e infine alla "modernissima" (1947) e aerodinamica costruzione della casa-albergo al civico 36-38 (ora pensionato universitario). Di lì non era distante la piccola stazione di Lambrate, da sempre valvola di entrata e di uscita del flusso di pendolari dal Bergamasco, di qua e di là dell'Adda di manzoniana memoria, o dal Lodigiano. Tutto il resto, o quasi, era *terrain vague* (per citare un altro film, questa volta di Marcel Carné)[1]. La città si fermava prima, curiosamente rappresentata da alcuni momenti istituzionali: il "Neurologico" (oggi Istituto nazionale neurologico C. Besta), considerato ancora ospedale dei matti o almeno dei "nevrastenici" e degli "esauriti"; l'Istituto del Cancro Vittorio Emanuele (ora ben più vasto Istituto dei Tumori); l'Obitorio (che sapeva di cronaca nera e dove era comunque disdicevole finire) e al suo fianco, sempre sulla via Ponzio, il retro del Politecnico di piazza Leonardo da Vinci, ancora delimitato dalla cinta primigenia del 1927-28 e frequentato da pochi grigissimi e occhialuti studenti. Serie di palazzine basse, a due piani, quest'ultimo pareva oppresso (o esaltato) dall'audace edificio dell'Istituto di Chimica Industriale, noto nel quartiere come il Kremlino per via delle sue due cupole antonelliane sormontate da audaci guglie. Non si sapeva ancora che quell'edificio («alquanto teatrale, pizzuto e dolomitico, ma soprattutto assai sciocco») era stato citato da un ingegnere molto meno grigio degli altri, tale Carlo Emilio Gadda.
Oggi quella terra di nessuno è assolutamente irriconoscibile, ricca com'è di vegetazione sia pur non particolarmente pregiata e occupata com'è da una serie di funzioni pubbliche, in senso più o meno stretto. Sul lato pari di via Valvassori Peroni sorgono: la parrocchia dello Spirito Santo con relativo oratorio (la chiesa – inaugurata nell'aprile 1964 – il 7 agosto 1962, non ancora ultimata, cedette rovinosamente su se stessa e ciò fu visto come un segno del destino dai non pochi anticlericali

della zona); il Centro sportivo Gianfranco Zelasco (voluto da un preside dell'attuale scuola media Cairoli, perito con buona parte della famiglia nel disastro della diga di Stava, e sorto nel 1995 sull'area di un deposito della Nettezza Urbana); un campo da baseball, alcuni campi da tennis e un campo da rugby con regolare tribuna che costituiscono il cosiddetto "nuovo Giuriati"; un deposito del Settore Parchi e Giardini; l'Istituto professionale alberghiero.

Sul lato dispari, sempre partendo da via Bassini, sorgono: le citate case d'abitazione (con qualche integrazione successiva, come il n. 55); un night-club di incerta fama (un tempo noto come balera all'aperto ovvero "Il Giardino delle Hawaii", poi "sotterratosi" con il nome di Anthony, ora ribattezzato Il Gabbiano); un piccolo giardino pubblico, non cintato e non molto raccomandabile; la scuola elementare speciale per ambliopici (ingresso da via Clericetti); il Centro universitario dell'Isu (Istituto per il diritto allo studio universitario) e infine, sopravvenienza di un passato tardosecentesco, la Cascina Rosa, anzi La Rosa, che ha funzionato a lungo come azienda agricola ed è finita per essere rifugio di extracomunitari (malamente sgomberati attorno al 1990 dopo un principio d'incendio) in attesa di diventare, tra le varie utopie o le vane promesse ultraventennali degli amministratori pubblici, biblioteca di quartiere o succursale, per la sola flora lombarda, dell'antico e insufficiente Orto botanico di Brera, piuttosto che (come ormai sembra certo) residenza per "ospiti itineranti" del limitrofo Istituto dei Tumori. Più oltre ancora, in fondo a viale Argonne, la scenografica chiesa di San Nereo e Achilleo, consacrata il 6 dicembre 1940 e costruita sul modello del tempio che compare nello *Sposalizio della Vergine* di Raffaello, conservato alla Pinacoteca di Brera[2].

Quella terra di nessuno ha anche un'altra connotazione. Al di là del terrapieno ferroviario (che in parte ancor oggi conserva le sue scarpate erbose, sopra le quali corrono però le sagome a siluro degli Etr) confina a est con i quartieri – un tempo comuni autonomi – di Lambrate e dell'Ortica, il primo più proletario (con le sue sanguinose lotte dagli anni '20 alla fine degli anni '40 tra comunisti e fascisti, entrambi presenti sul territorio), il secondo più sottoproletario e magari vagamente malfamato («faceva il palo della banda dell'Ortica» recita una famosa canzone di Enzo Jannacci). Tutt'altro discorso a ovest. Quei terreni sono l'ultima propaggine del quartiere "Città degli Studi", fortemente voluto dal fascismo tra fine anni '20 e fine anni '30 e tuttora nostalgicamente e pigramente orientato a destra: grandi viali alberati, reticolo di strade quasi come un castro romano, alti edifici costruiti dai palazzinari dell'epoca (per esempio l'impresa romana Lamaro-Persichetti) e destinati a un ceto medio impiegatizio, fedele nel tempo, che si espande lentamente verso la periferia.

La vocazione di quartiere residenziale, con minime concessioni al commercio e nulle alla cultura e al tempo libero (sono rari, rispetto al resto della città, persino i cinema), è ostacolata dalla sopravvivenza dell'insediamento a macchie di leopardo di piccole e medie fabbriche, che interrompono il tessuto abitativo e creano qualche scompiglio o sgomento in più. Specie nel primo dopoguerra, quando da un lato gli operai, a mezzogiorno, consumano ancora il loro magro pasto all'aperto, sotto le tettoie dello stabilimento, estraendolo dalle mitiche quanto odiose "schiscette", ma dall'altro lato quegli stessi operai sono capaci di indire scioperi, di contrastare le violente cariche delle camionette della Celere e magari di bastonare di santa ragione i "nostalgici" o troppo autoritari padroni (un esempio per tutti, quello dei fratelli Enrico e Carlo Bezzi, titolari delle omonime aziende elettrotecniche).

La stessa Città Studi, dopo il '45, non è esente dalle ripercussioni dell'operato della Volante Rossa, che è composta da ex partigiani ancora in armi contro i rigurgiti di fascismo e che ha un punto di forza in Lambrate. Ultimo aspetto di contrasto, essa ospita all'interno, o per meglio dire alle sue propaggini verso il centro, dalle parti di piazza Carlo Erba, due notevoli complessi industriali: le officine dei velocipedi a maglia biancoceleste Edoardo Bianchi (espropriate a metà anni '50 da una spregiudicata speculazione edilizia) e, di tutt'altro segno, gli

stabilimenti tipografici di un signor Mobbi di nome Angelo
Rizzoli (in seguito passati, tra ristrutturazioni varie, al gruppo
La Rinascente e successivamente alle assicurazioni Zurigo),
nelle cui redazioni si aggirano e nelle cui vicinanze risiedono
autentici miti del quartiere, come gli "umoristi" Giovanni
Mosca, Giovannino Guareschi, Vittorio Metz, Giaci Mondaini
o, forse aziendalmente più importante ma meno noto agli abitanti della zona, tale Cesare Zavattini.
Che proprio in questa terra di nessuno abbiano luogo le riprese
di *Miracolo a Milano* non è certo cosa priva di senso, anzi appare non casuale la scelta del territorio o addirittura del terreno.
Sul secondo esiste una precisa testimonianza di Zavattini:
«Quando nel dicembre del '48 a Milano andai all'Ortica con lui
[De Sica] (egli cominciava a cercare come un cane da tartufi l'accampamento) c'era una nebbia, un fumo, un po' fredda ma molto
bella»[3]... Sul primo, gli elementi del contrasto allegorico e del
conflitto sociale ci sono tutti. Ma sarà ora finalmente il caso di
entrare nel dettaglio, esaminando il visivo del film di Vittorio
De Sica (e Cesare Zavattini), i suoi riscontri con la realtà milanese e le ragioni, più o meno recondite, dei suoi voli di fantasia.
Il rettangolo sterrato e privo d'alberi che costituisce la principale
location di *Miracolo a Milano* non necessita di ulteriori descri-
zioni. Su un lato lungo ha rilevanza anche fisica il terrapieno
della ferrovia, sul quale nella finzione scenica transitano alcuni
treni (elettrici, a vapore, una doppia littorina) in modo più o
meno occasionale (uno solo, il treno con carrozze letto, merita
all'inizio il dettaglio dei ricchi e annoiati passeggeri) e al di là
del quale si scorgono più volte una ciminiera in funzione, con
pennacchi (forse stabiliti ad arte) di fumo nero e la sagoma di
un gasometro. L'attenzione si appunta però maggiormente sul-
l'altro lato lungo e su quelli laterali, che costituiscono spesso
un'unica *sky-line*: essa comprende San Nereo e Achilleo, la cascina Rosa, il gugliato edificio dell'Istituto di Chimica Industriale, i pioppi cipressini del Campo sportivo Giuriati, la
ciminiera del Politecnico, il parallelepipedo della Safar, la snella
sagoma della casa-albergo e le case d'abitazione citate.

Meno facile è stato identificare gli altri luoghi delle riprese, per esempio i dintorni della casa della signora Lolotta (con la roggia, i serbatoi dell'acqua sullo sfondo, le cascine contadine o i miseri edifici popolari), collocabili sul naviglio della Martesana, lungo l'attuale via Idro; la strada sul naviglio con alti palazzi a dente di lupo ove transita il carro funebre, collocabile nell'attuale via Melchiorre Gioia; il luogo in cui sorge il palazzo dell'orfanotrofio dei "martinitt" dinanzi all'ampia spianata nebbiosa o innevata, collocabile nell'area di piazza Baiamonti; il palazzo di Mobbi, con il gioco interno/esterno (il portico sembra proprio quello del palazzo della Triennale, su viale Alemagna).

Altri luoghi sono invece ben identificabili: nella prima parte del film, durante il corteo funebre, piazza della Repubblica, viale Certosa e il cimitero di Musocco; nella seconda parte, con le prime disavventure di Totò, piazza della Scala, la Galleria Vittorio Emanuele che sfocia curiosamente in un tratto del lontanissimo viale Monza (riconoscibile dal cinema Abc) e poi, a partire dal numero civico 97, in una viuzza di borgata (forse l'attuale via privata Turro); nel finale la zona attorno all'Arena, con il negozio-officina della Moto Gilera (via Carlo Maria Maggi angolo via Bramante), e infine piazza del Duomo, con il palazzo Carminati ricoperto dalle pubblicità luminose (Vov, Cinzano, Omsa, Cora, Idrolitina, Sarti Tre Valletti, Gancia, Isolabella, Brill, ecc.: un bel campionario di marchi forti e delle relative *réclames* nel 1950)[4].

Via Valvassori Peroni è non solo l'aspetto oggi più riconoscibile ma anche il luogo che in tutto il film gode di maggiore presenza e che diventa set a sua volta, in due lunghe inquadrature in movimento (carrellata e panoramica combinate), quando i poveri scacciano e inseguono gli emissari di Mobbi (si scorge, in questa occasione, anche un campetto di calcio – patrocinato, si racconta, dal giocatore interista Dino Achilli –, uno dei tanti, più o meno spontanei, che allora sorgevano nella zona). Perfino le finestre delle sue case appaiono illuminate ad arte (si suppone con la collaborazione degli abitanti, rimborsati per l'aggravio della bolletta elettrica) durante la notte in cui la colomba esaudisce i desideri. È, nel film, una via disabitata, giacché caratteristica di questa favola neorealistica è quella di non mostrare mai, contrariamente ai dettami della tendenza, presenze casuali o estranee al casting. E anche alcuni particolari, indifferenti alla vicenda o per essa fastidiosi, vengono omessi: come, sul lato dispari, i bei campi di bocce alberati (sull'area dell'attuale night club e del giardinetto pubblico) o, sul lato pari, la sede del dazio con casetta dell'ispettore e il citato deposito della Nettezza Urbana (si vedono però nel film due o tre spazzini che spingono a mano il tipico carrettino per ricoverarlo a turno ultimato: non sanno ancora che nel finale verranno "espropriati" del loro strumento di lavoro).

Quanto al cast, che vede attori professionisti preferibilmente di teatro (Emma Gramatica, Paolo Stoppa, Guglielmo Barnabò), caratteristi di valore (Anna Carena, Arturo Bragaglia, Virgilio Riento), giovani neoprofessionisti (Francesco Golisano, l'esordiente Brunella Bovo), personalità di altri settori (la ballerina Alba Arnova, l'ex pugile Erminio Spalla e suo fratello Giuseppe, l'altro ex pugile Riccardo Bertazzolo, che proprio a Spalla aveva tolto il titolo mondiale nel 1927)[5] accanto ad attori minori o a interpreti presi dalla strada, le ricerche di approfondimento non sono agevoli.

V'è certo una partecipazione di residenti nella zona, a cominciare da Luciano Allievi, un piccolo abitante della Cascina Rosa (tre anni appena compiuti) che nel film è il figlio dell'altezzosa Marta (Anna Carena) e del prono Giuseppe (Giuseppe Berardi) ed è accudito dalla trepida servetta Edvige (Brunella Bovo): è talmente bravo che De Sica gli offre successivamente altri ruoli (forse addirittura potrebbe pensare a quello di Gennarino nell'episodio *I giocatori* de *L'oro di Napoli*)[6]. Ancora: un omaccione è il droghiere che esercitava in via Valvassori Peroni al 47; una ragazza è la figlia della prestinaia, tale Oriani, che gestiva il forno di via Valvassori Peroni 59; vari giovani dagli incerti cognomi figurano tra le comparse. Infine v'è la presenza, controversa e spesso non sufficientemente docu-

mentata, se non a livello di colore, dei "barboni" autentici: quelli ospitati nella cascina Rosa e quelli, secondo alcune fonti, recuperati nel dormitorio pubblico di via Pietro Colletta[7]. Ciò che comunque è ancor oggi sorprendente è la memoria, magari un po' confusa, che i vecchi residenti del quartiere conservano a proposito delle riprese e il vanto a posteriori che manifestano nei confronti dell'evento magari allora appena intuito. Basta accennare al fatto che si stanno svolgendo ricerche su un vecchio film e otto interpellati su dieci si illuminano in volto pronunciando la parola d'ordine *Miracolo a Milano* (due, curiosamente, citano *Ladri di biciclette*). La sequenza meglio memorizzata è quella del corteo dei barboni che avanza per via Valvassori Peroni inseguendo gli emissari di Mobbi: un po' per la sua dinamica, un po' perché provata più volte, un po' perché riguarda il territorio urbanizzato più che il *terrain vague*. Le riprese nell'accampamento (quasi un luogo extraurbano) sfuggono maggiormente all'osservazione. Si ha solo memoria di una sensazione di "spreco": ah, tutta quell'acqua fatta zampillare a lungo dal terreno per simulare il ritrovamento del petrolio! ah, tutta quella farina (ma forse era solo gesso) cosparsa sulle scarpate del terrapieno ferroviario per simulare l'innevamento! *Con quel che la costava!*
Meno attenti i giornali dell'epoca, molto implicati – anche considerato il limitato numero di pagine – nelle cronache politiche (scontri a tutti i livelli tra comunisti e democristiani), in quelle sindacali (conflitti tesissimi tra padroni, operai e polizia), in quelle giudiziarie (processi a ex partigiani e a ex repubblichini, interpretati ora da destra ora da sinistra), nella cronaca nera (i banditi di viale Argonne, i rapinatori di via Pacini, l'amante omicida di via Accademia), nella cronaca rosa (il figlio della Bergman e di Rossellini), persino nei servizi sportivi (già allora una controversa partita tra Inter e Juventus). Fatto sta che a Milano, sui due maggiori quotidiani cittadini del mattino e sui due del pomeriggio, durante il periodo delle riprese (dai primi di febbraio alla fine di marzo 1950) ricerche sia pure sommarie consentono il ritrovamento di ap-

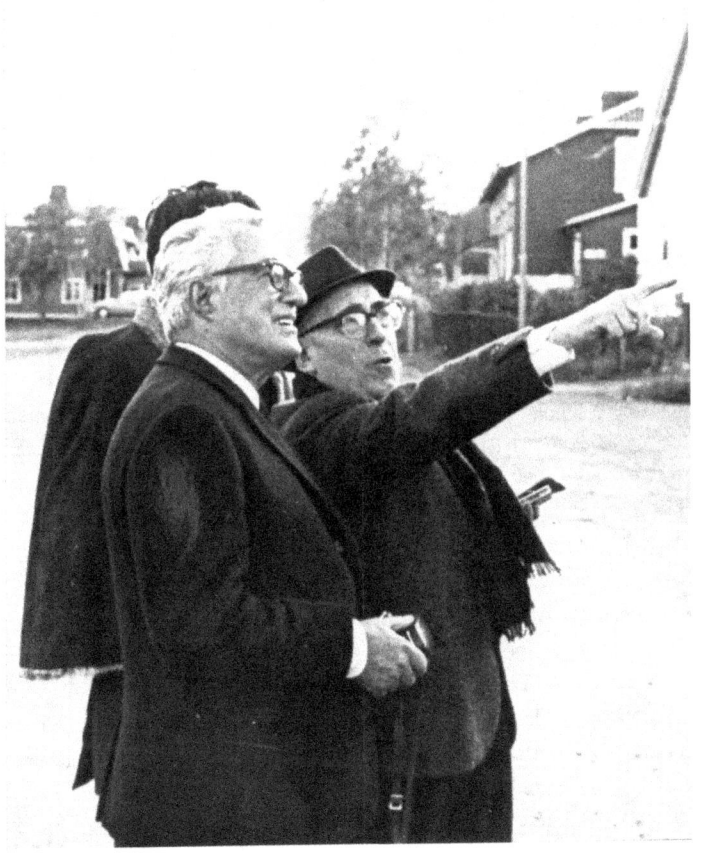

Vittorio De Sica e Cesare Zavattini durante un sopralluogo (1970 circa)

pena quattro articoli, tutti da terza pagina, più il riferimento a un quinto.

Il primo articolo (anzi servizio), in data sabato 11-domenica 12 febbraio 1950, è firmato per *Milano Sera* da Enzo Di Guida («nostro inviato speciale alla periferia di Milano») e merita di essere riportato almeno per la prima metà.

Vi hai mai parlato qualcuno di questo villaggio Brambi che sorge alla periferia di Milano? Certamente nessuno. Gli amministratori dei giornali, invece di spendere milioni per mandare inviati in Cina o nel Turkestan, dovrebbero dare ai giornalisti venti lirette e spingerli all'estremo lembo della città.

Io ci sono andato, in periferia. Esaurito il lungo e penoso viaggio tranviario del n. 21, superata a piedi l'ultima casa albergo di via Bassini, che si innalza nel cielo galleggiando sulla nebbia, come un grosso e temibile *iceberg*, mi inoltro nei prati lungo il terrapieno della ferrovia. In questa stagione, lasciando a destra le ultime case, a non voltarsi più indietro, si ha proprio l'impressione di essere giunti in una landa desolata, oltre i confini del mondo. Lì vicino c'è un ospedale, c'è anche l'obitorio, la veterinaria, la facoltà di Patologia medica. Non c'è che dire: periferia più triste di questa la si potrebbe immaginare solamente ai margini dell'inferno. E sono rimasti sempre un po' tristi questi posti seppure, d'estate, qualche solitaria saletta da ballo illumina qualche metro quadrato di terra con la luce tremula di palloncini colorati. Fortunatamente, c'è una casa che fa allargare un po' il cuore, riportando l'immaginazione a quelle vecchie costruzioni coloniche che facevano della zona, non tanto tempo fa, aperta campagna: la cascina Rosa, questo caseggiato che odora di Lombardia e di fieno, è rimasto lì in mezzo ai prati limitrofi della città, chissà per quale magia. Nessuno di voi ci saprebbe andare a piedi a questa cascina Rosa, ma un cavallo, da qualunque punto della città, potrebbe chiudere gli occhi e portarvici a galoppo sfrenato. Sentirebbe odore di casa, odore di stalla, odore di fieno. Forse l'avranno tenuta in vita una schiera di autentici "barboni" (da non confondersi con gli accattoni) sopravvissuti ad una razza nobile di girovaghi.

Nei prati lì intorno questi barboni vagolano volentieri in cerca di spazio, di cielo e soprattutto di meditazione. Rifuggono la città attratti da quest'ultimo lembo di campagna più o meno pura. Con poche lire, ogni sera, la cascina Rosa, ancora oggi, si apre per dare ospitalità a questi esseri che tutti compiangiamo.

Non c'era posto migliore per far sorgere questo villaggio Brambi, costruito appositamente per girarvi alcune scene del film *Miracolo a Milano*, soggetto di Cesare Zavattini. In un primo momento i barboni veri decisero di prendere parte al film solamente perché De Sica promise che non vi sarebbero stati barboni finti. Il primo giorno, quando arrivarono certi signori eleganti (qualcuno scese perfino dall'automobile) che aprirono la valigia e lentamente si vestirono da barboni, ci fu una specie di diserzione tra le file degli indigeni. De Sica dovette cominciare un paziente lavoro di persuasione ma seppe convincerli cosicché oggi al villaggio Brambi veri e finti barboni vivono una vita nuova [...][8].

Il secondo articolo (o servizio), in data domenica 5 marzo 1950, è firmato per *l'Unità* da Ugo Casiraghi, ma non riguarda direttamente *Miracolo a Milano* quanto le minacce di censura, da parte del potente Eric Johnston, ai distributori indipendenti americani di *Ladri di biciclette*, con tanto di indignate dichiarazioni in proposito da parte di Luchino Visconti, Alessandro Blasetti, Luigi Chiarini, Vasco Pratolini, Alberto Lattuada, Sergio Amidei e persino Mario Camerini. Ma il discorso si allarga.

Ciò avviene negli Stati Uniti, mentre in Italia certa stampa lavora esattamente sulle stesse piste. In questi giorni De Sica ha portato i "barboni" e i "martinitt" del suo nuovo film *Miracolo a Milano* in Galleria, in piazza del Duomo e, ieri sera, all'uscita della Scala. Non l'avesse mai fatto! Un giornale milanese del pomeriggio[9] accusava De Sica di... lesa Costituzione!

E invece i milanesi si divertono un mondo a veder girare un film. Bisogna dire che *Miracolo a Milano* è un "vero" film, con tutti i crismi della tecnica, con tutti i "trucchi" possibili e immaginabili. L'altra notte, in piazza del Duomo, c'era ancora folla alle quattro del mattino...

I milanesi non hanno molta familiarità col cinematografo nella sua fase di lavorazione. Ma adesso stanno imparando. Abbiamo sentito alcuni operai e un tranviere discorrere con competenza di archi, lampade, corrente alternata e continua. Aldo, il capo operatore, l'uomo che ha fotografato *La terra trema*, ne era meravigliato. Ma chi saprà descrivere la faccia di uno del pubblico quando sentì chiamare "commendatore" l'attore Bragaglia che nel film ha la parte di un barbone?

L'affetto che i milanesi hanno per De Sica, che durava da lunga data, ma che si è rinnovato quando hanno capito da *Sciuscià* e da *Ladri di biciclette* il suo amore per i bimbi e per la povera gente, si è visto venerdì pomeriggio. Una folla enorme di persone stette per due ore, dalla cinque alle sette, tranquilla in piazza del Duomo, senza bisogno di cordoni, mentre la troupe girava un dettaglio dell'incontro tra il vecchio barbone e Totò il buono. De Sica provò la scena una ventina di volte, con uno scrupolo straordinario. Aldo si occupava del Duomo, come se non si fosse trattato di un dettaglio, ma dell'essenziale. Egli vuole che sia illuminato bene per i milanesi. Vuole che i milanesi trovino "bello" il Duomo a film finito, proprio come lo sentono nel loro cuore.

Francesco Golisano, l'ex portalettere che fa Totò (e che era l'indimenticabile "Geppa" di *Sotto il sole di Roma*), sembrava incantato a seguire le istruzioni del regista. Arturo Bragaglia, attentissimo, con la barba lunga di giorni, col vestito sbrindellato e le scarpe scalcagnate, camminava con un'andatura che un barbone autentico riconoscerebbe propria, salvo che un vero barbone mi fece presente che lui sapeva anche raccogliere le cicche, camminando così e senza farsi accorgere.

De Sica si buttò per terra un paio di volte dietro la macchina da presa a verificare l'inquadratura, poi diede l'ordine di "azione". La scena fu ripetuta e ripetuta, ma quando alla fine il regista, soddisfatto, accennò ad andarsene, in un attimo la folla – che era stata lì attenta e sufficientemente silenziosa per due ore – travolse tutto, macchine, troupe, comparse, per stringersi a De Sica, vederlo da vicino, parlargli. Aldo, preoccupatissimo per le sue lampade e i suoi archi, gridava come un pazzo in francese; ma non era arrabbiato (e infatti alle sue lampade e ai suoi archi non successe niente). Uno dei due direttori di produzione se la prendeva coi vigili. De Sica non fece altro che sorridere[10].

Il terzo articolo, molto più modesto, datato martedì 7 marzo-mercoledì 8 marzo 1950, appare anch'esso su *Milano Sera* ed è firmato Cesare Giustiniani. Riferisce semplicemente delle puntate notturne di De Sica in centro: in Galleria, in piazza del Duomo, all'uscita della Scala.

Piomba di sorpresa con tutto l'armamentario ora qua ora là. Se avesse un ruolino di marcia, e questo ruolino fosse a conoscenza del pubblico, i milanesi ritornerebbero a gustare le passeggiate sotto la luna, così com'era costumanza prima della guerra. Tuttavia le tappe notturne di De Sica non passano inosservate. Numerosi nottambuli, richiamati dai potenti fari che frugano le ombre della città addormentata, formano un cerchio disciplinato attorno ai barboni e ai martinitt [in verità, nella scena citata solo Bragaglia e Golisano], capitanati dal regista di *Ladri di biciclette*[11].

Il quarto articolo (anch'esso a suo modo un servizio), datato domenica 12 marzo 1950, mette finalmente in movimento il maggior quotidiano cittadino e uno dei suoi più autorevoli articolisti, il già sempiterno Indro Montanelli. Sotto l'occhiello "Incontri", il mitico elzeviro del *Nuovo Corriere della Sera* (il "nuovo" è ancora una conseguenza dell'epurazione subita e meritata) è infatti dedicato icasticamente a De Sica: un mix di reportage e di letteratura strapaesana.

Per trovarlo, devo attraversare con Peppino Marotta tutta Milano e approdare alla fine su uno di quei malinconici e piatti sterrati che lambiscono la Città degli Studi. Sullo sfondo del cielo grigio ma chiaro, già da lontano si vede il mareggiare di una piccola folla aggrumata intorno a una torre d'acciaio che sembra la miniatura di quella Eiffel a Parigi. Sotto, il prato che fa risacca sull'argine sul quale corre la ferrovia biancheggia di neve come un sudario facendo spicco sul giallobruno circostante[12].

Nell'ordine Montanelli scopre che la neve è fatta di gesso, che il sole è frutto dei trucchi di Mister Ned Mann (al pari delle fasce di nebbia o degli scrosci d'acqua), che il barbone più credibile è il professionista Arturo Bragaglia, che De Sica indossa (anziché baschi, stivali, giubbetti, foulard e altro armamentario d'obbligo) «un feltro in testa, un cappotto a due petti, un abito grigio», insomma che «è vestito esattamente come me e voi quando passeggiamo in Montenapoleone e andiamo a pranzo in qualche trattoria». Ma la sua apparente bonomia è in realtà una satira pesante della «moda neorealista», il suo finto stupore nei confronti dei trucchi cinematografici è disprezzo per la realtà, la dichiarata conoscenza del fenomeno dei "barboni" (equiparati, come archetipi, ai gangster dei film americani!) non è filantropia o umana comprensione bensì attrazione per il pittoresco mista a spregio per il diverso. Né meglio di lui si comporta il compare Peppino Marotta, pronti entrambi – l'uno tozzo, l'altro allampanato, pare di vederli – a togliersi tracce di fango da scarpe e cappotti inzaccherati e a rifugiarsi ben presto dalle parti dell'ospitale via Solferino, quella del *Corriere della Sera*.

L'equivoco di base riguarda i "barboni". In fondo a viale Argonne, verso l'Ortica, esistevano sicuramente nel dopoguerra "villaggi" di baracche, come quello appunto ispezionato da De Sica e Zavattini, in piena nebbia, nel dicembre del 1948. Da quelle parti, a quanto si racconta, un simile aggregato – rifugio e luogo di mercimonio di prostitute di infimo livello – era stato evacuato e distrutto a colpi di lanciafiamme (proprio come gli idranti della "polizia" di Mobbi) da forze dell'ordine guidate dal commissario Nardone (poi famoso per il caso di Rina Fort, la cui condanna all'ergastolo avviene proprio durante le riprese di *Miracolo a Milano*) e impegnate nella duplice azione di pulizia e polizia.

Definire però "barboni" gli abitanti di quei tuguri vuol dire ignorare il significato che il termine ha a Milano, cioè quello corrispondente al parigino *clochard*[13]. Quei residenti più o meno stabili erano piuttosto (in ciò molto simili al microcosmo disegnato da De Sica o anche ai citati ospiti della cascina Rosa) frange di emarginati, dediti saltuariamente ad attività di sussistenza: emigrati da altre zone della provincia o del paese, sfollati rimasti privi d'abitazione per i bombardamenti, coppie irregolari, piccolissimi malavitosi, qualche disturbato psichico o qualche invalido e mutilato. I loro baraccamenti (meno fantasiosi ma certo più solidi di quelli immaginati da De Sica) convivevano con campi coltivati e orti di guerra e costituivano un fenomeno simile, sia pure in scala ancora più povera, a quello delle "coree" che sarebbero sorte alla fine del decennio, in corrispondenza con il boom dell'industria e con la relativa emigrazione meridionale di massa[14]. I personaggi del film sono insomma – come immaginato nel primo soggetto del 1937-38, in quello del 1940 e nel romanzo *Totò il buono* che Zavattini pubblica nel 1943[15] – i poveri più poveri, gli ultimi più ultimi, gli abitanti delle periferie più periferie. Che siano definitivamente allocati o assediati, in attesa di un «regno dove buongiorno vuol dire veramente buongiorno», in una terra di nessuno tra Città Studi, Lambrate e l'Ortica, tra piccolo-media borghesia e classe operaia, è insieme la visualizzazione di una metafora e la registrazione di una precisa realtà sociale. Così, rivisitando oggi quei luoghi, lo sgomento si accompagna alla nostalgia[16]. [*1999*]

1. Alcune informazioni su via Valvassori Peroni e adiacenze sono dovute alla cortesia di alcuni abitanti superstiti della zona, che qui si ringraziano: la signora Teresa Lunghi e i signori Giulio Toccaceli ed Ernestino X, ventenni (poco più, poco meno) ai tempi di *Miracolo a Milano*.

2. Alcune notizie su Città Studi e sulla zona 11 in generale sono ricavate da una pubblicazione ciclostilata della Presidenza di Palazzo Marino: Antonio Iosa (a cura), *Quaderno bianco: I quartieri della zona 11* (*Acquabella-Argonne, Casoretto-Lombardia, Città Studi, Corsica-Senavra, Piola-Romagna*), prefazioni di Carlo Tognoli (sindaco), Giulio Polotti (assessore al Decentramento), Elio Chiappa (presidente di Zona), pp. 432, ill. in fotocopia, Milano, febbraio 1986.

3. Cfr. Paolo Nuzzi e Ottavio Iemma, *De Sica & Zavattini. Parliamo tanto di noi*, Editori Riuniti, Roma, 1997, p. 144. Il volume antologico (un montaggio di testi disparati) è prezioso per il materiale raccolto (molto meno per l'omissione voluta e dichiarata delle fonti).

4. Peccato che la sceneggiatura stabilita alla moviola da Angela Prudenzi (in *Bianco e Nero*, Roma, a. XLIV, n. 2, aprile-giugno 1983, pp. 81-139) non soccorra sui luoghi e anzi incorra in definizioni generiche o errate (l'alzaia di un canale-naviglio diventa l'argine di un fiume, e via dicendo). Da sottolineare che la topografia ideale di De Sica è quasi sempre assai rispettosa della reale collocazione dei luoghi e dei percorsi, diversamente da quanto capiterà dieci anni dopo a Luchino Visconti per *Rocco e i suoi fratelli* (proprio all'inizio il tram che trasporta la famiglia Parondi dalla Stazione Centrale a Lambrate percorre inopinatamente via Manzoni, al solo scopo di mostrare le lussuose vetrine illuminate dell'Alemagna).

5. Cfr. *La Domenica del Corriere*, Milano, n. 19, 7 maggio 1950.

6. Cfr. Luciano Allievi, *Cascina Rosa. Ricordi e nostalgia di vita contadina*, Comitato Festa Popolare all'Ortica, Milano, maggio 1992. Allievi, che qui si ringrazia, dedica alla cascina natale un libretto molto personale, commosso e sin troppo garbato, ben illustrato ma non sempre preciso. Citiamo dal testo: «Arrivò il 1952 [in realtà

1950]. Vi era un gran movimento dietro la cascina, verso via Valvassori Peroni: si stava girando il film diretto da Vittorio De Sica, dal titolo *Miracolo a Milano*. Scelsero me come uno degli interpreti: i miei fratelli, assieme ai "barboni" che dormivano sopra la stalla, fecero le comparse. Mi pagavano 250 lire al giorno [un quotidiano e un biglietto del tram costavano allora 20 lire, un litro di latte 70] e ogni tanto gli operatori erano costretti a interrompere le riprese perché io scappavo a casa per prendermi una michetta, sapendo che poi sarebbero venuti a riprendermi con l'automobile. Ho avuto anche l'occasione di salire su di un elicottero che mi portò in piazza del Duomo, dove venivano girate le scene; io facevo la parte del figlio della Duchessa e la mia governante era l'attrice Brunella Bovo [...]. Alla fine delle riprese il regista De Sica chiese ai miei genitori di lasciarmi andare con lui a Roma, dove aveva in programma altri film [...], ma mia mamma si oppose alla richiesta e così svanì la "mia" occasione».

7. Cfr. *La Domenica del Corriere*, Milano, n. 25, 18 giugno 1950. Ringrazio Franco Ciusa per questa e altre segnalazioni.

8. Enzo Di Guida, *Nebbia autotrasportata*, in *Milano Sera*, Milano, 11-12 febbraio 1950, p. 3.

9. Si tratta quasi sicuramente del *Corriere Lombardo*, ma sfogliando la collezione del quotidiano non sono riuscito a trovare traccia dell'articolo.

10. Ugo Casiraghi, *De Sica e Aldo vogliono regalare un bel Duomo ai cittadini milanesi*, in *l'Unità*, Milano, 5 marzo 1950, p. 3.

11. Cesare Giustiniani, *A Milano fari nella notte. Mentre tu dormi De Sica lavora*, in *Milano Sera*, Milano, 7-8 marzo 1950, p. 3. Dallo stesso giornale, in data 28 marzo, apprendiamo che mentre De Sica sta ultimando le riprese in esterni, all'Idroscalo, pochi chilometri più in là, un altro regista ha iniziato a girare il suo primo film. Si chiama Michelangelo Antonioni e, secondo il cronista, il titolo provvisorio del futuro *Cronaca di un amore* è *Sento l'amore*.

12. Indro Montanelli, *Incontri. De Sica*, in *Nuovo Corriere della Sera*, Milano, 12 marzo 1950, p. 3. Anche Giuseppe Marotta (cfr. Paolo Nuzzi e Ottavio Iemma, *De Sica & Zavattini*, cit., pp. 160-162) scrive nell'occasione un suo pezzo di colore, ma non ho rintracciato la fonte originale.

13. «Barboni» (ovvero «girovaghi, mendicanti, lavoratori senza lavoro, *irregolari* di vario tipo, quasi sempre in disaccordo con le leggi, con i regolamenti di polizia, con le norme comunali e con tutti quei princìpi artificiosi mediante cui la società s'illude d'essersi procurata un ordine, d'essersi proposto un fine e di andare avanzando vittoriosamente verso quella illusione che si dice progresso») erano piuttosto quelli descritti con pittoresca efficacia e umana comprensione da un libro del critico musicale Giulio Confalonieri (*Barboni a Milano e storie di altri amici*, Nuova Accademia, Milano, 1962) che ebbe – una dozzina d'anni dopo il film di De Sica (nei confronti del quale peraltro l'autore non nasconde la sua polemica) – notevole successo, ma che raccoglie scritti pubblicati su quotidiani e periodici tra il 1946 e il 1953. Si tratta tuttavia di barboni prevalentemente "urbani", legati ai quartieri popolari degradati, ai luoghi di mendicità e, appena il ricavato lo consentiva, alle osterie.

14. Cfr. Franco Alasia e Danilo Montaldi, *Milano, Corea. Inchiesta sugli immigrati*, prefazione di Danilo Dolci, Feltrinelli, Milano, 1960. Cfr. anche l'inchiesta di Alfonso Madeo, *La realtà dietro il film di Visconti*, in «*Rocco e i suoi fratelli*» *di Luchino Visconti*, a cura di Guido Aristarco e Gaetano Carancini, Cappelli, Bologna, 1960, pp. 271-298.

15. Il raffronto delle fonti letterarie è ben analizzato in Stefania Parigi, *Miracolo a Milano*, in *De Sica. Autore, regista, attore*, a cura di Lino Miccichè, Mostra Internazionale del Nuovo Cinema, Pesaro/Marsilio, Venezia, 1992, pp. 287-311.

16. Chi scrive ha avuto la ventura, appena dodicenne, di assistere da lontano alle riprese di *Miracolo a Milano*, senza nemmeno sapere esattamente che cosa si stesse girando (e cullandosi nell'illusione di essere stato ripreso in qualche campo lungo). Dieci anni dopo gli è poi capitato di lavorare nella redazione di una rivista di cinema allocata all'ultimo piano di un nuovo edificio di via Valvassori Peroni, al n. 55. Dalla terrazza dell'appartamento – nelle pause del "mestiere del critico" – la vista poteva spaziare su quel vasto set del tutto immaginario, ormai ricoperto di erbe ed erbacce, ma il direttore della rivista, che non aveva amato e non amava il film, disdegnava accenni di curiosità al riguardo. Altrimenti questa ricerca, come istintivamente desideravo, poteva nascere allora e risultare molto più vicina al vero. [*Postilla*. In fondo a via Idro sorgeva, al momento della mia ispezione, un campo nomadi abbastanza stazionario: nella primavera 1999 è stato in parte malamente sgomberato proprio come ai tempi del Mobbi. Sempre nella primavera 1999 la giunta Albertini-De Corato ha ultimato l'eliminazione delle insegne luminose sulla facciata del Carminati. Del resto, anziché all'Odeon dove si svolse la contrastata prima l'8 febbraio 1951 e negli anni '90 trasformato in multisala, l'edizione restaurata viene presentata il 1° luglio 1999 al cinema Manzoni, che allora ancora non esisteva: inaugurato nel 1955, sarà forse destinato in futuro a megastore Benetton. Nel marzo di questo 2012 via Valvassori Peroni (ultimamente nota per la lunga e contrastata edificazione di una bella biblioteca multimediale rionale) balza inopinatamente all'onore delle cronache in quanto, all'altezza del n. 10, lo spazio dismesso dal settore Giardini è stato occupato dal collettivo di anarchici e squatter BlackAut, che vi organizza feste e rave party, a maggior disdoro dei benpensanti locali: si prevede l'ennesimo sgombero... A ulteriore dimostrazione che la realtà evolve, non sempre in meglio, ma che la fantasia resta immutata nel tempo].

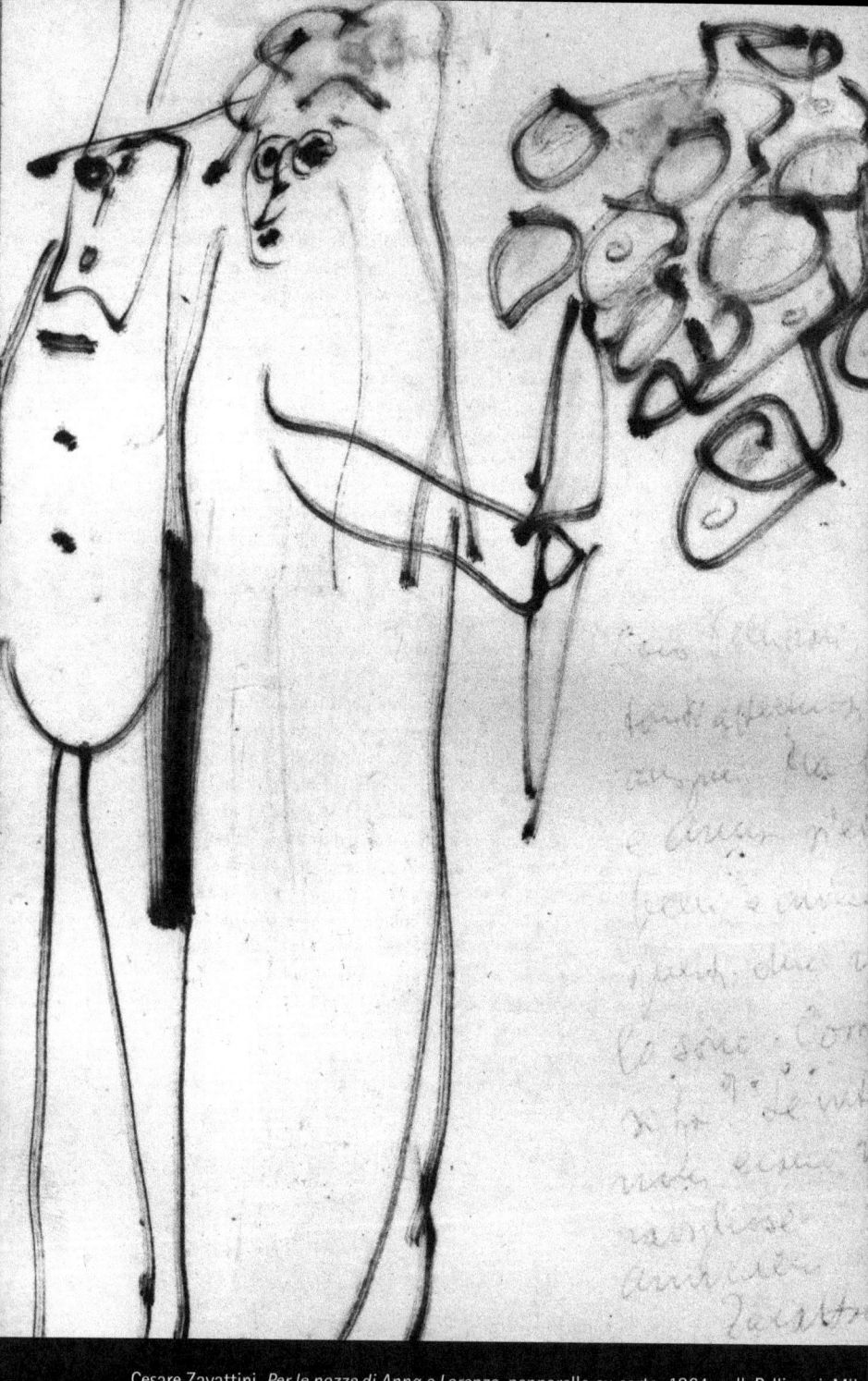

Cesare Zavattini, *Per le nozze di Anna e Lorenzo*, pennarello su carta, 1964, coll. Pellizzari, Mila

Apparati

Fonti

Lettera aperta a... Cesare Zavattini, in *Quaderni del Cucmi*, n. 3, Milano 1961, pp. 27-31.

Le italiane e l'amore, in *Cinema Nuovo*, n. 156, marzo-aprile 1962, pp. 140-141.

Una conversazione con il medesimo [Zavattini] (24-25 marzo 1962), in *Zavattini nella città del cinema*, *Cinema e cinema*, n. 20, luglio-settembre 1979, pp. 49-81.

La notte che ho dato la mano a Zavattini, in *Cinema e cinema*, n. 20, cit., pp.49-54.

Quasi Zavattini: la quotidiana teoria del quotidiano, in *Zavattini cinema*, a cura di Tullio Masoni e Paolo Vecchi, Analisi/Comune di Reggio Emilia, 1988, pp. 37-50.

Zavattini voy[ag]eur. in *Cesare Zavattini*, sous la direction d'Aldo Bernardini et Jean A. Gili, Centre Georges Pompidou/Regione Emilia-Romagna, Paris/Bologna 1990, pp. 101-109.

Zavattini e la realtà della fantasia, in *Scrittori e cinema tra gli anni '50 e '60.* Atti del convegno di studi promosso dalla Fondazione Luciano Bianciardi. Grosseto, 27-28 ottobre 1995, a cura di Francesco Falaschi, Giunti, Firenze 1997, pp. 53-73, oltre che, come *Za soggettista e sceneggiatore*, in *Una vita Za. Le opere e i giorni di Cesare Zavattini. Giornalismo, letteratura, cinema*, a cura di Paolo Nuzzi, Guanda, Parma 1995, pp. 183-196, e in *Cesare Zavattini. Una vita in mostra*, a cura di Paolo Nuzzi, Bora, Bologna 1997, pp. 157-166. La presente versione tiene conto di entrambe.

Il curioso delle immagini, in *Cesare Zavattini fotografato da Gianni Berengo Gardin*, Franco Sciardelli, Milano 1991, pp. 1-14.

Dal nostro inviato speciale alla periferia di Milano, in *Miracolo a Milano*, a cura di Gualtiero De Santi e Manuel De Sica, Associazione Amici di Vittorio De Sica/Pantheon, Roma 1999, pp. 161-169.

Ringrazio coloro che, in ordine di tempo, mi hanno offerto l'occasione di questi incontri: Guido Aristarco, Tullio Masoni e Paolo Vecchi, Aldo Bernardini e Jean A. Gili, Fondazione Luciano Bianciardi, Arturo Zavattini e Franco Sciardelli, Gualtiero De Santi e Associazione Amici di Vittorio De Sica. Devo questo libro alle affettuose e premurose insistenze di Silvia Tarquini.

Indice delle persone

Achilli, Dino, 168
Afeltra, Gaetano, 145n
Alasia, Franco, 179n
Alatri, Paolo, 113
Alazraki, Benito, 109
Albertini, Gabriele, 179n
Aldo, G.R. (Aldo Graziati), 173, 174
Alleg, Henri, 65
Allievi, Luciano, 169, 177n
Amata, Gaetano, 131
Amidei, Sergio, 173
Anders, Günther, 65
Angioletti, Lina, 90, 97n
Antonioni, Michelangelo, 14, 68, 178n
Arena, Maurizio, 47, 63, 69
Argentieri, Mino, 72, 91, 97n
Aristarco, Guido, 48, 112, 155, 161n, 179n
Arnova, Alba, 169
Ashley, Ray, 109
Auditor (critico), 148n

Baldi, Gian Vittorio, 23, 26
Balzac, Honoré de, 132
Bandini, Baccio, 23
Barboni, Leonida, 23
Bardem, Juan Antonio, 109
Barrymore, John, 120
Bartolini, Elio, 23
Bassani, Giorgio, 152n
Becker, Jacques, 109, 115n, 139
Beery, Wallace, 102

Belmondo, Jean-Paul, 15
Benedetti, Arrigo, 151n
Berardi, Giuseppe, 169
Berengo Gardin, Gianni, 104, 114n, 155, 159-160
Bergman, Ingrid, 170
Berlanga, Luis García, 109, 110, 152n
Bernardini, Aldo, 146n, 161n
Bertazzolo, Riccardo, 169
Bertolucci, Attilio, 29, 31, 152n
Bevilacqua, Alberto, 23
Bezzi, Carlo, 166
Bezzi, Enrico, 166
Bianchi Bandinelli, Ranuccio, 113
Bianchi, Edoardo, 166
Bianchi, Pietro, 29, 31
Blasetti, Alessandro, 58-59, 125, 129-130, 137, 143, 151n, 173
Bompiani, Valentino, 13, 15
Bovo, Brunella, 169, 178n
Bragaglia, Arturo, 169, 173, 174, 175
Bragaglia, Carlo Ludovico, 36, 126, 127
Brancati, Vitaliano, 134, 135, 150-151n
Brecht, Bertolt, 90
Bulajić, Veliko, 108

Caldiron. Orio, 146n, 150n
Camerini, Mario, 35, 120, 123, 124, 132, 173
Campanile, Achille, 87
Campari, Roberto, 147n
Capra, Frank, 147n
Carancini, Gaetano, 179n
Carena, Anna, 169
Carné, Marcel, 164
Carpi, Fabio, 105
Casetti, Francesco, 147n
Casiraghi, Ugo, 173, 178n
Castellani, Renato, 136
Castello, Giulio Cesare, 109, 114n, 139
Cavalli (disegnatore), 148
Cavicchioli, Luigi, 23
Cecchi d'Amico, Suso, 134, 135, 146n, 150-151n
Cervi, Gino, 144
Chaplin, Charlie, 37, 102, 113, 118
Chiambretti, Piero, 9, 145

Chiappa, Elio, 177n
Chiarini, Luigi, 138, 151n, 173
Cirillo, Silvana, 21n, 89, 97n, 114n
Cisventi, Carlo, 155, 156
Ciusa, Franco, 178n
Civita, Cesare, 36
Clément, René, 109
Clift, Montgomery, 140
Comuzio, Ermanno, 133
Confalonieri, Giulio, 178n
Contino, Vittorugo, 23
Cottafavi, Vittorio, 133, 150n
Cremonini, Giorgio, 92, 97n
Crespi, Alberto, 148n
Croce, Giulio Cesare, 124

D'Amico de Carvalho, Caterina, 114n
Damiani, Damiano, 60, 152n
Daquin, Louis, 109
Dassin, Jules, 109
De Berti, Raffaele, 147n
De Castro, Josué, 111
De Corato, Riccardo, 179n
De Laurentiis, Dino, 144
De Martino, Ernesto, 23
De Mitri, Leonardo, 138
De Santis, Giuseppe, 61, 127, 133, 148n
De Sica, Vittorio, 15, 37, 51-57, 58, 83, 104, 105, 112, 125, 126, 128, 131, 132, 133, 137, 139-140, 142-143, 144, 146n, 149n, 151n, 157, 167, 173-176, 177n, 178n
Deva, Sandro, 23
Di Giammatteo, Fernaldo, 43
Di Guida, Enzo, 172, 178n
Disney, Walt, 100
Dolci, Danilo, 179n
Dumas, Alexandre, 159

Ejzenštejn, Sergej Michajlovič, 82
Emmer, Luciano, 110
Engel, Morris, 109
Ernestino X, 177n

Fabbri, Diego, 134

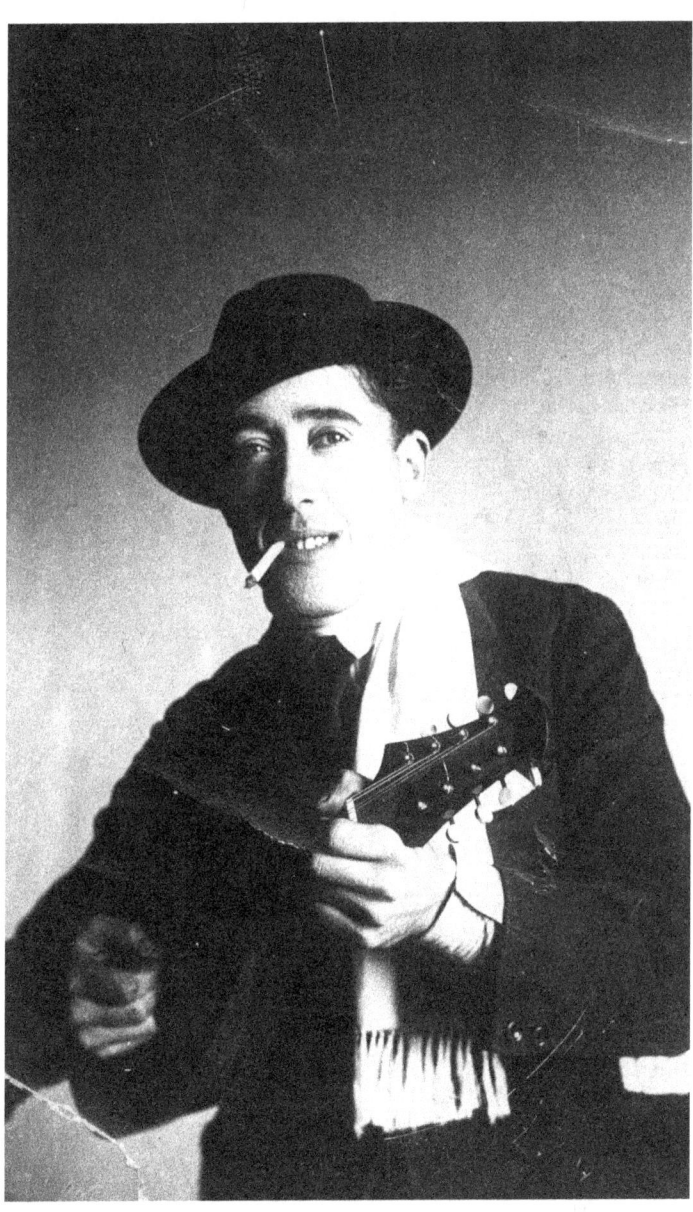

Cesare Zavattini (Parma,1927)

Fabrizi, Aldo, 129, 137
Fairbanks, Douglas, 102
Faldini, Franca, 151n
Faletra, Valeria, 147n
Fenin, George F., 139
Fernandel (Fernand Joseph Désiré Contandin), 139
Ferreri, Marco, 23, 26
Ferrero, Adelio, 90, 97n
Filogamo, Nunzio, 126
Flaiano, Ennio, 133
Fofi, Goffredo, 151n
Fort, Rina, 176
Fortichiari, Valentina, 20n, 114n, 145n, 147n
Fossati, Franco, 113n
Franchi, Ovidio, 18
Franci, Adolfo, 131, 149n
Franciolini, Gianni, 134
Frassineti, Augusto, 152n
Fratini, Gaio, 23
Frisone, F.F., 151n

Gadda, Carlo Emilio, 164
Gambetti, Giacomo, 89, 97n, 114n, 151n
Gandin, Michele, 142, 151n
Gandusio, Antonio, 133
Garbo, Greta, 102
García Espinosa, Julio, 152n
Gassman, Vittorio, 50
Gatti, Marcello, 23
Gilbert, John, 102
Gili, Jean A., 161n
Giustiniani, Cesare, 174, 178n
Golisano, Francesco (Geppa), 136, 169, 174
Gramatica, Emma, 169
Gramatica, Irma, 133
Gribaudo (pittore), 105
Grierson, John, 91
Gronchi, Giovanni, 111
Guareschi, Giovanni, 143, 158, 167
Guerra, Tonino, 146n
Guglielmi, Angelo, 9, 145
Gutierréz Alea, Tomás, 108

Hemingway, Ernest, 102
Herriot, Édouard, 111
Hochkofler, Matilde, 150n
Hopkins, Miriam, 120

Iemma (Jemma), Ottavio, 23, 177n, 178n
Iosa, Antonio, 177n
Ippoliti, Gianni, 9, 145
Isola, Gianni, 148n
Ivens, Joris, 111

Jannacci, Enzo, 166
Jeanson, Henri, 134
Johnson, Lyndon, 112
Johnston, Eric, 173
Jones, Jennifer, 112, 140
Jonson, Al, 102
Jordan, Dorothy, 120
Joyce, James, 66

Kakogiannis (Cacoyannis), Mikhalis, 109
Käutner, Helmut, 109
Keaton, Buster, 88, 102, 124
Klein, William, 155
Koch, Karl, 148n

Lattuada, Alberto, 146n, 173
Le Chanois, Jean-Paul, 109
Lelouch, Claude, 159
Lindtberg, Leopold, 109
Listuzzi, Giorgio, 157
Lizzani, Carlo, 133
Lloyd, Harold, 102
Loren, Sophia, 139
Lubitsch, Ernst, 147n
Lunghi, Teresa, 177n

Maccari, Anna Chiara, 11n
Macchi, Giulio, 23, 26
MacLaine, Shirley, 105
Madeo, Alfonso, 179n
Maglione, Margherita (Margherita Dusselhofer), 131, 150n
Magnani, Anna, 133

Maistre, François-Xavier de, 102
Malenotti, Maleno, 23
Manfredi, Nino, 50
Mann, Delbert, 109
Mann, Ned, 175
Marchesi, Marcello, 127
Marchi, Antonio, 152n
Marotta, Giuseppe, 175, 176, 178n
Martini, Stelio, 157
Maselli, Francesco (Citto), 14, 23, 27, 152n
Masoni, Tullio 114n, 146n
Masto, Raffaele, 34, 147n
Mastrocinque, Camillo, 124
Mattòli, Mario, 121-122
Mayer, Carl, 90
Mazzetti, Lorenza, 23, 26
Mazzoni, Roberta, 85, 97n, 114n, 148n
Mazzuca, Alberto, 147n
Meccoli, Domenico, 150n
Menjou, Adolphe, 102
Metz, Vittorio, 167
Meyers, Sydney, 109
Miccichè, Lino, 97, 179n
Mingozzi, Gianfranco, 23, 24
Mondaini, Giaci, 123, 146n, 167
Monicelli, Mario, 132
Montaldi, Danilo, 179n
Montanelli, Indro, 175, 178n
Monteleone, Franco, 148n
Montgomery, Robert, 120
Moravia, Alberto, 15, 16, 20n
Mosca, Giovanni, 167
Moser, Giorgio, 134
Mulas, Ugo, 155, 161n
Muñoz Suay, Ricardo, 152n
Musso, Carlo, 23, 26
Muzii, Enzo, 23

Nacci, Michela, 147n
Nardone, Mario, 176
Nebiolo, Carlo, 23
Negri, Giovanni, 97n, 114n, 146n
Nelli, Piero, 23, 26

Nocita, Salvatore, 83
Novarese, Nino Vittorio, 132
Nuzzi, Paolo, 145n, 146n, 177n. 178n

Orkin, Ruth, 109
Ottieri Mauri, Silvana, 145n

Pagliero, Marcello, 133
Paladini, Aldo, 152n
Pallotta, Gabriella, 157
Parca, Gabriella, 23, 62
Parigi, Stefania, 179n
Pasinetti, P.M., 113
Patti, Ercole, 124, 146n
Pedrocchi, Federico, 100, 113n
Pedullà, Walter, 97n
Perilli, Ivo, 124
Perucchi, Sergio, 23
Petraglia, Sandro, 90, 97n
Picasso, Pablo, 105
Piccone, Mauro, 23
Pietrangeli, Antonio, 134
Pillitteri, Paolo, 72
Pini, Paolo, 18
Pinna, Franco, 155
Pirro, Ugo, 19
Polidoro, Gian Luigi, 152n
Polotti, Giulio, 177n
Pontecorvo, Gillo, 14
Ponti, Carlo, 139
Pratolini, Vasco, 173
Prudenzi, Angela, 177n
Pugliese, Sergio, 131, 149n

Quaresima, Leonardo, 91, 97n
Questi, Giulio, 23, 26

Rabagliati, Alberto, 126, 127
Raffaelli, Pier Luigi, 114n, 115n, 146n
Raffaello Sanzio, 165
Raffai, Donatella, 9, 145
Random, Michel, 160
Rascel, Renato, 138

Razzini, Vieri, 114n
Reiniger, Lotte, 148n
Renoir, Jean, 148n
Renzi, Renzo, 151n
Riento, Virgilio, 169
Rigoglioso, Caterina, 46-47
Risi, Nelo, 23, 26
Rizzoli, Andrea, 120
Rizzoli, Angelo, 120, 122, 147n, 167
Rolland, Romain, 14
Rondi, Gian Luigi, 115n
Rosmino, Gian Paolo, 149n
Rossellini, Roberto, 15, 104, 109, 134, 170
Rossi, Anton Germano, 87
Rossi, Marina, 147n
Roy, Bimal, 109

Sacchi, Filippo, 148n
Samugheo, Chiara, 155
Santoro, Michele, 9, 145
Sartre, Jean-Paul, 55
Savio, Francesco, 129, 148n
Savioli, Aggeo, 149n
Scaccia, Osvaldo, 148n
Scheler, Max G., 157
Scola, Ettore, 146n
Scolari, Giovanni, 100, 113n
Sellerio, Enzo, 155, 161n
Selznick, David O., 112, 140
Shakespeare, William, 34
Shindo, Kaneto, 109
Soldati, Mario, 131
Sordi, Alberto, 53
Spalla, Erminio, 169
Spalla, Giuseppe, 169
Steiglitz, Alfred, 158
Steno v. Vanzina, Stefano
Strand, Paul, 104, 114n, 117, 123, 158-159, 160
Swanson, Gloria, 102

Tadini, Emilio, 156
Tellini, Piero, 129, 130, 146n
Toccaceli, Giulio, 177n

Tofano, Sergio, 150n
Tognoli, Carlo, 177n
Totò (Antonio de Curtis), 124, 128-129, 136, 148n
Trio Primavera (Isa Bellini, Wilma Mangini e Thea Prandi), 126
Trivas, Victor, 163

Valentino, Rodolfo, 127
Van Gogh, Vincent, 110
Vancini, Florestano, 14, 23, 26
Vanzina, Stefano (Steno), 127, 132
Vecchi, Paolo, 114n, 146n
Venturini, Franco, 90, 97n
Verdone, Mario, 152n
Verne, Jules, 100
Vertov, Dziga, 91
Visconti, Luchino, 14, 52, 58, 173, 177n
Voglino, Bruno, 9, 145
Voltaire (François-Marie Arouet), 16

Waszynski, Michael, 133
Weissmuller, Johnny, 120

Zampa, Luigi, 134, 150-151n
Zanca, William M., 159
Zanotto, Piero, 113n
Zavattini, Arturo, 115n
Ždanov, Andrej Aleksandrovič, 74
Zelasco, Gianfranco, 165
Zurlini, Valerio, 14

Indice delle opere

A vrée (Vorrei), 114n
Abbassa la tua radio, per favore..., 148n
Accadde una notte, 120
Adolescenti, Le, 23, 27
Adulteri, Gli, 23, 26
Alì Babà e i 40 ladroni, 139, 152n
Amore e chiacchiere (Salviamo il panorama), 58, 143-144
Amore in città, L', 46, 107, 140
Angelo e il diavolo, L', 132, 150n
Antiamericanismo in Italia negli anni trenta, L', 147n
Au delà des grilles (Le mura di Malapaga), 109
Avanti c'è posto..., 107
Avventura, L', 15
Avventurosa storia del cinema italiano raccontata dai suoi protagonisti, L', 151n

Bambini ci guardano, I, 37, 130, 150n
Bambini, I, 23, 26
Banditi a Orgosolo, 74
Barboni a Milano e storie di altri amici, 178n
Basta coi soggetti!, 97n, 114n, 148n
Bataille du rail, La (Operazione Apfelkern), 109
Bellissima, 58, 107, 151n
Bienvenido, Mr. Marshall! (Benvenuto, Mister Marshall!), 109
Bionda sottochiave, 124, 148n
Boccaccio '70, 55, 82
Boom, Il, 53, 107, 144
Breve vacanza, Una, 107
Buongiorno elefante, 151n

Buoni per un giorno, 122, 123, 148n
Buono, Il, 123

Caccia tragica, 133
Cameraman, The, 88
Capea, La, 152n
Cascina Rosa, 177n
Cesare Zavattini (Paris), 146n, 161n
Cesare Zavattini. Guida ai film, 114n, 151n
Cielo è rosso, Il, 107
Cinco historias de España y festival de cine, 152n
Cinegiornali liberi, 83
Cinema a Milano tra le due guerre, Il, 147n
Cinema neorealistico italiano, Il, 114n
Cinquant'anni e più... Carteggio Bompiani Zavattini, 145n
Cinque poveri in automobile, 107, 121, 147n
Ciociara, La, 13, 15-16, 19n, 53-54, 55, 82, 107
Come si scrive un soggetto cinematografico, 106, 144
Cronaca di un amore (Sento l'amore), 178n
Cronache da Hollywood, 120, 127, 140, 146n, 147n
Cuba baila, 108
Cuore semplice, Un, 76

Darò un milione, 13, 35, 37, 122, 124, 146n
De Sica. Autore, regista, attore, 179n
De Sica & Zavattini. Parliamo tanto di noi, 177n, 178n
Diamo a tutti un cavallo a dondolo, 37, 118, 125
Diario cinematografico, 13, 97n, 109, 114n, 115n, 122, 147n
Do Bigha Zamin (Due ettari di terra), 109
Domenica d'agosto, 107

Emigrantes, 152n
È più facile che un cammello..., 134, 150n
È primavera, 107, 136, 146n, 151n
Era di venerdì 17, 131, 146n
Erre verde, La, 147n

Famiglia impossibile, Una, 126, 148n
Favole moderne, 123
Fiume Po, 159
Fotodocumentari di "Cinema Nuovo", I, 156
Fumetti in 100 personaggi, I, 113n

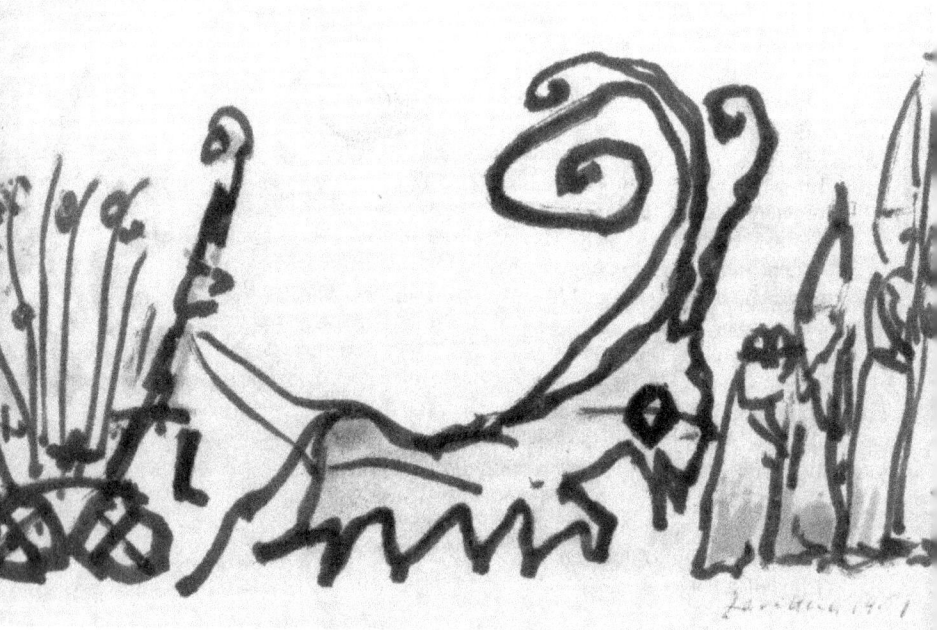

Cesare Zavattini, *Funeralino*, pennarello su carta, 1961, coll. Pellizzari, Milano

Gembaku No Ko (I bambini di Hiroshima), 109
Gian Burrasca, 150n
Giocatori, I, 169
Gioia di vivere, 148n
Giornale Zavattini, 123
Giornata particolare, Una, 146n
Giorno nella vita, Un, 107
Giovannino, 146n
Girasoli, I, 107, 146n
Giudizio universale, Il, 20n, 26, 49-51, 53, 54, 107, 144, 152n, 152n
Grande vacanza, Una, 104

Heart of Spain, The, 158
Historias de la Revolución, 108
Hurdes, Las, 152n

Invito alla lettura di Zavattini, 97n
Io sono il diavolo, 103, 114n
Ipocrita 1950, 117
Ipocrita 1953, 117
Ippocampo, L', 149n
Isola di Arturo, L', 152n
Italia mia, 44, 54, 104
Italiane e l'amore, Le, 23-27, 62-65, 74
Italiane si confessano, Le, 23

Joven rebelde, El, 152n

Kapò, 15
Kiriakatiko Xypnima, 109

Ladri di biciclette, 7, 42-43, 107, 109, 133, 135, 150n, 156, 170, 173
Letzte Brücke, Die (L'ultimo ponte), 109
Letzte Chance, Die (L'ultima speranza), 109
Ligabue, 76, 83, 107
Little Fugitive (Il piccolo fuggitivo), 109
Lo chiameremo Andrea, 76, 83
Luigi Zampa, 150n
Lunga notte del '43, La, 15

Ma l'amore no, 148n
Mafioso, 146n
Marito per Anna Zaccheo, Un, 107

Marito povero, Il, 131, 149n
Marty, 109, 111
Matrimonio all'italiana, 146n
Matrimonio, Un, 23, 26
Milano. Corea, 179n
Mio paese, Il, 123
Miracolo a Milano, 48-49, 50, 100, 107, 122, 124, 125, 128, 136, 137, 149n, 150n, 151n, 163-179
Misteri di Roma, I, 74-75, 107
Mondo nuovo, Un, 76
Muerte de un ciclista (Gli egoisti), 109
Mura di Malapaga, Le, 135

Naked City, The (La città nuda), 109
Native Land, 158
Neorealismo cinematografico italiano, Il, 97n
Neorealismo ecc., 72, 89, 97n
Niemandsland (No Man's Land), 163
Nostri sogni, I, 150n
Notte che ho dato uno schiaffo a Mussolini, La, 72

Oro di Napoli, L', 107, 139, 169

Paese vent'anni dopo, Un, 114n, 159-160
Paese, Un, 104, 114n, 117, 158
Parliamo tanto di me, 103, 113, 120
Parliamo tanto di me... (serie radiofonica), 126
Pastor, El, 152n
Per Luchino Visconti, 114n
Piovuto dal cielo, 138, 151n
Porta del cielo, La, 150n
Poveri in auto, I, 120, 121, 147n
Poveri sono matti, I, 36, 103
Prima comunione, 58, 107, 125, 136-137, 151n
Prova d'amore, La, 23, 26

Quattro passi fra le nuvole, 37, 58-59, 107, 129, 144, 146n
Quattro passi nelle nuvole (soggetto), 149n
Quei cari parenti, 148n
Quiet One, The (L'escluso), 109

Radio italiana nel periodo fascista, La, 148n
Ragazze madri, 23

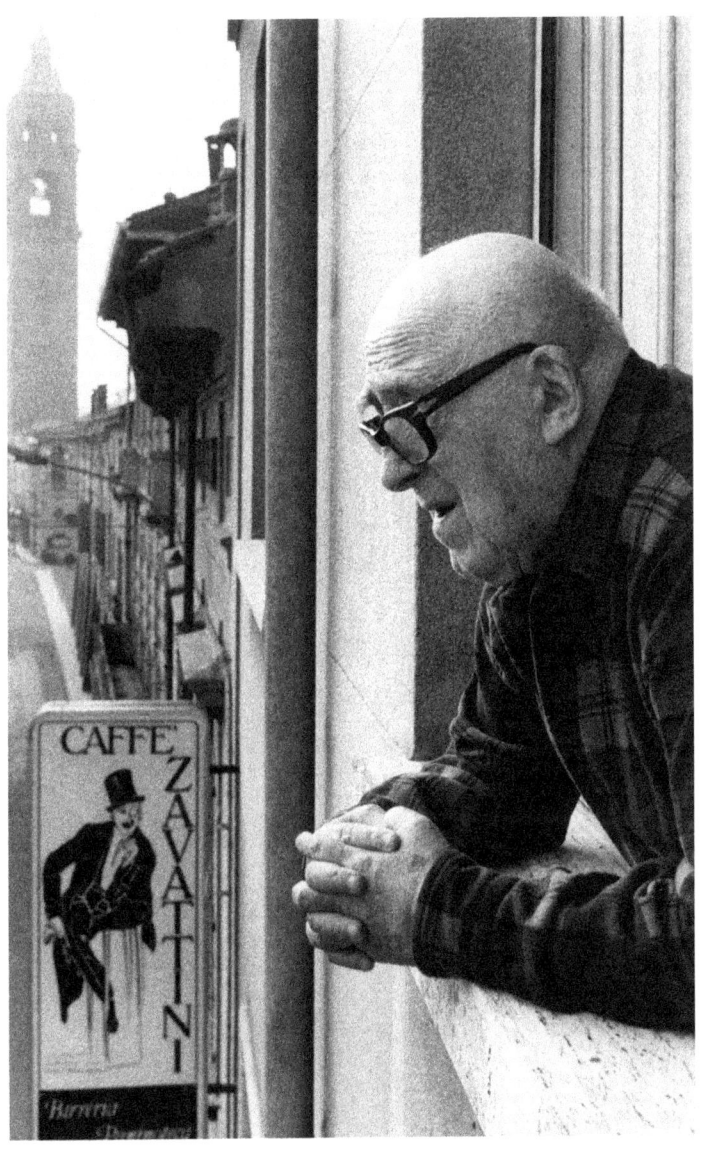

Cesare Zavattini nella sua abitazione a Luzzara. Il Caffè Zavattini era stato di suo padre. Foto Arturo Zavattini (1988)

Ragazzi del luglio, I, 19n
Raices, 109
Rat (La guerra), 108
Redes, 158
Riffa, La, 82
Rocco e i suoi fratelli di Luchino Visconti, 179n
Rocco e i suoi fratelli, 177n
Roma città libera, 133, 135
Roma, ore 11, 61, 107
Rossetto, Il, 60, 152n

Saturno contro la terra, 101, 113n
Sciuscià, 7, 107, 109, 150n
Sconosciuto di San Marino, Lo, 133, 150n
Scrivere il cinema: Suso Cecchi d'Amico, 150n
Scuola dei timidi, La, 127
Se avessi un milione, 147n
Seguendo gli uomini, 142
Separazione legale, La, 23, 26
Sequestrati di Altona, I, 54, 55, 82
Sette volte donna, 105
Sfregio, Lo, 23, 26
Siamo donne, 46, 107, 140
Sicario, Il, 60, 152n
Soldado y Criada, 152n
Sposa non può attendere, La (Anselmo ha fretta), 134
Stazione Termini, 45, 54, 107, 140
Storia di Caterina, 44-46
Stricarm' in dna parola (Stringermi in una parola), 114n
Successo, Il, 23, 26

Tarantate, Le, 23, 24
Teresa Venerdì, 150n
Terrain vague, 164
Tetto di Vittorio De Sica, Il, 151n
Tetto, Il, 53, 54, 107, 140-142, 157
Tosca, 148n
Totò il buono (romanzo), 177
Totò il buono (soggetto), 122, 128, 129, 148n

Uccellino in famiglia, L', 36, 126
Umberto D., 44, 54, 107, 109, 137, 138, 142
Umberto D.: dal soggetto alla sceneggiatura, 151n

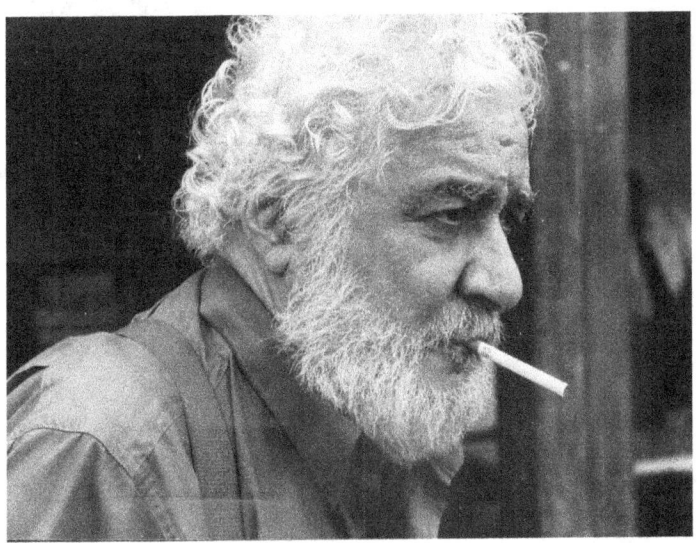

Lorenzo Pellizzari. Foto Paolo Bonavia, Lugano

Una, cento, mille lettere, 21n, 110, 114n
Uomo che vendette un occhio, L', 144
Uomo, vieni fuori. Soggetti per il cinema, 146n

Veritàaaa, La, 83, 107, 144, 148n
Viaggio di nozze, 23, 26
Vita Za, Una, 145n

Zavattini / Cinema, 78
Zavattini cinema, 114n, 147n
Zavattini e il "Campo di grano con corvi" di Van Gogh, 110
Zavattini fotografato da Gianni Berengo Gardin, 161n
Zavattini ha le antenne, 11n
Zavattini mago e tecnico, 97n, 114n
Zavattini 1928, 97n, 113n, 146n
Zavattini nella città del cinema, 78, 97n, 114n
Zavattini parla di Zavattini, 89, 97n
Zavattini. Una vita in mostra, 145n

Artdigiland è un progetto editoriale multimediale che ha come obiettivo la diffusione della parola degli artisti di ogni provenienza e ambito. L'attività editoriale offre – attraverso l'editoria digitale e il broadcasting – interviste esclusive ad artisti, oltre saggi, monografie, documenti.

Sul sito Artdigiland saranno a breve disponibili, nelle loro versioni originali HD e in solo audio, videointerviste ad artisti, videoconferenze, testimonianze, letture.

Per iscriversi alla nostra newsletter e ricevere aggiornamenti sulle attività, gli eventi e le prossime produzioni: www.artdigiland.com

Per informazioni e per collaborare: info@artdigiland.com

I nostri libri sono in distribuzione in formato cartaceo ed ebook, su Amazon.it, Amazon.com e tutti i siti amazon europei.

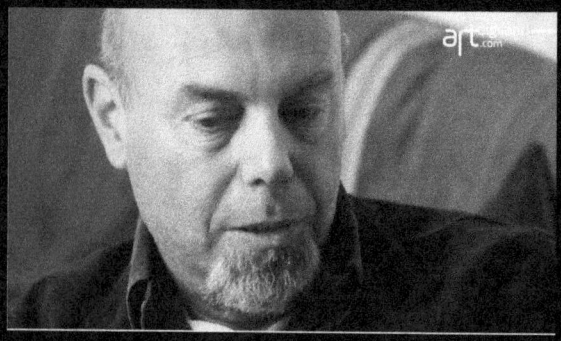

Intervista video a Luca Bigazzi, 6h

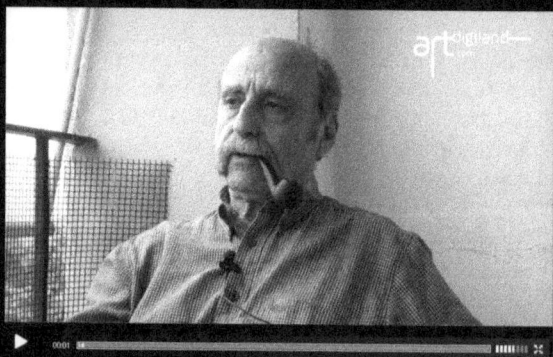

Intervista video a Marc Scialom, 3h

Artdigiland ha pubblicato:

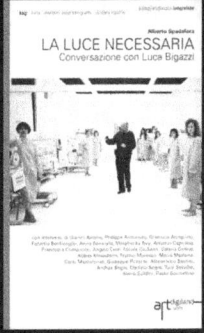

LA LUCE NECESSARIA. Conversazione con Luca Bigazzi, a cura di Alberto Spadafora, 2012

Un libro intervista che "illumina" aspetti non noti delle migliori opere cinematografiche italiane degli ultimi trent'anni. La narrazione di Luca Bigazzi – direttore della fotografia e insieme operatore di macchina – raccoglie con coerenza caratteri tecnici, artistici ed etici del lavoro sul set. Bigazzi racconta la genesi del suo modo di lavorare libero da regole codificate, i motivi delle sue scelte professionali, la luce che ama, le ragioni della sua passione per lo stare in macchina. Come "controcampo", le testimonianze di 21 protagonisti del cinema italiano, tra registi, attori, produttori, fotografi di scena e collaboratori.

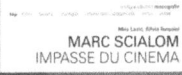

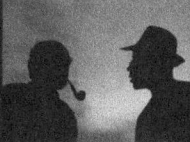

MARC SCIALOM: IMPASSE DU CINEMA. Esilio, memoria, utopia / Exil, mémoire, utopie, a cura di Mila Lazić e Silvia Tarquini, 2012

Marc Scialom, ebreo di origini italiane, toscane, poi naturalizzato francese, nasce a Tunisi nel 1934. Dopo le persecuzioni naziste nel '43 in Tunisia, le ripercussioni sugli Italiani, meccanicamente associati al fascismo nel periodo dell'"epurazione", e la strage di Biserta (1961) – che Scialom denuncia nel corto *La parole perdue* (1969) –, si trasferisce in Francia. La sua vita si intreccia, "mancandola", con la storia del cinema: a Parigi il lungometraggio *Lettre à la prison* (1969-70), realizzato senza un produttore, non è sostenuto dai suoi amici cineasti, tra cui Chris Marker. Si tratta di un'opera poetica sulla perdita di identità culturale e personale di un esule arabo, che mette indirettamente il dito nelle piaghe di (post)colonialismo e razzismo. Abbandonato il cinema, Scialom torna alle sue origini, allo studio della lingua e della letteratura italiane. Traduce la *Divina Commedia*. Nel 2012 realizza il suo secondo lungometraggio: *Nuit sur la mer.*

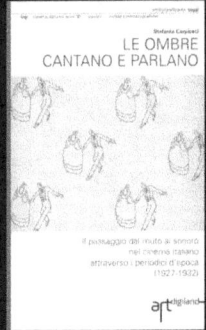

LE OMBRE CANTANO E PARLANO. Il passaggio dal muto al sonoro nel cinema italiano attraverso i periodici d'epoca (1927-1932), di Stefania Carpiceci, 2012

È un periodo convulso quello della transizione dal muto al sonoro che, a cavallo tra la fine degli anni '20 e l'inizio degli anni '30, rivoluziona la scena della cinematografia mondiale, con specificità nazionali, spesso ancora da approfondire. L'intento di questo libro – frutto di una ricerca di dottorato svolta all'inizio del nuovo millennio presso l'Università degli Studi di Roma Tre – è quello di indagare, in Italia, il passaggio dal cinema silenzioso delle origini ai nuovi fonofilm, in cui è necessario non solo essere fotogenici, ma anche fonogenici. A far da supporto a questa esplorazione sono soprattutto le riviste e i periodici cinematografici nazionali d'epoca, analizzati a partire dal 1927 – anno della prima proiezione americana del *Cantante di jazz* – fino al 1932, data di adozione del doppiaggio in Italia. Completano la ricerca numerose analisi filmiche.

www.ingramcontent.com/pod-product-compliance
Lightning Source LLC
Chambersburg PA
CBHW071300220526
45468CB00001B/205